中国城市建设数字化转型发展研究报告

黄奇帆　吴志强　王铁宏
朱　岩　王广斌　编著

中国建筑工业出版社

图书在版编目（CIP）数据

中国城市建设数字化转型发展研究报告 / 黄奇帆等编著. —北京：中国建筑工业出版社，2023.8
ISBN 978-7-112-29044-4

Ⅰ.①中… Ⅱ.①黄… Ⅲ.①城市建设—数字化—发展—研究报告—中国 Ⅳ.① F299.21-39

中国国家版本馆CIP数据核字（2023）第155230号

责任编辑：杨　允　咸大庆
文字整理：王健宇　关瑞玲　杨　帆
责任校对：张　颖

中国城市建设数字化转型发展研究报告

黄奇帆　吴志强　王铁宏
　　朱　岩　王广斌　　编著

*

中国建筑工业出版社出版、发行（北京海淀三里河路9号）
各地新华书店、建筑书店经销
北京点击世代文化传媒有限公司制版
临西县阅读时光印刷有限公司印刷

*

开本：787毫米×1092毫米　1/16　印张：27½　字数：370千字
2023年10月第一版　2023年10月第一次印刷
定价：**128.00**元
ISBN 978-7-112-29044-4
（41704）

版权所有　翻印必究
如有内容及印装质量问题，请联系本社读者服务中心退换
电话：(010) 58337283　QQ：2885381756
（地址：北京海淀三里河路9号中国建筑工业出版社604室　邮政编码：100037）

编著

黄奇帆
重庆市原市长

吴志强
中国工程院院士,同济大学原副校长

王铁宏
住房和城乡建设部原总工程师、办公厅主任兼新闻发言人,中国建筑业协会原会长,曾任中国建筑科学研究院院长,教授级高级工程师,德国工学博士

朱 岩
清华大学互联网产业研究院院长,清华大学经济管理学院教授,博士生导师

王广斌

同济大学建筑产业创新发展研究院院长、教授，中国建筑学会工程管理研究分会理事长，英国皇家特许建造师学会（CIOB）中国东方区副主席

编撰成员

许杰峰

中国建筑科学研究院有限公司党委副书记、总经理，研究员

袁正刚

广联达科技股份有限公司董事长、总裁，东南大学博士生导师，华中科技大学客座教授，国家数字建造技术创新中心理事会理事

韩爱生

新中大科技股份有限公司总裁

李 霆

中南建筑设计院股份有限公司董事长、党委书记,全国工程勘察设计大师,一级注册结构工程师,正高级工程师,享受国务院政府特殊津贴专家

倪 真

中国铁建党委副书记、副总裁,正高级工程师,博士

张仲华

中建科技集团有限公司党委副书记、总经理,深圳市绿色与智能建造学会会长,深圳市七届人大代表

宋 岩

数云科际(深圳)技术有限公司董事、总经理,中国图学会理事,中国建筑学会 BIM 分会理事,中国建筑业协会工程技术与 BIM 应用分会理事

方 明

鲁班软件股份有限公司副董事长、总经理，同济大学讲师

邓明胜

中国建筑第八工程局有限公司原总工程师，上海工程建设标准国际化促进中心主任兼秘书长

彭 颖

深圳市光明区人民政府副区长，深圳市七届政协委员，九三学社深圳市第七届委员会常务委员

宫长义

中亿丰控股集团董事长，苏州市市政协会会长，苏州市民族团结进步促进会会长，正高级工程师，正高级经济师

耿裕华

达海控股集团董事局主席、党委书记，南通四建集团董事长，中国建筑业协会第五、第六届副会长

高　峰

中铁资源集团有限公司董事，中铁物贸集团有限公司董事，国资委信息化专家组成员，正高级工程师

石　萌

北京建工集团董事、副总经理，教授级高级工程师，正高级经济师

李久林

北京城建集团总工程师，首批北京学者，教授级高级工程师，博士

徐 坤

中建科工集团有限公司总工程师，教授级高级工程师

张宗军

中国建筑国际助理总裁兼副总工程师，中建海龙董事长，中海建筑董事长兼总经理，教授级高级工程师

冯大阔

中国建筑第七工程局有限公司工程研究院（企业技术中心）院长，国家"万人计划"人才，博士

关 军

中国建筑国际集团科技管理部副总经理，正高级工程师，博士

崔国游

五方建筑科技集团董事长，教授级高级工程师，享受国务院特殊津贴专家

王凤来

哈尔滨工业大学土木工程学院教授，博士生导师，博士

刁尚东

广州市重点公共建设项目管理中心，教授级高级工程师，博士

陈学军

全时创始人和 CEO，中国远程会议及 SaaS 行业领军人物

徐 鹏
清华大学互联网产业研究院研究主管

牛海龙
北京商务中心区管理委员会常务副主任

陈 劲
中航建设集团有限公司董事、总工程师、副总经理，中航建设集团科技发展有限公司法定代表人，高级工程师

目 录

综述 ······ 1

综述报告一：
　　黄奇帆：人工智能时代的城市数字化发展路径与治理模式 ··· 2

综述报告二：
　　吴志强：CIM 是城市建设的重要底板 ······ 14

综述报告三：
　　王铁宏：关于中国城市建设转型发展的三个重要方面 ······ 18

综述报告四：
　　朱　岩：开发城市数字空间，推动数实融合的城市数字化转型 ··· 26

综述报告五：
　　王广斌：城市信息模型（CIM）内涵与发展的思考 ······ 36

主题一：关于中国城市建设之 CIM 发展 ······ 59

1　CIM 底座的研究与应用 ······ 60

　　许杰峰：关于 CIM 底座自主可控的中国建筑科学研究院方案 ··· 60
　　袁正刚：关于 CIM 底座自主可控的广联达方案 ······ 68
　　韩爱生：关于 CIM 底座自主可控的新中大方案 ······ 78
　　宋　岩：关于 CIM 底座自主可控的数云科际方案 ······ 87
　　方　明：关于 CIM 底座自主可控的鲁班软件方案 ······ 97
　　李　霆：关于 CIM+ 一模到底的中南院方案 ······ 104
　　邓明胜：关于城市建设之 CIM 发展进程研究 ······ 112

2　CIM 应用城市的区域级示范 ······ 122

　　石　萌：关于北京城市副中心文化旅游区的 CIM 应用研究 ··· 122
　　王广斌：雄安新区 CIM 建设平台创新与实践 ······ 132

XI

彭　颖：关于深圳市光明区基于 BIM 建模打造区域精细化
治理的 CIM 应用研究 …………………………… 148

许杰峰：关于雄安新区和广州市规划—建设管理 CIM 平台的
研发与应用 ……………………………………… 158

袁正刚：智慧生态化与生态智慧化
——关于重庆市广阳岛智慧生态的创新应用 …… 168

袁正刚：关于成都市新津区"物理+数字"双开发的 CIM
创新范式实践 …………………………………… 184

韩爱生：关于杭州市拱墅大运河数智未来城 CIM
平台应用研究 …………………………………… 195

宫长义：关于苏州市智能建造工业互联网的 CIM 应用研究 … 204

刁尚东/宋　岩：关于广州市科技教育城 CIM 平台的
应用研究 …………………………………… 218

方　明：关于上海市杨浦区 CIM+数字孪生赋能城区数字运维的
应用与探索 ……………………………………… 232

冯大阔：关于郑州市滨河国际新城智慧管理 CIM 应用
实践与创新 ……………………………………… 240

邓明胜：关于南京"南部新城"及"幕府创新区"需求驱动的
CIM 创新应用模式研究 ………………………… 249

陈　劲：关于北京经开区国家信创园 CIM 应用规划方案 … 265

主题二：关于 CIM+数字孪生技术应用 …………………… 273

徐　鹏/牛海龙：关于 CIM+构建 CBD 数字空间的应用研究 … 274

高　峰：CIM+数字孪生赋能城市轨道交通投建营
一体化数智升级 ………………………………… 282

耿裕华：关于 CIM+数字孪生在既有建筑安全监管中的
应用研究 ………………………………………… 291

高　峰：CIM+北斗新时空在城市数智化建设中的
全生命周期应用 ………………………………… 300

主题三：关于 CIM+AI 智慧制造与智慧建造 ⋯⋯⋯⋯ 313

  张仲华：关于 CIM+AI 技术在全装配式工厂制造与
    现场建造全过程的应用 ⋯⋯⋯⋯⋯⋯⋯⋯⋯⋯⋯⋯ 314

  徐　坤：关于 CIM+AI 智慧制造、智慧建造在钢结构装配式
    建筑中的应用研究 ⋯⋯⋯⋯⋯⋯⋯⋯⋯⋯⋯⋯⋯⋯ 322

  张宗军 / 关　军：关于 CIM+PC 全装配化 AI 智慧制造与 AI 智慧
    建造在高层保障住房项目全过程数字化集成交付的应用
    研究 ⋯⋯⋯⋯⋯⋯⋯⋯⋯⋯⋯⋯⋯⋯⋯⋯⋯⋯⋯⋯ 336

  冯大阔：CIM+AI 智慧制造和智能建造在 PC 装配式建筑中的
    应用探索与实践 ⋯⋯⋯⋯⋯⋯⋯⋯⋯⋯⋯⋯⋯⋯⋯⋯ 346

主题四：关于 CIM+ 区块链技术应用 ⋯⋯⋯⋯⋯⋯⋯⋯ 357

  刁尚东：关于 CIM+ 区块链技术在广州公建项目的应用研究⋯ 358

主题五：关于 CIM+ 元宇宙技术应用 ⋯⋯⋯⋯⋯⋯⋯⋯ 371

  陈学军：关于 CIM+ 自主可控元宇宙技术在工程建设领域的
    应用研究 ⋯⋯⋯⋯⋯⋯⋯⋯⋯⋯⋯⋯⋯⋯⋯⋯⋯⋯ 372

主题六：关于 CIM+ 轨道交通数字化技术体系 ⋯⋯⋯⋯ 383

  倪　真：基于 CIM 的城市轨道交通数字化建设探索 ⋯⋯⋯ 384

  李久林：关于 CIM+ 轨道交通自主可控智慧技术
    在规划—勘察—设计—运维全过程的应用研究 ⋯⋯⋯ 392

主题七：关于 CIM+ "双碳"战略技术 ⋯⋯⋯⋯⋯⋯⋯⋯ 409

  崔国游：CIM+ 超低能耗技术体系在城市级节能减碳与
    数字化融合发展中的应用研究 ⋯⋯⋯⋯⋯⋯⋯⋯⋯⋯ 410

  王凤来：关于 CIM+ 装配式超低能耗建筑在哈尔滨的
    应用研究 ⋯⋯⋯⋯⋯⋯⋯⋯⋯⋯⋯⋯⋯⋯⋯⋯⋯⋯ 420

综述

综述报告一：
黄奇帆：人工智能时代的城市数字化发展路径与治理模式

党的十八大以来，我国人工智能（AI）产业进入高速发展阶段。据中国信息通信研究院测算，2022年我国人工智能核心产业规模达5080亿元人民币，增长18%，人工智能相关企业数量超过4000家。2022年11月30日OpenAI公司推出ChatGPT，通用人工智能受到全世界的关注，其在大模型、大数据、大算力支持下的通用逻辑归纳与推理能力，正在改变人类各种工作的内容和方式，也给城市发展和治理带来了全新的机遇和挑战。通用人工智能与领域人工智能的融合发展，是中国城市数字化发展必须要考虑的重要技术方向。未来的城市应该构建在云计算基础设施、人工智能基础设施、区块链基础设施等新型基础设施之上，并形成基于大数据的城市数字化发展和治理的新模式。

2020年3月习近平总书记在浙江考察时强调："推进国家治理体系和治理能力现代化，必须抓好城市治理体系和治理能力现代化。运用大数据、云计算、区块链、人工智能等前沿技术推动城市管理手段、管理模式、管理理念创新，**从数字化到智能化再到智慧化**，让城市更聪明一些、更智慧一些，是推动城市治理体系和治理能力现代化的必由之路，前景广阔。"本文就人工智能时代中国城市的数字化、智能化、智慧化建设及治理模式谈一下如何应用大数据、云计算、区块链、人工智能等前沿技术，激活城市数据要素，推动城市管理手段、管理模式、管理理念的不断创新。

一、人工智能成为数据要素开发的重要生产工具，激活数据要素是城市数字化发展的核心

纵观人类城市发展的历史，城市两个字的内涵一直是，城为防守、市为发展。到了近现代，随着工业化进程加速，城市基本上都是围绕着各种新兴产业建设起来的。这种模式是工业时代城市经济发展的自然选择，形成了各国一系列的大都市圈。这类城市也会产生大量数据，但这些数据大多是离散的、孤立的，并不具备生产资料的特性，也就不能成为城市发展的基本要素。

城市社会经济系统运行的基础是各种要素在城市范围内的优化配置，要素市场也是政府调控经济、促进社会公平的有力手段。现在的城市经济是建立在土地、资本、科技、劳动力等要素之上的，地产、制造、服务等各行业对这些基本要素加以整合，创造了大量财富、满足了市场需求。2020年4月9日，中共中央、国务院印发《关于构建更加完善的要素市场化配置体制机制的意见》，对要素市场的发展提出了新的构想，并把数据作为要素，提出其市场化配置的发展方向。这就意味着一座城市拥有的海量数据，已经变成了城市的重要资源。随着开发数据要素各项政策的陆续推出，就像是当年开发土地要素一样，激活数据要素潜能已经逐渐成为城市数字化发展的核心动力。

通常来说，城市的数据资源有六大特性：其一，数据是取之不尽、用之不竭的；其二，原始数据往往是碎片化的，缺少应用意义；其三，数据不可能完全的"原始"，其加工过程就是由无序到有序的过程；其四，数据会产生数据；其五，数据在利用过程中产生了价值与产权；其六，数据可以多次转让和买卖。一言蔽之，数据作为一种经济要素，有其特定的本质和特性。由于数据具备这六大特性，一座城市可以在不断产生、利用和提炼数据的过程中，创造大量新价值，从而发展数字经济、治理数字社会、探寻数字文明。

具体来看，人类对数据的利用要经历数据—信息—知识—判断—智慧的过程。**首先是数据变信息**。人类诞生以后，将客观世界的数据以编码的形式表达出来，就形成了信息。数据强调的是客观记录，信息强调的是对客观记录的解释，是一种已经被加工为特定形式的数据，例如文字、语言、音乐等。**其次是信息变知识**。知识是人类基于认知模型，对信息进行结构化重组而形成的更高级别的系统性认知。知识表现为两个特征：第一，它是有逻辑的，是人类基于数据和信息自主进化的产物；第二，它可以独立于数据与信息而存在，表现为抽象且没有实体的客观知识。**再次是知识变判断**。人类掌握知识后经过不断的积累、反复的实践和总结，得以在不同场景下做出适当的判断。**最后是判断变智慧**。人类的知识在一次次判断中升华、沉淀而成智慧，这是包含感知、记忆、理解、分析、思考、洞见、情感等在内的复合概念，具体体现为人类临机应对、做出决策、解决问题、精神感悟的能力。

这四个层次数据利用的递进变革，也体现了城市数据要素价值的梯次开发。城市要为数据的四次开发建立坚实的基础设施：比如，对于原始数据，城市要建立原始数据的保存、确权、授权的基础设施，形成数据的共享共治体系；对于信息，城市要根据应用场景，建立把数据加工成信息的城市数据中台；对于知识，人工智能模型是把信息加工成知识的重要工具，城市要建立相应的人工智能基础设施；对于判断，其形成也需要人工智能基础设施，同时要根据不同的产业、政务场景，建立具体的判断模型；对于智慧，目前的人工智能模型还不能产生高层次的智慧，但已经能够为城市治理和企业决策提供大量支撑。形成与人类智慧互补的智慧治理体系，是城市智慧化的基本特征。

城市数据、信息、知识、判断、智慧数字化体系的构建，是激活数据要素的必要条件。数据资源通过递进开发，在每一个层次都会有价值转化的模型，并用以赋能实体经济的发展，创造新产业、新业态、新模式，建立城市数字治理新体系。

二、城市智能化需要"五全信息"的开发，城市要通过万物万联走向智能化发展

城市的数字化发展不仅仅是构建基础数据体系，还必须要把经济、社会、政务、文化、生态"五位一体"统一起来，通过人工智能技术逐步让城市走向智能化。城市智能化的目标是建立尽可能自动执行的城市运营系统，一方面提供更加公平、高效、低成本的治理环境；一方面为居民提供更加智能、便捷、舒适的居住环境；还有一方面要为企业建立智能化发展的产业生态系统。

支持智能城市需要在城市数据收集体系基础上，将这些繁杂的数据加工成"五全信息"。所谓五全信息，是指全空域泛在、全流程持续、全场景打通、全智能解析和全价值叠加的信息。所谓全空域泛在，是指打破区域和空间障碍，从天到地、从地面到水下、从国内到国际可以泛在地连成一体。所谓全流程持续，是指关系人类所有生产、生活流程中每一个点，每天24小时不停地积累信息。所谓全场景打通，是指跨越行业界别，把人类所有生活、工作中的行为场景全部打通。所谓全智能解析，是指通过人工智能的搜集、分析和判断，预测人类所有行为信息，产生异于传统的全新认知、全新行为和全新价值。所谓全价值叠加，是指打破单个价值体系的封闭性，穿透既有价值体系，并整合与创建出前所未有的、巨大的价值链。

从城市数字化产业链的视角来看，开发"五全信息"让城市可以跟全世界各个国家、各个企业发生各种各样的联系，这些新连接是城市未来价值的重要来源。为此，"五全信息"是城市开发数据价值的基础，也是走向智能化的原料。"五全信息"具有下面五个特征：

"五全信息"是结构型的信息。 这些信息必须包含社会经济系统的各种结构性特征，产业系统要有关于产业的各种特征描述、社

会系统要有社会运营的各方面数据。"五全信息"的结构性体现了"数字孪生"的概念，是企业运营、产业生态和社会系统的全样本刻画。

"**五全信息**"**是动态型的信息**。具有五全特性的信息，是一个社会经济系统运营的动态信息，每一条五全信息都有时间戳、体现事物某一时刻的状态，五全信息积累起来可以描绘事物的历史规律和预测未来的发展趋势。

"**五全信息**"**是秩序型的信息**。某一个系统的"五全信息"，体现了这一系统的秩序。五全信息既包含了社会经济系统的基本制度，也要包含其运营规则。也就是说，五全信息采自系统现有的秩序，也会帮助系统构建新的秩序。

"**五全信息**"**是信用型的信息**。在以往的社会系统中，全社会、全产业领域的信用问题始终无法彻底解决。而进入"五全信息"社会，这些信息因为区块链等新技术的广泛应用，具有高度的可信性。基于新的信用体系，无论是金融还是其他社会经济系统都将发生更加彻底的革命。

"**五全信息**"**是生态型的信息**。它不是孤立存在的，而是存在于特定的社会生态、产业生态之中，是在描述特定生态里面的特定状态。各类信息之间往往存在大量关联，并以一个整体的形式展现出来。

城市智能化的过程是对"五全信息"的开发过程，不论是面向社会消费场景的消费互联网领域，还是与实体经济相结合而形成的产业互联网领域，原始的、碎片化的数据只有通过提炼成为"五全信息"，才具备从信息到知识、知识到判断、判断到智慧的价值。具体来看，城市在"五全信息"的基础上走向智能化有四个步骤：

第一个步骤是城市数据化，实现"万物发声"。目的是让城市的经济、社会、政务、文化、生态五个方面的每一个流程都通过一体化数据表述出来，城市的方方面面都要发出"声音"、留下痕迹，为构建城市数字空间提供源头数据。

第二个步骤是城市网络化,要实现"万物万联"。城市要通过5G、物联网、工业互联网、卫星互联网等通信网络基础设施,把所有能够"发声"的城市单元连接在一起,在保障城市数据安全性的前提下,高带宽、低延时地实现大范围的数据交互共享。

第三个步骤是城市智能化,要实现"人机互动"。也就是要在"万物万联"的基础上,通过人工智能基础设施、区块链基础设施等让物与人可以可信地进行交流,通过与人的智慧的融合,实现城市运行的智能反应与调控。

第四个步骤是城市智慧化,要实现"智慧网联"。就是借助"万物万联""人机对话",使整个系统中的各种要素在人的智慧的驱动下,实现优化运行。

在完成了这四个步骤之后,城市的数据要素的智能流通体系基本建立,并融入全国数据资源大循环和全球数据贸易体系;城市治理走入智能化阶段,消除了大量繁琐的行政审批;人与城市生态走向和谐统一,每个人在智能城市中都将获得平等、巨大的发展机遇。

在城市智能化的基础上,随着人工智能等数字技术的不断进步,城市建设可以进一步走向智慧化,通过提升城市数据的内在价值,形成人与自然高度和谐的智慧社会。

三、城市走向全面智慧化的标志是人工智能在城市管理中的全方位应用,形成经济、政治、文化、社会、生态文明建设"五位一体"的智慧城市系统

智慧是人类独有的高级创造性思维能力,尽管 ChatGPT 等大模型已经能够模拟人脑的部分能力,但现阶段的人工智能技术离人的智慧还有很大的差距。

从 20 世纪 50 年代,阿兰·图灵发表开创性的《计算机器与智能》一文并提出"图灵测试"、美国达特茅斯学院举办的研讨会首次提出"人工智能"概念开始,人工智能的发展正式拉开序幕。

而后在20世纪80年代，XCON系统、贝叶斯网络、卷积神经网络等一系列成果面世，1997年IBM开发的"深蓝"超级计算机在与当时的国际象棋世界冠军卡斯帕罗夫的对弈中取胜。而自2011年以来，随着信息技术的飞速发展，人工智能进入了蓬勃发展期。在70多年的发展历程中，人工智能演进出**深度学习、增强学习、模式识别、机器视觉、知识工程、自然语言理解、类脑交互决策**等七大关键技术。

而进入2023年以来，海内外一系列AIGC（内容生成式人工智能）成果的推出，更是代表着人工智能进入了高速发展阶段。当前，以ChatGPT为代表的人工智能技术通过智能算法和大数据分析，可以从全球范围内收集、分析和处理海量的数据，大型AI（人工智能）模型的应用场景已经远远超出了聊天和对话的范畴，甚至发展出了推理、理解和抽象思考的能力。以ChatGPT为例，其与以往的AI智慧相比，具有以下几点重大突破：**一是**摆脱了人工规划和统计学，比以前的AI模型表现出更多的通用智能。**二是**已从对话中发展出视觉能力，一旦装上四肢工具，就能胜任人类基础性工作。**三是**能够自主学习新的知识，在无样本训练时模仿人类做出决策。从人工智能迭代升级的路径上来看，当前最具代表性的人工智能，比如ChatGPT，其功能已经能够实现自然语言理解。许多学者认为，人工智能的发展已经临近"奇点"（Singularity）时刻。但是，人工智能的发展目标不应该是取代人类，而是更好地服务人类，其所替代的人类认知还是一些浅层次的、多维度数据下的认知。通过这种替代，人的能力不是被人工智能所削弱，而是得到进一步的增强。借助人工智能技术，人类将突破既有感官的局限性，对事物本质有更准确的判断。在此基础上，人类将进一步释放大脑的潜能，进行更有效的推理与决策，开展大量更有创造力和发展潜力的工作，并进而建设一个更加智慧、文明、民主、富强的城市智慧发展与运营系统。

2023年2月27日发布的《数字中国建设整体布局规划》中指

出，数字中国建设就是要全面赋能经济社会发展，实现经济、社会、政务、文化、生态文明"五位一体"的系统化发展。智慧城市必须是一个以人为核心、系统化发展的城市，要基于数据要素、借助数字技术，形成城市"五位一体"运营的智慧体系。

经济发展智慧化。在 AI 等技术的推动下，城市经济逐渐走向智慧化发展阶段。城市的数据资源将形成稳定的、智慧运行的经济循环，并在赋能百行千业的过程中持续为城市创造价值。城市的各个业态也将运行于人类发达的数据基础设施之上，大量的重复性劳动将由 AI 替代，人类从事的是充分体现人类大脑创造力的智慧型工作。人类的劳动价值通过产业的智慧运营体系得到空前放大，人类对未知世界的探索能力通过这一智慧运营体系得到最大限度地提升。

社会生活智慧化。AI 时代的社会，数字技术全面融入社会交往和日常生活，公共服务和社会运行方式不断创新，全民畅享的智慧生活变成现实。首先，在基本生活层面，人类的衣食住行将在大数据驱动下变得更加智能，人类可以用最小的个体消耗满足基本生活的智慧化运营；其次，在数字消费层面，在城乡智慧系统驱动下，大量的数字需求被激活，从而不断为人类开辟新的消费市场；最后，在公共服务层面，城乡智慧化运营体系初步建立，工业时代面临的社会发展问题得到解决，城乡宜居度得到提升。

政务服务智慧化。在 AI 城市整体数字架构下，按照城市数字化发展的多层次需要，建立适合政务系统智慧化运作的制度规则体系。首先，要夯实城市政务数据基础设施，构建全国一体化政务大数据体系（国办函〔2022〕102 号）；其次，实现政府各部门信息系统网络互联互通、数据按需共享、业务高效协同；最后，积极拓展城市数字空间的智慧治理，把政务服务延伸到数字空间中，形成数实融合的政府服务新模式。

文化繁荣智慧化。城乡实体空间和数字空间都将成为文化的载体，通过智慧化手段和工具，一方面，可以帮助大量中国传统文化走向数字化、市场化；另一方面，也可以有序引导新文化的繁荣，把数据、算法、算力和人融合在一起，打造中国独有的、自信繁荣的数字文化。城市文化大数据体系、人工智能基础设施等，为文化的产生、传播、服务、消费新模式奠定基础。在此基础上，人类将进一步展现出自身智慧的创造能力，并由此产生跨越数实空间的数字文化新业态和全球领先的数字文化企业。

生态文明智慧化。城市生态环境的治理模式开始走向智慧化，并形成全国统一的生态文明大数据体系。基于自然资源三维立体"一张图"和国土空间基础信息平台，城市一方面可以更好地运用数字技术推动山水林田湖草沙一体化保护和系统治理；另一方面，也可以对这些生态文明数据进行更好地开发，通过数字孪生技术，构建自然空间的数字映射，从而实现更智慧化的水资源、碳资源、空气资源、林草资源的利用和开发模式。

四、AI 时代的城市是由实体空间和数字空间组成的数字孪生城市，要充分重视对数字空间的治理

随着城市数字化进程的加快，城市、企业、个人都开始形成多样化的数字模型。城市信息模型（CIM，City Information Modeling）、建筑信息模型（BIM，Building Information Modeling）、产业互联网、虚拟企业、虚拟社会、数字人等各种构建数字空间的基础技术都已经开始走向成熟，为建设可运行的数字孪生城市做好了准备。

人工智能的发展，最壮丽的前景将是人工智能的技术转变为各种社会场景下方便人类应用的终端，进入千家万户的生活和人们各类工作场景之中，形成虚拟现实、镜像孪生的城市生活和工作，形成数字空间和实体空间组成的数字孪生城市。

回顾经济史，每一个时代的风口都会催生出几件世界性的耐用消费品。这些产品的形态、功能和使用场景各异，但其底层的技术基础往往是类似的，是当时社会大众生活场景中最先进的生产力

代表。比如，第一次工业革命是机械化时代，代表性消费品如手表、自行车、缝纫机、收音机、照相机等；第二次工业革命是电气化时代，汽车、空调、电视机、冰箱、洗衣机等；20世纪80年代以来的信息化时代，是台式电脑、笔记本电脑、手机、液晶面板的电视机等。

而当下全球正在发生的第四次工业革命是人工智能、智慧网联时代，新一代核心技术——人工智能，将成为新一轮产业变革的制高点，而人工智能所赋能的新一代的"五大件"，也将进入千家万户，成为全球产业竞争的主战场，当前这些大产品已经初露峥嵘，大体上包括以下五种：

一是能够胜任人类基础性工作的家用机器人。人类通过眼、耳、鼻、舌、身体、大脑觉察这个世界，从而产生意识，产生智慧。而这类家政机器人拥有类似眼、耳、鼻、舌般的智能传感器，可以对周围进行高精度感知；拥有机械身体，可以行动，能够担任家政等工作。

二是具有逻辑判断能力的内容输出型机器人。这种机器人经过大模型的海量预训练，其功能不在于成为搜索引擎在网络中寻找案例，而在于根据自身学习、提炼得到的科学常识、社会共识、专业知识，根据特定场景做出有效判断。这类机器人不必拥有机械臂、机械脚的形态，可能就是一个终端，但是可以输出内容，担任文秘、助手工作。

三是具备脑机接口的AR/VR头盔或眼镜。脑机接口就是在大脑和外部机器之间建立直接通信，一方面，将脑信号转化成为控制指令；另一方面，将外部信息转换成为人脑可识别的信号并传输到大脑的传输系统。配备了这一功能的AR/VR眼镜或头盔，将成为新的人机交互方式，只需捕捉大脑电信号就有可能实现人机互动。未来，这一设备甚至能够具备类脑交互决策的功能。

四是自动驾驶的清洁能源汽车。在清洁能源汽车替代石化能源汽车的历史过程中，由人工智能数字化技术为核心的智能驾驶功能也会逐渐渗透融入，实时联通路面上的交通工具和交通基础设施，对复杂路况和交通信息做出微秒级别甚至更加迅速的反应，提高驾驶的安全性和城市交通的效率，也可以极大地拓展汽车作为交通工具的价值空间。

五是突破了材料限制的 3D 打印。人类之所以成为高等智慧生物，原因就在于能够制造并使用工具。3D 打印赋予了人们任意定制所需工具的能力。但当前 3D 打印在材料环节尚存在限制，能否在材料上取得突破，比如将原材料直接合成新的物质，是 3D 打印设备发展的关键所在。

这些人工智能产品一旦成熟，进入家庭，市场规模往往超过万亿美元，哪个国家、哪个城市能够把这些产业发展起来，就会在国际经济竞争中走在前列。同样，哪个国家、哪个城市只要把这些产业应用到家庭、企业、社会之中，那么这个城市就真正地进入 AI 时代，形成了由实体空间和数字空间组成的数字孪生城市。

从城市中每一个个体的角度来看，未来城市居民除了生活于实体社区之中、工作于实体建筑之内，还将拥有数字空间里的身份，在数字空间中工作创业、办理业务、购物娱乐、交友学习等。正是由于人的这种行为改变，人群聚集的城市乡村才会走向数字孪生，并孕育数实融合的城市新形态。

建设数字孪生城市不是一般意义的智慧城市，而是以需求为导向建立数字空间中的市场体系和治理体系，是开发城市数据要素的重要手段，也是未来城市经济的重要增长点。前面所讨论的城市数据化、网络化、智能化三个步骤实现后，将会为建设数字孪生城市奠定坚实的软硬件基础设施。在此基础上，要针对每座城市的生态、文化、产业特色，合理规划开发城市的数字空间，把数字空间当作城市的实体空间一样运作，让每一个主体都可以跨越两个空间，公平地生活、工作和交易。

从城市管理的角度来看，要充分重视对现在已经开始涌现的城市数字空间的治理。要站在数实融合的角度，重新思考城市的治理模型，建设治理数实空间的基础规范。比如，无论在哪个空间里，诚信都将会是最基本的社会准则，因而信用体系也是两个空间共用的一套数据和制度体系，是未来城市治理的关键所在。基于区块链、大数据、人工智能等技术，可以建立一个覆盖城乡的，更加公平、可靠、安全的信用体系。在此基础上，也要加强对数字空间的相关立法，从而规范个体、企业、政府在数字空间中的行为，避免垄断、大数据杀熟、侵犯隐私等不法现象，让数字空间成为城市经济活力的新来源、居民幸福生活的新补充。

2023年5月5日，习近平总书记在第二十届中央财经委员会第一次会议上强调，要把握人工智能等新科技革命浪潮，适应人与自然和谐共生的要求，保持并增强产业体系完备和配套能力强的优势，高效集聚全球创新要素，推进产业智能化、绿色化、融合化，建设具有完整性、先进性、安全性的现代化产业体系。城市作为现代化产业体系的载体，正在进入全新的发展阶段，数字化、智能化、智慧化的发展路径，需要全国人民锐意进取、勇于创造，才能够顺利实现。在百年未有之大变局时期，中国的城市建设要完整、准确、全面贯彻新发展理念，保持战略定力，坚持以人为本，应用好人工智能等数字技术，统筹实体和数字两个空间，规划好城市的数字化发展路径，在AI时代，力争打造出引领人类文明的城市发展新模式！

综述报告二：
吴志强：CIM 是城市建设的重要底板

- 吴志强：博士，教授，中国工程院院士，德国工程科学院院士，瑞典皇家工程科学院院士，同济大学原副校长，中国城市规划学会副理事长，中国 2010 年上海世博会园区总规划师，北京城市副中心城市设计综合方案总规划师，上海市人民政府参事。
- 吴院士是首位提出 CIM 概念的专家，并多次在会议或采访中就 CIM 发表看法和建议。经吴院士同意，本报告将他过往采访中部分观点重新整理成文，以飨读者。

  CIM 技术已经成为城市规划领域不可或缺的技术之一。我国各城市已经普遍认识到 CIM 对于智慧城市建设和城市精细化治理的突出作用。

  吴志强院士对 CIM 概念的提出缘于上海世博会。针对上海世博园区 256 个场馆，不同国家的设计方案及其采用的不同软件使数据无法合一的问题，吴志强作为上海世博园区的总规划师，2005 年在总规划师办公室（简称"总师办"）层面提出要求，所有提交的规划设计方案必须采用统一 BIM 标准。同时，由总规划师牵头，总师办研发可以承载单体建筑设计的 CIM 平台。当时的"C"，指的还不是 City，而是 Campus。世博会结束后的 2011 年，CIM 中的"C"的含义已经扩展到了"City"（城市）的范围。

  在 2015 年上海数慧于南京承办的第九届规划信息化实务论坛上，吴志强对 CIM 做了详细诠释。2016 年，吴志强又在北京城市副中心的规划设计中进行了深度开发实践，将建筑指标、人口指标、学校、医院、能耗、就业等通过 CIM 平台进行精准分析，为未来的城市精细管理提供智能平台,这也是CIM技术在大规模城市规划设计实践中的率先尝试和成功落地。2017年起,城市规划行业经历了从BIM走向CIM,走向城市规划、建造、运营、管理全生命周期的智能化过程。目前,吴志强团队又开始将AI技术导入CIM中,将CIM提升到了"CIMAI"的新高度。

吴院士介绍,CIM的最终目标是要把中国城市地上、地下的数据精化、细化、立体化,目前的追求是动态化,实现对各行业数据的动态管理。CIM总体上是应当容纳流结构的,以流定形,形流相成,这是未来CIM发展的重点方向。CIM可以在更多领域发挥作用。比如交通和电力,这些行业固有的数据结构是"流结构",交通关注的是在路上跑的"交通流",电力关注的是在电线里面跑的"电流"。关注"流结构",就是要探索规划布局、道路走向、建筑形态因素。与此同时,城市的生态也有大量的"流"与城市的可持续发展密切相关,例如"风流""水流"这两大自然流动要素是城市形态密切相关的,据此可以提出对不同山水条件下的规划方案的相应契合度的评估方法。"流"就是关注过程,其必然跨越空间和时间维度。了解"流"的变化规律,做空间的形态规划时方可掌握城市生命本质。

在吴志强院士的观点中,CIM中的"I"一直指的是"Intelligent",而不仅仅是"Information"。"因为很清楚,CIM必须要有一个学习的过程,否则就只是数字和信息的堆砌。"由此,吴院士谈到CIM与"孪生"的区别,"不能只做城市的'镜像',还要知道城市的过去、未来,借助CIM要能够看到城市的前世今生,更看透超越几代的过去和未来。不仅仅是双胞胎,更要通过数据看到今天城市的'祖辈'和明天的'孙辈'。工业和工厂可以提数字孪生,而城市提孪生是远远不够的。只关注与现实一模一样的'镜像',数字技术就失去了更高价值。这就是我一直提倡CIMAI的重要性和人工智能深度学习的必要性。"在吴院士的理解里,CIM相对于"数字孪生",有更深的内涵。主要体现在:

一、CIM 要以预见未来为目标

CIM 不仅是为还原真实城市而研制的数字系统。"镜像"今天的城市，不足以发挥信息化、智能化对城市发展的强大赋能。通过应用智能模型前瞻性地创造出未来场景，以帮助使用者看到明天的城市问题并据此引导今天的发展路径。

二、CIM 要以智能模型来辅助决策

CIM 不是简单的信息管理平台，而是从对城市数据的积累、处理提升为对复杂信息的智能响应，以适应现代城市综合治理的需要。通过对水文地理、气候环境、建设项目、市政工程等城市数据的集成计算，实现针对城市发展、市政、交通、公共服务等关键决策领域资源的智能动态配置，以优化城市设计的效果，辅助城市规划、建设、管理的科学决策。

三、CIM 更突出人与城市信息的互动

CIM 不仅是针对城市数据的技术平台，还应是能以更智慧的方式将城市信息有效传达给用户的互动系统。借助 CIM 可以使城市规划、建设、管理的过程更轻松、人性化，而在用户的干预和反馈过程中，CIM 系统也得以持续迭代增强，体现出人的主观意志和城市智能生命的互动协调。以对城市大数据的智能分析、模拟、推演为基础，人机协同决策，制定更优的解决方案，维护城市全生命周期的健康发展。

四、CIM 不仅仅等于"BIM+GIS+IoT"

随着建筑行业信息化逐步成熟，BIM（建筑信息模型）、GIS

（地理信息系统）与IoT（物联网）技术得到广泛应用，与之相关联的CIM成为社会各界多个领域的技术共识。BIM像城市的细胞，GIS是提供数据基础的平台，IoT是城市中所有物质的数字化。CIM在细胞、平台和城市物质数字化的融合后，更重要的是另外三个更有价值的内容——流动、生命规律和动力辨识——而这些是超出前面三项要素的。一是空间加上时间以后产生的城市自然和人工要素的流动；二是城市流动和空间形态之间的互动规律；三是理解城市生命发展的动力所在。前述三项技术简单叠加，是无法做到这些内容的。

五、CIM面向更广泛的用户群体

需要让CIM面向更广泛的用户群体，让远程访问CIM变为可能，也要提升CIM应用的便捷性。CIM应当能够感知城市中人的活动规律、需求，进而通过大数据的智能模拟、迭代，优化城市规划设计方案，要有精准服务用户需求的应用端，满足不同主体在城市规划、建设和管理中的实际需要。就像超图公司的所有产品，其实都是要为人服务的，为人创造更美好的生活，是一切技术工具研制的目的。

研究一座城市、一个文明的发展，CIM是极其重要的底板，没有这个底板相应工作就没法展开。未来的城市，最看重"智""绿""人"，要实现"城市，让生活更美好"，需要更多的智慧、更多的绿色、更多的人和自然的互动与和谐融合。吴院士认为，未来应该在CIM的基础上提出一个更高层面的概念——SIM（Space Intelligent Modeling），这里面的"S"指的是国家不同的空间，不论城市、乡村、森林、海洋和农地，本质上都是一种空间。有了空间作为载体，才能承载一个国家的生态、社会、经济、历史和文明，因此软件开发者和使用者应当在充分理解"空间"内涵的基础上架构软件系统。

综述报告三：
王铁宏：关于中国城市建设转型发展的三个重要方面

党的二十大报告指出，要推动经济实现质的有效提升和量的合理增长。新发展格局下，中国城市建设的转型升级进而实现高质量发展正是推动经济质的有效提升和量的合理增长的重要方面，迫切要求我们经受住三重考验，即城市建设的市场模式等深层次改革迫在眉睫，城市建设的绿色化与低碳化变革时不我待，城市建设的数字化转型升级未来已来。我们应以大格局、大思维、大战略的胸怀从容应对，实现质的有效提升和量的合理增长。

一、城市建设的市场模式等深层次改革迫在眉睫

国务院办公厅《关于促进建筑业持续健康发展的意见》（国办发〔2017〕19号）是指导建设领域深化改革的纲领性文件，其中所涉及的深层次改革有关于市场模式改革、招标投标制度改革、公平公正监管改革、质量监督体制改革和全过程咨询模式改革。其中最突出、最重要的是关于市场模式改革，这是一项根本性改革，也是深层次的体制机制改革。我们早已进入社会主义市场经济阶段，但是我们城市建设中公共投资的房屋和市场基础设施项目的市场模式仍在延续着计划经济条件下的模式，客观上造成公共投资的城市房屋和市政基础设施项目超概算、超工期严重，有些甚至出现腐败问题。其实我们国家一直在推进公共投资项目市场模式改革，即设计施工总承包（EPC）模式，"交钥匙"。工业项目已经很好地实现了EPC模式，不但"交钥匙"，还要求"达产"；铁道、交通、水利等也有很多成功范例；城市建设中已开始推进EPC

模式改革并取得了初步效果。普遍地看，推进 EPC 模式，可以优化设计、节省投资、缩短工期，一般可节省投资 15% 左右，缩短工期 10%～30%，实现公共投资项目更好、更省、更快的建设。

在推进 EPC 的同时，PPP 不期而遇。PPP 是更深刻的改革，是投资方式变革的深化。为什么在推行 EPC 的同时又要开始推动 PPP 模式？正如我们建设领域的同志所说，"不会当乙方就不会当甲方"，PPP 就是要让会当乙方的人当好甲方。如何才能当好？其实 PPP 与 EPC 是有逻辑与辩证关系的，即 PPP 项目必须 EPC，必须优化设计、节省投资、缩短工期。一定要证明，PPP 项目就是比不是 PPP 项目更好、更省、更快。进而形成承接 PPP 项目企业新的更高的核心竞争力，承接 PPP 的供给侧特别是广大央企、国企当有所作为。

地方政府有关公共投资主管部门要切实提升 EPC 模式管理能力，要真推 EPC，要推真的 EPC。重大改革需要需求侧和供给侧双向推动才能成功。花最少的钱买"交钥匙"工程，花最少的钱买成品，买成品 + 运维是对公共投资项目需求侧最大的能力考验。

习近平总书记指出，要"真枪真刀推进改革"，要"抓住突出问题和关键环节，找出体制机制症结，拿出解决办法，重大改革方案制定要确保质量"。党的二十大报告指出，必须完整、准确、全面地贯彻新发展理念，坚持社会主义市场经济改革方向。

二、城市建设的绿色化与低碳化变革时不我待

城市建设中，我们既要把握好绿色化深刻变革中的关键问题，还要把握好"双碳"战略中的深层次问题。

关于绿色化深刻变革中的关键问题，我认为，就是装配化 +，即装配化 +EPC、+BIM、+ 超低能耗是绿色化发展的逻辑主脉。在此基础上还要 +AI，进而实现绿色化、低碳化与数字化的深度融合

发展。突破瓶颈的关键在于城市级政府要真落实。

中共中央、国务院《关于进一步加强城市规划建设管理工作的若干意见》指出，要大力发展装配式建筑，今后10年装配式建筑要占新建建筑的比例达到30%。如何落实？关键在于城市级政府的真落实。上海市引领了全国城市装配化的发展方向，其装配化建筑占新建建筑的比例已超过90%，现在全国有约一半的城市在对标学习上海。上海的经验概括就是三条，一是"倒逼机制"，从2016年开始，上海市政府即规定，外环线以内新的土地招拍挂项目全部采用装配式建筑，装配化率要求很高，而且逐年还要提高，外环线以外项目也要全部采用装配式建筑，装配化率比外环线以内稍低一个梯度；二是"奖励机制"，尽管从长远说按工业化思维，装配化不但不贵，还会更便宜、更快捷，但现阶段还是可能会略贵一点，约200～300元/m^2，上海市以奖励容积率3%的办法加以解决，开发商明白得很，不但省钱，效率还高、质量还好，一定要用装配化；三是"推广机制"，建筑产业总体上还是一个保守型产业，发展装配化之初，争议非常大，上海市政府很睿智，就是不争议，最好的办法就是开观摩会，几场观摩会下来，就鸦雀无声了，观摩的确是个好办法。

正如二十大报告指出的，要充分发挥市场在资源配置中的决定性作用，更好地发挥政府作用。全面推动装配化，给城市政府带来的是产业全面转型升级，品质提升，环保生态加快，另外装配化部品部件等属工业制成品，其产业基地给城市带来新的红利，国内生产总值（GDP）增加，税收增加，劳动力就业增加；给人民群众带来了实实在在的好处，装配化的得房率普遍提高1%～3%，房屋品质大大提升，基本消除开裂渗漏问题，交房时间大大缩短；对开发商也带来了好处，品质提升基本解决了交房环节大量的经济纠纷问题，工期缩短大大节省了资金成本，奖励容积率完全解决了装配化初期增加成本的顾虑。为此，我们对上海发展装配化做过专题调研，概括其经验为三句话：真明白、真想干、真会干。

具体说，就是市委市政府"真明白"，市委市政府"真想干"，有关部门就"真会干"，市场各方主体就"真会干"。

建筑产业要真刀真枪回答好四个问题，一是到底要不要发展装配化，二是发展什么样的装配化（有PC装配化，1.0版现浇剪力墙+预制三块板+套筒灌浆、2.0版预制剪力墙+预制三块板+套筒灌浆、3.0版预制剪力墙+预制三块板+后浇柱后浇梁、4.0版模块化，还有钢结构装配化，而且现阶段已发展到结构-机电-装饰装修全装配化），三是准备在哪里发展装配化（装配化是有运输半径的，要抢抓重点区域重点城市），四是怎样更好地发展装配化（把地方政府的优惠政策用足用好，如基地的土地优惠，税收优惠，保障房项目给装配化下订单以及推广商业示范等）。

我们说装配化+，一定是+EPC才能实现装配化的更好、更省、更快；一定要+BIM实现装配化发展的数字化转型升级；一定要+超低能耗，实现绿色化与低碳化技术的融合应用。未来已来，装配化还要+AI，+装配化工厂制造AI与+装配化现场建造AI是不以人的意志为转移的必然发展方向，也是更广阔的蓝海，从而实现习近平总书记所要求的"中国制造、中国创造、中国建造共同发力，继续改变着中国的面貌"的更高目标。

关于实现"双碳"战略中的深层次问题，我认为，突出在于重视碳达峰与建筑（运行）碳排放增量的关系和突出在于实现碳中和与建造碳排放减量的关系。

我国有广阔的夏热冬冷地区，其建筑（运行）碳排放潜在的巨大增量问题要下大功夫、真功夫、狠功夫，确保在"碳达峰"前解决好，唯有大力推动超低能耗建筑等规模化发展方可破题。为此，中共中央、国务院《关于完整准确全面贯彻新发展理念做好碳达峰碳中和工作的意见》明确指出，要大力发展节能低碳建筑，要持续提高新建建筑节能标准，加快推进超低能耗建筑等规模化发展。什么是超低能耗建筑？就是在建筑节能和绿色建筑基础上保温技术再好一点（达到节能82.5%），隔热效果更好一点，再加上性能更好一点的新风系统，即保温＋隔热＋新风三项基本技术，冬季不用供暖，夏季不用制冷，梅雨季还可以除湿，现阶段仅400～500元/m^2即可做到，规模化、工业化后可能仅200～300元/m^2，如果考虑下一步的碳交易政策，不但能进一步省钱可能还会赚钱。

从碳达峰到碳中和一定要有碳交易政策，城市建设的新原则即建造减碳设计原则呼之欲出，方案碳排放减量至关重要，建造减碳从科技到标准、到设计、到施工，一个全新的领域在呼唤建筑产业加快推进。可以预见，今后所有工程项目方案都要比较碳排放，不但比较运行碳排放，还要比较建造碳排放。

习近平总书记指出，绿色循环低碳发展，是当今时代科技革命和产业变革的方向，是最有前途的发展领域。我国在这方面的潜力相当大，可以形成很多新的经济增长点。

三、城市建设的数字化转型升级未来已来

建筑产业是城市建设的供给侧，正在全力实现产业数字化和数字产业化。城市建设要在此基础上特别突出于以CIM建设为核心的数字化转型升级，未来已来，前景广阔。

建筑产业的系统性数字化转型升级，首先是做好产业数字化和数字产业化两篇大文章。在此基础上，还要有从项目级数字化到企业级数字化的系统性思维，再进而到产业级数字化，更进而到城市级数字化的系统性思维，任重道远。

产业数字化是当前建筑产业的"必答题"，集中围绕三个方面展开，一是项目级，全面实现BIM大数据化；二是企业级，全面推广ERP，打通层级和系统，创造价值；三是企业级数字中台，把企业的海量大数据通过科技赋能，创造价值。

在"必答题"中关于BIM应用要突出关注4个关键问题：一是自主引擎，解决"卡脖子"问题；二是自主平台，解决安全问题；三是贯通，设计施工共同建模，可以指导运维；四是价值，为国家、

业主，也为自身创造价值并可支撑即将到来的智慧城市要求。

同样，ERP也有自主引擎和自主平台的问题，突出强调"打通"，打通层级、打通系统，为企业创造价值。

基于此，建筑产业就看谁能做好"抢答题"，抓住未来已来与未来预期——数字产业化，BIM+、+CIM、+供应链、+数字孪生、+AI、+区块链以及+元宇宙技术。

城市建设是数字产业化的最大场景，在建筑产业数字化转型升级基础上，要特别突出于以CIM建设为核心的城市建设数字化转型升级。这就是我们所说的城市级要以CIM为核心推进城市建设数字化转型升级，是CIM+，+供应链、+数字孪生、+AI、+区块链、+元宇宙，还要+"双碳"。

一定要把握好CIM与BIM的关系，没有BIM就没有CIM，但是BIM不等于CIM，BIM只是基础，是重要方面，但不是全部。因此，现在各城市就要明确未来已来一定要有CIM，要CIM指导BIM，BIM要适应CIM。两者之间，一定迫切需要数字孪生技术，而且一定要基于北斗毫米级数字孪生技术。同样重要，CIM也要解决底座的自主引擎和自主平台问题，我认为，在BIM和ERP自主引擎、自主平台成功方案基础上研究破题是完全可能的，我国若干自主可控CIM底座解决方案正在显示出强大的生命力，如自主可控CIM底座的中国建筑科学研究院解决方案、广联达解决方案、新中大解决方案、数云科际解决方案和鲁班软件解决方案等。关于CIM+一模到底的中南院方案也是值得关注和研究的。在此基础上，全国已经涌现出了大量的城市级（确切地说尚处于区域级或园区级的）CIM应用范例，如北京、雄安、深圳、重庆、成都、苏州、广州、上海、郑州、南京等10个城市（地区）的12个区级（园区级）CIM应用研究，以及CIM+数字孪生、+AI智慧制造与建造、+区块链、+元宇宙、+轨道交通数字化、+"双碳"（建筑运行减碳和建造减碳）的应用研究。

城市级甚至省级亦或更广阔区域级，供应链"公共平台"是应当充分重视的发展方向。必须指出，建筑产业供应链"公共平台"的解决方案尚未破题。

装配化+，+EPC、+BIM、+超低能耗以及+AI是绿色化的逻辑主脉。其中，"装配化+"是产业路径问题，"+EPC"是发展模式问题，"+超低能耗"是双碳战略问题，而"+BIM""+AI"才是数字化转型问题，在没有弄明白产业路径问题、发展模式问题、"双碳"战略问题的时候，就要上马发展AI，显然是缺乏战略思考的，也必然会走弯路，甚至难免重蹈当年"柯达胶卷"的覆辙。在此，要特别提示我们的建筑企业家在AI问题上要格外慎重。

为此，要特别关注智能建造的三个逻辑问题：第一，关于智能建造的应用基础。从绿色化与数字化发展的趋势分析，应把握好"装配化+"，其本质是在市场模式深刻变革下的绿色化+数字化。第二，关于智能建造的更高目标。一定是装配化+AI，包括结构、机电、装饰装修的全装配化，工程制造AI、现场建造AI。一定是在BIM基础上，与CIM、数字孪生、供应链、区块链、元宇宙技术等深度融合。现阶段"BIM+智慧工地"的普及只是当下建筑产业数字化转型的一个重要阶段，远非终极目标，向传统建造+AI还是向装配化+AI方向发展，应深刻把握。第三，关于推动智能建造的关键。为业主方创造价值，为企业自身创造价值，还可支撑下一步智慧城市CIM建设才是智能建造的关键。同时，要有系统思维，关注与市场模式深刻变革、与"双碳"战略、与绿色化特别是"装配化+"、与创新思维的关系。总之，建筑产业智能建造的发展逻辑问题至关重要，其中应用基础、更高目标、推动的关键这三个逻辑问题必须从战略层面研究透、解决好。

对于城市建设的转型发展，我们要有哲学思辨，要有全面辩证思维、逻辑思维、共创共享思维、价值思维、互联网+与未来预期思维以及思辨存量与增量的关系。我们还要注重价值实现，把握好先进技术与成熟技术的关系。城市建设是数字技术和"双碳"技术应用的巨大场景，要加快发展就要借助资本的力量，三者结合是城市建设实现数字化和绿色化低碳化发展的重要战略窗口期。

综上，发展是量变和质变的辩证统一，"量的合理增长"是"质的有效提升"的重要基础，而"质的有效提升"又是"量的合理增长"的重要动力，两者相互作用、相互推动，构成高质量发展的实现路径。中国城市建设转型升级进而实现高质量发展问题我们要研究透、解决好，要以大格局、大思维思考大背景、大战略。

> **综述报告四：**
> **朱　岩：开发城市数字空间，推动数实融合的城市数字化转型**

2023年2月27日中共中央、国务院印发《数字中国建设整体布局规划》，其中描绘了数字中国建设到2025年和2035年的阶段性目标，数字经济、数字政务、数字文化、数字社会、数字生态文明五个方面相辅相成，构成了数字中国建设的主体内容。未来城市的建设也必须要系统化考虑这五个方面如何在城市中协调统一、共同发展。在这一规划思想指引下，数字中国建设进入了一体化发展新阶段，城市建设的数字化转型正在为城市发展注入新的活力。从总体上来看，**未来城市建设不只是实体空间的建设，还应该包括城市数字空间的建设与开发，城市将会是实体和数字两个空间的统一体**。基于城市数字底座，城市的实体空间通过多样化数据采集机制（比如城市信息模型，CIM）和管理机制（比如城市数据资产管理机制）映射到数字空间；城市的数字空间不只是实体空间的映射，它也会有在数字世界中独立的作用，通过聚集数字需求，数字空间将成为人类生存发展的新世界、企业运营的新市场、政府治理的新领域。

一、城市是人群聚集的产物，随着人群聚集方式的变革，城市建设的内涵也在不断转变

人类城市的起源可以追溯到公元前4000年左右美索不达米亚文明的乌鲁克。比利时历史学家皮雷纳在《中世纪的城市》一书中指出"为了贸易的方便与财产的安全，商人和工匠们在原本用于防御的城堡周围集聚，并逐渐形成规模空前的城市和一套全新

的社会制度"。在中国古汉语中,"城"即防御设施,"市"即交易场所,城市是人群为了安全和交易便利而形成的聚集模式。

(一)在人类社会不同发展阶段,随着生产力工具的变化,人群聚集的方式和范围也不断改变

在农业社会,由于生产力水平低下,城市虽然难以形成较大规模的市场,但人们聚集于城市之中,有了更强的抵御战争的能力,并逐渐形成了城市经济的基本形态和城市建设的基本内容,比如房屋、道路、集市,以及法律、审判等基本城市治理系统。**在工业社会**,以蒸汽机为代表的新生产力极大推动了人类的城市化进程。机器放大了人类的力量和速度,人类对农业生产的依赖度迅速下降,大量工厂的出现使得人群出现了空前的聚集,并因而加速了城市规模的扩张和建设内容的升级,国际性大都市开始慢慢出现,并发展出物流、金融等大量新兴产业。随着人类**进入电子社会**,人类处理信息的生产工具快速发展,社会分工开始加剧,这时候的城市功能不再仅仅是生产商品,而是越来越成为提供服务的中心,城市的性质开始由生产功能转向服务功能。**进入互联网社会**,世界开始迅速成为一个整体,人类开始意识到网络所带来不只是信息的连接,更是在改变着人类生存的方式,网络成为人群聚集的一个新领域。在这个时期,网络空间成为快速兴起的市场,并引起了各国对网络空间主权的关注。新冠疫情以来,全球加速进入**数字社会**,人类开始意识到数字生活的泛在性,人类可以在数字空间中生产、消费、生活,并形成在数字空间中的真正人群聚集,由此使得人类社会开始进入数字空间与实体空间融合发展的新阶段。

尤其是随着数字生产力的发展和我国数据要素市场的提出,中国的大量城市开始了数字化转型,并在国家统一规划下重新思考城市建设的实体和数字空间相融合的新架构。

（二）从互联网时代开始，我国城市的数字化建设经历了三个发展阶段

1994年随着中国教育科研网投入运行，中国开始进入互联网时代。由于网络强大的信息连接能力，各级政府都开始意识到需要变革城市治理模式，于是加大了对城市信息化、数字化、智能化建设的投入，并取得了大量建设成果。

第一是城市信息化阶段。这一阶段以部门或行业领域信息化为中心，解决城市各领域的信息化、网络化问题，重点在城市通信基础设施和部门信息系统的建设，例如电子政务、数字城管等。这个阶段城市建设的主要特征是城市单一部门主导信息系统建设，但跨部门跨系统的协同相对较少。

第二是城市网络化阶段。信息化阶段以部门为基础建立的信息系统，产生了一个个信息孤岛，这样造成了城市跨系统数据流转和业务协同效率低下。第二阶段主要是围绕城市网络服务的各种应用场景开发数据交换与业务集成系统，对城市大数据进行汇集、形成大量城市网络化服务模式，例如市民一卡通、政务通等。

第三是城市数字化阶段。随着中国加速推进数据要素市场，中国城市发展进入数字化阶段。数字城市建设将从整体性、系统性、协同性出发，促进数字经济和实体经济深度融合，以数字化驱动城市生产生活和治理方式的变革，使得城市建设和人民生活更加智慧化。在这个阶段，城市数字化转型要以数实空间的新型基础设施建设为基础，探索城市激活数据要素的新发展模式，创新政府部门对数实空间的治理新路径。

二、数字时代中国城市的建设要充分考虑实体空间和数字空间的融合

城市空间是人群聚集的地方，也是人类生产、生活的场所。在

城市发展历程中，城市空间的建立和更新主要是以土地要素主导的城市实体空间的扩充和改造，城市的规划建设也主要是围绕城市所拥有的产业来建造城市。随着经济的发展，城市所带来的人口聚集效应，产生了大量新的需求，呼唤大量新兴产业。如前所述，数字时代的城市人群不只是聚集于实体空间之中，还同时聚集于数字空间之中，一座城市的数字空间建设与开发，正在成为城市发展的新领域。

城市数字空间依托下一代数字技术，通过开发数据要素市场，引导土地、资本、科技、劳动力等传统要素向线上集聚，并通过数字空间的生产活动，满足人群在数字空间中不断涌现的需求。城市开发数据空间的过程中，要同时考虑两方面的问题：实体空间的数字化、数字空间的实体化。

（一）实体空间的数字化是现实城市的数字映射，不仅包括了物理映射，同时也包括了规则映射

CIM技术的发展为实现城市实体空间的数字化奠定了基础，目前大量城市新建项目都已经构建了城市信息模型，实现了从实体空间到数字空间的初步映射。但要真正构建城市的数字空间，仅仅有这些建筑工程数据是不够的，这些数据要能够依据数字空间的新需求在数字空间中进行重构，这是目前城市实体数字化的难点。只有解决了这个问题，这个物理映射才有足够的市场价值。

与此同时，实体空间中不只是一些物理设施，还有城市运营的各种规则，这些规则也要根据数字社会的需要，映射到数字空间中。也就是要构建数字空间中的城市运营基本规则，形成对数字世界的规范化管理。

（二）数字空间的实体化是指要把数字空间完全当作实体城市一样看待，为其中各主体创造规范的运营秩序

数字空间不是一个电子游戏世界，而是如同我们在物理世界中所看到的社区、产业园、创业园、商业街等一样的主体，是数字

城市开发建设的重要构成。所以,我们必须要像对待实体空间一样,规划建设一座城市的数字空间,推出数字空间的发展规划,激活数字需求,有计划地开发数据空间中的市场。

数字空间的实体化,需要为数字空间建立如同实体一样的治理环境。这就需要政府部门要充分重视人群在数字空间中生产生活所表现出来的新规律,为数字空间创造与实体空间相一致的新规则,用以规范各主体在数字空间中的行为。

三、城市的新型基础设施建设是实现城市实体和数字空间融合开发的重要抓手

中国所提出的新型基础设施建设规划为城市的数实融合提供了重要抓手。新基建不只是实体空间中的基建,也应该包括对城市数字空间的基础设施建设。新基建的三个方面:信息基础设施、融合基础设施和创新基础设施,都包含了硬件建设和软件建设两个方面,我们分别称为数字技术基础设施和数字经济基础设施,并在此基础上释放数字需求、创新数字供给、发展数字治理,从而形成城市的数字经济系统,如图1所示。

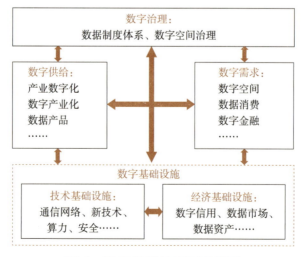

图1 数字经济的四因素模型

综　述

（一）数字技术基础设施是开发城市数字空间的技术基础，是城市数据要素市场建设的硬件环境

城市建设的基本逻辑是便于人群的工作、生活，并建立城市运营的基本秩序。随着数字技术深入融合到人群的日常生活工作之中，个体和企业都开始在数字空间中表现出很多共性需求，比如数据采集、存储、计算、通信、交流、信任等。这些新需求对城市的技术基础设施提出了新要求，一座城市要能够为这些行为提供技术基础设施的基本支持。

比如，物联网基础设施通过部署大量传感器等数据采集设备，对城市各实体结点进行实时的数据采集和监测，把实体空间更准确实时地映射到数字空间中。城市算力基础设施可以处理物联网所采集的海量数据，并通过对大数据的收集、处理和分析，不断了解市民需求、城市整体资源供需变化等基本情况，一方面为城市数实空间的治理提供精准的数据支撑，另一方面也为数字空间市场开发提供依据。城市云计算基础设施不但可以为城市提供海量的数据存储、资源共享，同时还能为城市计算资源提供弹性扩充，保障城市具有足够的计算和存储能力。此外，城市区块链基础设施是保证城市数实空间可信运行的基础，也是未来城市建设的重要内容。

（二）数字经济基础设施是指城市在数实空间中运行的经济规则体系，包括数字信用、数据市场和数据资产管理等内容

数字经济基础设施是指数字经济运行所需要的基础制度体系，它是数字技术基础设施与生产经营活动连接的桥梁。在技术基础设施具备一定规模后，经济基础设施的建设也必须要同步跟上。数字经济基础设施是建立在新技术之上的经济运行支撑体系，它包括数字信用、数据市场、数据资产管理等方面。

数字信用是城市数字经济发展的基础，是城市数实空间可靠运行的基本保障。不同于工业时代的信用体系,数字信用基于可信的、持续不断的数据积累,在区块链基础设施支撑下,城市各主体的信用自动累计、不受人为因素的干扰。这种全新的信用体系,会奠定城市数实空间创新发展的基础。

数据市场是激活数据要素的必需基础设施。城市的数据市场规则将会是场内外结合的、以应用场景为核心的数据流通机制。对公共数据、企业数据、个人数据,应建立不同的开发场景,形成可信、公平、多样化的数据交易模式。

数据资产管理体系为城市提供数据资产登记和评估机制,支持开展数据入股、数据信贷、数据信托和数据资产证券化等业态的创新探索。数据资产管理体系通过培育数据交易撮合、评估评价、托管运营、合规审计、争议仲裁、法律服务等数据服务市场,为城市建立一个"体现效率、促进公平"的数据资产管理体系。

四、城市实体空间与数字空间的治理相辅相成,形成更加公平、民主、富饶、幸福的数字新城市

从城市治理的角度看,城市实体空间与数字空间的治理是相辅相成、同步发展的。实体空间的治理因为有了数字空间而变得更加精准、高效;数字空间的治理因为有了实体空间而变得更加可信、安全,两个空间的治理融合在一起才会更加便捷、智能。所以,未来城市的数字化治理既要实现实体空间的数字化,也要实现数字空间的规范化,两者缺一不可。

(一)通过城市实体空间的数字化可以改变城市治理的内容和方法,提升城市竞争力

对交通、能源、管网等城市实体空间的数字化和智能化升级,将会使得这些基础设施的运营效能得到极大提升,同时可以通过数据平台让更多相关方参与到城市实体运营之中,改造传统城市

基础设施的盈利模式。比如，城市公共交通经过数字化改造，将会从一个便民出行系统变成城市流量分配系统，通过为城市实体空间分配流量，给城市公交系统创造新价值。再比如，城市路灯杆、电话亭、公共座椅、垃圾箱等公共设施经过数字化改造后，将会网络化、智能化，这不仅仅使得城市居民可以得到更加便捷的服务，同时也让这些实体设施成为进入数字空间的窗口，让其具备了推送媒体等主动服务的功能，从而能够获取数字空间的运营收益。

从城市实体空间服务的角度来看，随着城市人口在数字空间中形成各种社交网络，来自社交平台的各种强关系和弱关系推荐数据改变了城市服务的供给模式和供给关系。城市在实体空间的竞争力和数字空间的竞争力展现出很大不同，比如一些地理位置不优越的城市，很可能会借助数字空间中的竞争力，成为数字时代的新兴城市。

（二）数字空间治理的核心是规范化，要通过建立数字空间规范来提升城市的数字竞争力

在数字空间和实体空间融合的城市治理逻辑下，城市要从服务、运营和管理三个层面来建立数字空间的新规范。

首先，在服务层面要构建"数字公民"体系。城市的数字空间为市民带来新的数字身份，人们以数字身份在城市生活和工作，并在数字空间中创造出数字产品，形成数字资产。数字公民体系的核心是数字信用，从而保证每个数字空间的参与者的每个活动都是真实可信的。这就要求城市管理者要使用区块链、人工智能等新型数字基础设施去构建更高维度的城市数字空间信用管理系统。另一方面，机器人、虚拟人、数字人等也将成为城市的"新市民"，并享有属于自身的"城市市民权利"，这也要求城市必须建立考虑这些新生事物的数字公民治理体系。

其次，在城市运营层面要构建城市的"开放创新"体系。数字空间是一个无物理边界的空间，是一座城市走向更大规模开放的

重要途径，开放创新制度也会是城市数字空间制度建设的一个重要组成。所谓开放创新，是打破既有实体空间中地域、学科等的限制，让人才有参与创新的自主性。也就是说，通过开放创新系统，城市数字空间的居民数量可能远远大于实体空间中的居民数，而这些"临时"居民通过贡献他们的智慧为城市创造大量新价值，比如他们可以成为城市的数字旅游者、当地企业的数字雇员、政府的数字顾问、研发机构的数字参与者等。在构建城市开放创新机制方面，可以参考伦敦的"共创智慧伦敦"计划。该计划通过在线协同报告卡、TalkLondon 在线平台、LOTI 运作模式，支持全球参与伦敦的"共创"理念。

最后，在管理层面要注重构建"数字公平"规范。不同于城市实体空间，数字空间带来了全新的市民交往规则和生产工作方式，这也将带来各种数字鸿沟，其主要表现在不同区域、不同年龄和不同族群之间产生文化隔阂，并进而导致数字权利不平等。为了消除这种不平等，在设计城市数字空间规范时就要充分考虑相应的技术和管理体系。比如，维也纳在数字城市中将教育公平、老年人福利和妇女平权纳入其重点考虑范围，为不同人群提供免费的数字培训计划，推动了城市的数字公平。

未来数字城市治理将是实体空间和数字空间融合的治理模式，在两个空间内要共用一套基础数据和制度，这其中的关键是数字信用制度。城市要基于区块链、大数据、人工智能等技术，建立一个横跨两个空间，覆盖城市乡村，更加公平、可靠、安全的数字信用体系。在此基础上，通过不断完善两个空间的法规体系，规范个体、企业、政府在两个空间中的行为，避免垄断、大数据杀熟、侵犯隐私等问题，让数字空间成为城市经济活力的新来源、居民幸福生活的新补充。

不同于实体城市受地理边界的限制，城市的数字空间将没有边界，从而为城市建设打开了一扇数字化的大门。个体、企业、政府在数实融合的城市空间中，将会展现出不一样的行为特征。为此，城市建设的内容也会走向数实融合的方向，建筑、道路、商业设施等，不只是满足实体空间的需求，还需要满足人们在数字空间的新需求。城市的数字化转型，已经超越了城市信息化时代的基本理念，而是要从城市新型生产力与生产关系匹配发展的角度，大胆变革既有的产业内涵和治理模式，探索全新的数字城市建设方案。2020年11月12日在浦东开发开放30周年庆祝大会上，习近平总书记强调："要提高城市治理水平，推动治理手段、治理模式、治理理念创新，加快建设智慧城市，率先构建经济治理、社会治理、城市治理统筹推进和有机衔接的治理体系。"相信在中央高瞻远瞩的战略布局下，通过城市数字化转型，我们一定能够创新出中国城市数实融合的建设新模式，打造一批国际领先的数字新城市！

（参与本报告的还有清华大学互联网产业研究院　徐鹏）

综述报告五：
王广斌：城市信息模型（CIM）内涵与发展的思考

一、CIM 的概念与发展

（一）CIM 的来源与发展

CIM 的概念自提出以来，其内涵经历了多轮变迁与扩展，随着 BIM 与 GIS 技术的融合、IoT 技术的逐步成熟，CIM 的相关讨论也愈发火热，行业对 CIM 概念的理解存在明显的四个发展阶段。

1. 萌芽：城市尺度的 BIM

城市信息模型（CIM）概念最早可追溯到其早期研究者 Khemlani 于 2007 年在 Autodesk University 的一则简讯[1]，他认为 CIM 是 BIM 在城市尺度的应用，或者 BIM 的汇聚就构成了 CIM，适用于城市规划的可视化和简单模拟[2]。2011 年，Gil 等人在 eCAADe 会议上针对这一概念尝试给出 CIM 的具体定义："CIM 就是将 BIM 的概念延展到城市设计领域，CIM 就是城市尺度的 BIM"[3]。最初的研究者大多从城市规划角度来分析研究 CIM，这一时期的 CIM 的概念被局限在城市规划领域，将城市视为某种放大的建筑物，这种观点忽视了城市属于更为开放而复杂的系统，存在更为丰富的社会、经济、环境等巨系统[4]。

2. 发展：BIM+ GIS

2010 年后，CIM 的概念得到了进一步发展。因为 GIS 广泛地适用于大尺度的城市规划领域或地球环境科学领域，而 BIM 则应用到中微观的建筑物和市政建设领域，这两种技术的结合将有助于描述城市尺度、多种维度的信息。于是，"CIM=BIM+GIS" 被人所熟知，此概念一直影响至今，如今多数 CIM 平台仍以 BIM 和 GIS 的融合为核心构建。在这一阶段，如何融合 BIM 与 GIS 技术逐步成为研究重点之一，许多学者在此方面进行了深入的探索[5-7]，形成了多种技术路线，不同城市 CIM 发展采用的技术路线也多基于此技术路线（详见本文第 3 节）。

3. 当前：BIM+ GIS+ IoT

2015 年后，CIM 相关研究呈现喷涌式增长，在 Scopus 和 Google Scholar 数据库平台上的相关文献由 2015 年的 3 篇快速增长到 2020 年的 31 篇[8]。同时，在物联网（IoT）技术日趋成熟的背景下，GIS+ BIM+ IoT 的模式开始被广泛认同和探讨[9]，我国首部 CIM 标准《城市信息模型（CIM）基础平台技术导则》也采纳了这一概念，将 CIM 定义为"以 BIM、GIS、IoT 等技术为基础，整合城市地上地下、室内室外、历史现状未来多维多尺度信息模型数据和城市感知数据，构建起三维数字空间的城市信息有机综合体"。目前关于如何在 BIM 和 GIS 的基础上进一步结合 IoT 技术还有待进一步研究与实践，但这种"三合一"模式已经构成了"工程意义上"的 CIM[10]，并且在实践中被广泛采纳。

4. 未来：数字孪生城市？

如今 CIM 的概念在各种层面仍在不断拓展。吴志强院士进一步提出城市"智能"模型（City Intelligent Modeling）的概念，在城市信息模型的基础上提出了智能的目标[11]，其内涵不仅是指城市模型中海量数据的收集、储存和处理，更强调基于多维模型解决发展过程中的问题。Lehner[12] 等人也提出将 CIM 视作城市尺度的数字孪生体，期望 CIM 在大数据、人工智能等新技术的驱动下实现数字模型和物理实体之间的智能交互。此外，云计算、大数据、虚拟现实、人工智能等先进技术也逐渐应用在 CIM 当中[13]。总体来说，这些延伸的概念在人工智能等新技术推动下产生，将城市整体视为一个有机体，从"自动（Automated）"向"自主（Autonomous）"转变。

（二）CIM 内涵的辨析

1. CIM 的定义

《城市信息模型（CIM）基础平台技术导则》对 CIM 的定义体现了当前发展阶段主管部门、行业对 CIM 概念的基本共识，并直接指导了国内各省市 CIM 平台建设。

技术维度：狭义的 CIM 应至少包含 3 种关键技术，即 BIM、GIS、IoT，在此基础上，广义的 CIM 增加了新的数字技术作为城市治理引擎，包括 AI、5G、Block Chain、卫星互联网等技术。从技术内涵上讲，CIM 不应当被理解为 BIM、GIS、IoT 技术的简单相加，而是技术集成与融合。相比于单一的技术本身，CIM 比 BIM 更具预测和分析的能力，比 GIS 富含更多来自 BIM 与 IoT 的语义信息，比 IoT 更具空间掌控能力[14]，这种集成可以达到 1+1+1＞3 的效果。

空间维度：从尺度上看，CIM 对建模对象的描述能力是城市级的，若把 City 一词进行外延，可以将其实例化为某个城市、某个城区、某个园区、某个社区等；从内容上看，一个完整的 CIM 模型应当包含物理空间、社会空间、属性空间以及基于空间位置链接的三类空间的耦合系统[15]。其中，物理空间要包含地上、地下各类物理空间的数据模型，社会空间要包含人、企业等社会空间的数据和模型。属性空间则附加于物理空间和社会空间之上，详细解构物理空间和社会空间的特点。三类空间基于统一的空间位置，彼此之间相互链接。

时间维度：CIM 模型是包含城市历史、现状、未来的信息的综合，既体现城市历史的变迁，也要包含城市的现状实体，以及对于城市未来的规划。随着人工智能、大数据等新兴技术的发展，CIM 的内涵的重点也从对城市现状数据的收集、储存和处理转变为基于多维模型主动预测未来、提供决策支持。

2. CIM 与相关概念的区别与联系

智慧城市（Smart City）概念来源于美国在 20 世纪 90 年代提出的"数字地球"，2008 年，国际商业机器公司（IBM）提出智慧城市的新理念，这一概念被用于形容城市发展过程中的科技化、创新化和全球化进程。2012 年，住房和城乡建设部第一次提出要建设"智慧中国"，《2016 年政府工作报告》中也指出要建设"新型智慧城市"。智慧城市强调利用先进信息技术，解决数据交流和信息存储与利用等问题。

数字孪生（Digital Twin）的概念最初于 2003 年由 Grieves 教授在美国密歇根大学产品生命周期管理课程上提出，即"与物理产品等价的虚拟数字化表达"，早期主要被应用在军工及航空航天领域[16]，数字孪生建立在信息物理系统（Cyber-Physical Systems，CPS）基础之上，其定义包含三个最基本的元素，即物理实体、虚拟实体及二者间的连接。"数字孪生城市"的概念则是于 2018 年在《河北雄安新区规划纲要》中首次提出，是数字孪生概念的重要应用领域之一。从国外比较具有代表性的探索来看，新加坡政府已经与达索合作，致力于建立一个数字孪生城市，用来监控城市中从公交车站到建筑物的一切，从而借助数字孪生城市实现对城市的图形化监控、仿真优化、规划决策等功能[17]。

无论是国内还是国外，智慧城市都是为了解决"城市病"所应运而生的概念，它的核心在于"让城市更聪明"，与 CIM 或数字孪生城市相比，智慧城市更倾向于一种"理念"而非固定的技术。数字孪生城市的概念来自工业界的数字孪生概念，其内涵侧重点也一脉相承，强调物理实体在虚拟空间中的"映射"，或者说更加注重"写实"，侧重于数据和模型，旨在提供一种通用的智能基础理论及发展范式。

智慧城市、数字孪生城市、CIM 的概念内涵也具有一定的统一性。首先，三者都是在城市尺度上讨论问题，这一点与数字孪生（机械及电子构件）BIM（建筑）不同；其次，三者都强调采用先进技术赋能城市治理,提供实时反馈与决策建议,事实上,有学者将数字孪生城市看作智慧城市 1.0 版本[23],区别于目前多见的在已有城市系统之上的"打补丁"的智慧城市方案,数字孪生城市提供了一种整合的方法,解决智慧城市建设中的"信息孤岛"问题;与之相比,CIM 则给出了更适用于建筑行业的一种技术路线,将 BIM 视为 CIM 的细胞,基于多维度语义构建"城市"这种复杂巨系统的模型,无论是数字孪生城市中的"虚实互动",还是智慧城市中的"智慧医疗、智慧交通、智慧物流、智慧城管"等需求都可以在统一的 CIM 平台上实现。

总的来说,智慧城市是城市发展与运营的愿景,数字孪生城市是城市信息化智能化发展的通用理论与范式,CIM 则是建筑与规划领域提出的具体实现路径。三者的概念辨析如表 1 所示。

智慧城市、数字孪生城市、CIM 的概念辨析　　表 1

概念	定义	内涵
智慧城市	"由新工具、新技术支持的涵盖政府、市民和商业组织的新城市生态系统为核心"的技术方案[18];运用信息通信技术,有效整合各类城市管理系统,实现城市各系统间的信息资源共享和业务协同,推动城市管理和服务智慧化,提升城市运行管理和公共服务水平,提高城市居民幸福感和满意度,实现可持续发展的一种创新型城市[19]	利用信息技术解决"城市病"
数字孪生城市	建筑或自然环境中资产、流程或系统的真实数字表示[20];物理世界的数字化映射,通过将人、车、物、空间等城市数据全域覆盖,形成可视、可控、可管的数字孪生城市;利用数字化、网络化技术使得物理世界的动态信息通过传感器被实时地、精准地反馈到数字世界中,实现城市的由实入虚,再利用网络化、智能化技术,实现城市的由虚入实,完成物理城市和数字孪生城市之间的虚实互动、持续迭代[21, 22]	强调物理城市和虚拟城市之间的同生共存、虚实交融
城市信息模型(CIM)	以建筑信息模型(BIM)、地理信息系统(GIS)、物联网(IoT)等技术为基础,整合城市地上地下、室内室外、历史现状未来多维多尺度空间数据和物联感知数据,构建起三维数字空间的城市信息有机综合体	强调"BIM+ GIS+ IoT"的技术路线

3. CIM 的关键特征

基于 CIM 概念的发展与内涵的辨析，本报告认为 CIM 应当具备"大尺度、全维度、可视化、可预测"等关键特征，具体来说应具备下列能力：

一是全城市尺度的描述。能够覆盖城市的多空间维度（物理空间、社会空间、属性空间）和多时间维度（过去、现在、未来），并能对其中的物理要素和人文要素进行描述。

二是容纳全维度语义信息。信息来源应当是多源的，包括来自模型几何信息和属性信息，以及实时感知信息；信息结构则是多维度的，能够容纳几何/非几何、静态/动态、结构化/非结构化、不同精细度的语义信息。

三是支持高仿真可视化的表达。与 BIM 一样，CIM 也应当对所有实体对象进行可视化表达；并且在 BIM 的基础上，CIM 应当支持从宏观到微观多种空间场景，从室外到室内不同视觉场景，从二维到三维不同空间维度的无缝衔接、切换和浏览。

四是支持动态协同管理和实时预测。能够完成城市海量多源异构数据从汇聚、融合、处理、分发为一体的数据治理，实时提供预测，提高使用者协同程度与决策水平。

二、CIM 相关政策

（一）CIM 及 CIM 平台的定位

自 2018 年住房和城乡建设部发布《关于开展运用建筑信息模型系统进行工程建设项目审查审批和城市信息模型平台建设试点工作的函》，将北京城市副中心、雄安新区、南京、厦门、广州列为 5 个试点地区以来，政府相关部门已发布了 20 余项相关政策和标准文件。

开展 CIM 平台建设的重要性方面，住房和城乡建设部等部门《关于推动智能建造与建筑工业化协同发展的指导意见》（建市

〔2020〕60号）、《关于加快推进新型城市基础设施建设的指导意见》（建改发〔2020〕73号）、《关于以新业态新模式引领新型消费加快发展的意见》（国办发〔2020〕32号）、《加快培育新型消费实施方案》（发改就业〔2021〕396号）等文件将CIM平台视作推进建筑业数字化转型与新型城市基础设施建设的重要抓手，也是"十四五"期间数字经济发展、城市数据治理的重要任务。

推动CIM理论研究和平台建设的措施方面，住房和城乡建设部于2021年先后将包括重庆、苏州、深圳等在内的多个城市列入开展新型城市基础设施建设的试点城市，要求全面推进CIM平台建设。同时，在科研方面出台《关于组织申报2020年科学技术计划项目的通知》（建办标函〔2020〕185号）、《关于印发"十四五"住房和城乡建设科技发展规划的通知》（建标〔2022〕23号）等文件，鼓励研究CIM构建理论、方法及标准体系、CIM建设和应用的相关制度、政策和激励机制，并要求开展城市基础设施数据资源体系与要素编码及CIM多源异构数据治理、存储、调用、共享等技术，研究CIM基础平台图形引擎、城市空间仿真模拟与智能化技术，CIM典型业务场景应用范式与平台建设评估方法。

城市信息模型技术应用方面，《城市信息模型应用统一标准（征求意见稿）》认为城市信息模型应用体系的构建应以城市物质空间对象的数字三维模型为载体，关联社会实体、建设行为、监测感知等相关信息，并依托CIM基础平台和应用系统提供信息服务，以支撑城市规划、建设、管理和运营。

CIM基础平台的定位方面，2020年9月《城市信息模型（CIM）基础平台技术导则》指出，CIM基础平台应定位于城市智慧化运营管理的基础平台，汇聚至少包括时空基础、资源调查、规划管控、工程建设项目、物联感知和公共专题等类别的CIM数据资源，提供数据汇聚与管理、数据查询与可视化、平台分析、平台运行与服务、平台开发接口等功能与服务。具体业务场景方面，CIM基础平台应支撑城市建设、城市管理、城市运行、公共服务、城市体检、城市安全、住房、管线、交通、水务、规划、自然资源、工地管理、绿色建筑、社区管理、医疗卫生、应急指挥等领域的应用，应对接工程建设项目审批管理系统、一体化在线政务服务平台等系统，并支撑智慧城市其他应用的建设与运行。

CIM 智慧应用方面，国务院发布的《关于以新业态新模式引领新型消费加快发展的意见》《"十四五"数字经济发展规划》以及国家发展改革委等 28 部门发布的《加快培育新型消费实施方案》均有提及推动 CIM 基础平台建设，支持城市规划建设管理多场景应用，促进城市基础设施数字化和城市建设数据汇聚。住房和城乡建设部也在《关于开展城市信息模型（CIM）基础平台建设的指导意见》中提出"推进 CIM 基础平台在城市规划建设管理和其他行业领域的广泛应用，构建丰富多元的'CIM+'应用体系"，在《"十四五"工程勘察设计行业发展规划》中提出"推进 BIM 软件与 CIM 平台集成开发公共服务平台研究与应用"。

信息安全方面，国务院发布的《国家信息化发展战略纲要》提出"到 2025 年，根本改变核心关键技术受制于人的局面，形成安全可控的信息技术产业体系"，《"十三五"国家信息化规划》提出"到 2020 年……信息化能力跻身国际前列，具有国际竞争力、安全可控的信息产业生态体系基本建立"，《"十四五"国家信息化规划》提出"以开源生态构建为重点，打造高水平产业生态；以软件价值提升为抓手，推动数字产业能级跃升；以科技创新为核心，推动网信企业发展壮大"。技术的安全可控是国家关注的重点，关键软件及技术的成熟度、可靠性、安全性需要不断提高。CIM 基础平台作为关键信息技术软件的一员，其建设与发展同样需要以安全可控为目标。

（二）CIM 标准体系建设

2020 年，住房和城乡建设部发布了《城市信息模型（CIM）基础平台技术导则》并于次年进行了修订。标准方面已正式发布了《城市信息模型基础平台技术标准》CJJ/T 315—2022，规定了CIM的平台架构和功能、平台数据、平台运维和安全保障等内容；另有7部标准正在公开征求意见阶段。

7部征求意见稿中，《城市信息模型应用统一标准（征求意见稿）》为框架性应用标准，规定了CIM应用最基础的共识，用于指导CIM的创建与应用，明确城市信息模型概念和内容，规范城市信息模型应用。其余6部均为平台数据标准，《城市信息模型平台施工图审查数据标准（征求意见稿）》用于规范施工图的数据内容和交付要求，促进基于城市信息模型平台的信息交换与共享，实现施工图计算机审查功能；《城市信息模型平台建设用地规划管理数据标准（征求意见稿）》规定了建设用地规划主要管控数据、建设用地管理数据和归档数据等内容，适应国家工程建设项目审批制度改革要求，指导城市信息模型"CIM+"应用体系建设，进一步提高建设用地规划管理的质量和时效，满足城市精细化管理要求；《城市信息模型平台建设工程规划报批数据标准（征求意见稿）》规范了城乡规划区内建设工程设计方案审查阶段、建设工程规划许可证核发阶段的规划报批数据应用，提高城市建设工程规划审批规范性和科学性，确保建设工程规划报批数据与城市信息模型平台衔接；《城市信息模型平台竣工验收备案数据标准（征求意见稿）》用于规范竣工验收备案的数据内容和交付要求，促进基于城市信息模型平台的信息交换与共享，实现竣工验收备案管理功能；《城市信息模型数据加工技术标准（征求意见稿）》用于规范城市信息模型数据加工处理，为城市信息模型平台提供合格的模型产品；《城市信息模型平台工程建设项目数据标准（征求意见稿）》用于规范建筑工程和市政工程建设项目立项用地规划许可数据、建设工程规划许可数据、施工许可数据和竣工验收数据的交付。

从已公示的征求意见稿可以看出，除了一部框架性的基础应用标准外，其余6部均为数据相关的标准，包括一部城市信息模型产品的数据标准和五部规划建设全过程入库的业务数据标准，体现出现阶段优先建设统一标准的 CIM 基础平台并确保入库数据质量的总体发展思路。

（三）同类信息化系统与融合发展

住房和城乡建设部负责 CIM 和城市运行管理服务平台的建设与管理，城市运行管理服务平台在现阶段以支撑城市运行安全、城市综合管理服务为主要目标，根据相关标准的征求意见稿，在城市运行管理服务平台的平台层包括 CIM 基础平台、统一身份认证、统一门户管理、统一电子证照、数据交换、数据汇聚、大数据分析和应用维护等系统，实现统筹协调、指挥调度、监测预警、监督考核和综合评价等功能。

2017 年，国土资源部（现自然资源部）、国家测绘地理信息局发布《关于推进国土空间基础信息平台建设的通知》，提出"依托国土资源、测绘地理等已有空间数据资源，建立国土空间基础信息平台"。在国土空间基础信息平台以及国家标准《国土空间规划"一张图"实施监督信息系统技术规范》GB/T 39972—2021 的基础上，自然资源部发布《国土空间规划城市时空大数据应用基本规定》TD/T 1073—2023，规定了国土空间规划编制、审批、修改、实施监督等国土空间规划业务，城市安全底线（典型指标为城市内涝积水点数量）、城市人口结构、城市职住平衡、15 分钟社区生活圈、城市区域联系等 5 个应用场景。

交通运输部在《公路"十四五"发展规划》和《数字交通"十四五"发展规划》中提出对公路基础设施、长大公路桥梁、隧道、重要港口码头、通航建筑物等基础设施开展数字化改造，实施动态监测、自动采集与分析评估，推动数字化建设和大数据应用，建设监测、调度、管控、应急、服务一体的智慧路网云控平台等目标和要求。

从数据和信息上看，CIM 基础平台与国土空间基础信息平台等具有共通之处，譬如测绘遥感等时空基础数据，国土调查、地质调查、耕地资源等资源调查数据，部分规划管控数据以及社会数据、人口数据等公共专题数据；从功能和服务上看，CIM 基础平台与城市运行管理服务平台、智慧路网云控平台等也存在着一定的重叠或交叉。

对于这样的现状，国家有关部门也在努力引导 CIM 基础平台与其他信息系统，例如时空大数据平台、国土空间基础信息平台、基础设施建设与运维、燃气监管、城市运行管理服务等平台的协同建设与衔接。《城市信息模型（CIM）基础平台技术导则》指出"CIM 基础平台宜对接智慧城市时空大数据平台和国土空间基础信息平台，应对接或整合已有工程建设项目业务协同平台（即'多规合一'业务协同平台）功能"；住房和城乡建设部《关于加强城市地下市政基础设施建设的指导意见》提出"有条件的地区要将综合管理信息平台与城市信息模型（CIM）基础平台深度融合，与国土空间基础信息平台充分衔接，扩展完善实时监控、模拟仿真、事故预警等功能"。国务院办公厅《城市燃气管道等老化更新改造实施方案（2022—2025 年）》提出"有条件的地方可将燃气监管系统与城市市政基础设施综合管理信息平台、城市信息模型（CIM）平台等深度融合，与国土空间基础信息平台、城市安全风险监测预警平台充分衔接"。《城市运行管理服务平台技术标准》CJJ/T 312—2021 中提及该平台数据层应包括城市信息模型（CIM）基础平台，实现统筹协调、指挥调度、监测预警、监督考核和综合评价等功能。

（四）小结

CIM 相关政策明确了 CIM 在新型城市基础设施建设、建筑业数字化转型、数字经济等领域的重要地位，并分别在学术研究上促进 CIM 基础理论与技术的发展、在行业实践上大力推广各地 CIM 平台建设的试点示范效果。主管部门也开展了 CIM 和 CIM 基础平台相关的标准体系构建，通过编制 CIM 框架性应用统一标准、

CIM 平台技术与数据标准，引导行业正确理解和规范发展，为建设高质量、可共享的数据库奠定了基础。

同时，国家有关部门也逐步出台政策，引导 CIM 相近的信息化系统融合发展，努力促成多源数据的互通共享，实现 CIM 基础平台对多种业务场景、多部门业务需求的支撑，从而打破各职能部门间的数据壁垒、减少重复建设。

三、国内 CIM 平台建设现状

（一）国内 CIM 平台建设现状概述

CIM 概念和技术体系仍处在不断分析研究和创新发展的过程中，2018 年住房和城乡建设部确定试点城市开展 CIM 基础平台建设后，CIM 由概念阶段正式进入实践建设阶段。目前全国各地 CIM 平台建设已经进入快车道，据不完全统计，截至 2021 年底，我国与 CIM 基础平台相关的公开招标项目总计已达 206 项，招标金额合计超过 23 亿元[24]。通过公开资料研究总结了我国部分市级 CIM 平台建设情况如表 2 所示。

各地 CIM 平台建设概况　　　　　表 2

城市	建设主体	建设主要内容与特点
雄安新区	雄安新区管委会	基于现有 BIM 审批平台开发 CIM 平台 特点：城市几乎从零开始建设，但 BIM 数据较为完整；自主的数据格式（XDB）
广州市	住房和城乡建设局、规划和自然资源局、政务服务数据管理局联合会议	数据库 +CIM 基础平台 + 智慧城市一体化运营中心 + 基于 BIM 的审批与管理系统 + 基于 CIM 的统一业务办理平台 特点：原有信息系统众多；自主的数据格式；明确提出"BIM+GIS+IoT"
厦门市	资源规划局主要负责建设，建设局、工信局配合工作，多规办负责制定 CIM 标准和配套政策与技术指导	BIM 审批平台建设 + 对接升级已有"多规合一"管理平台为 CIM 平台 特点：原有管理平台已有较为规整的数据库；自主的数据格式（XIM）

续表

城市	建设主体	建设主要内容与特点
南京市	城乡建设委员会、规划和自然资源局	数据库+CIM基础平台+已有规划平台与业务管理平台的对接 特点：先在新城与新区开展试点；自主的数据格式（NJM）
重庆市	住房和城乡建设委员会	明确提出"BIM+GIS+AIoT（人工智能物联网）"，CIM平台与物联网同步建设，同步验收，将物联网接入CIM平台 特点：与其他城市相比，强调"开放式"CIM平台
苏州市	发改、科技、工信、财政、资规、住建、城管、交通、水务、行政审批、人防等部门组成领导小组	打造城市级别BIM中心，为CIM平台建设提供数据基础
青岛市	住房和城乡建设局、大数据局	CIM基础平台、CIM数据中心以及CIM+示范应用 特点：上合示范区CIM平台同时符合时空大数据平台、国土空间基础平台和CIM基础平台的要求
深圳市	政务服务数据管理局	特点：以大数据局为建设主体；先在后海、深超总等重点片区试点应用
北京城市副中心	规划和自然资源委员会负责CIM平台建设；住房和城乡建设局负责推进已有平台的对接工作	基于BIM与GIS的CIM平台、数据库
济南市	住房和城乡建设局	CIM数据库、基础平台、CIM+智慧住建应用
济宁市	城市管理局	将CIM平台一期定位为安全运行监测与管理平台

纵观各城市CIM平台建设情况，可以发现：一是建设主体不完全统一。住房和城乡建设局（委）、规划和自然资源局（委）成为CIM平台的主要部门，但各地CIM平台建设的主要责任主体有所区别；二是数据安全与自主可控受到重视。许多城市开发自主数据格式，但关于数据信息交换协议尚不明晰；三是大多数CIM平台依托于BIM审批平台，基于"BIM+GIS"的技术基础搭建，明确提出"BIM+GIS+IoT"的较少。

参考《城市信息模型基础平台技术标准》对于三级CIM基础平台的分类，省级CIM平台也开始进入建设阶段，包括江苏、浙江、辽宁、山东、山西、河北、河南、湖北、湖南、福建、广东、江西、四川、青海、甘肃、广西、内蒙古等省区纷纷将 CIM 平台建设提上日程，但总体来说，目前还缺乏有关成果和绩效的进一步说明。根据《城市信息模型基础平台技术标准》，省级 CIM 平台需要联通市级 CIM 基础平台，负有监测市级 CIM 平台的职责，在实践中，总体上来讲，省级的建设进度落后于后者。

（二）典型城市 CIM 平台建设现状分析

随着近年来，试点地区 CIM 平台逐步通过验收并上线运行，各地总结出关于 CIM 平台建设的重要经验。下面选取广州市、南京市、青岛市等具有特点的城市进行分析。

1. 广州市 CIM 平台

广州市政府高度重视 CIM 平台建设工作，建立了 CIM 试点工作联席会议制度，制定了专项工作方案，并将 CIM 试点工作纳入深化改革的重要举措和 2020 年市重点工作任务进行统筹。2021 年，广州市已顺利完成 CIM 基础平台试点工作，在国内率先建成了 CIM 基础平台并开展示范应用，平台具有规划审查、建筑设计方案审查、施工图审查、竣工验收备案等功能。2022 年 7 月，广州市人民政府办公厅印发了《广州市基于城市信息模型的智慧城建"十四五"规划》，提出 4 个方面的发展目标：一是科学规划、全面布局广州 CIM 平台；二是以 CIM 平台促进建设项目审批服务制度改革；三是以 CIM 平台助推广州城市建设管理高质量发展；四是提高广州城市建设智能治理水平，践行可持续治理理念。

组织管理方面，广州市住房和城乡建设局与规划和自然资源局负责 CIM 大数据体系和应用平台建设的任务，广州市住房和城乡建设局、政务服务数据管理局、规划和自然资源局、工业和信息化局、发展和改革委员会、公安局、交通运输局、城市管理和综合执法局、应急管理局等 9 局联合进行跨部门 CIM 平台治理及深化协同建设，住房和城乡建设局与规划和自然资源局协同负责智慧规划与设计、建设项目管理、住房管理领域的 CIM+ 应用探索与管理。

广州市 CIM 平台打造了超大城市数字底板，构建了从地表模型到零件级模型的 7 级 CIM 分级数据体系。该数字底板包括广州全市域 7434km^2 的测绘影像数据与三维地形地貌，1300km^2 的城市重点区域现状精细三维模型，664 个项目的 BIM 模型，19 万个公共治安视频摄像头监控视频，1.5 亿余条的"四标四实"数据。在城市重点区域还汇聚了地下管线、地下构筑物、经济、税收、企业等数据信息。同时，平台全面接入各类建筑、交通工具和基础设施上的传感设备以及城市运行、交通出行等动态数据，如将桥梁的各种监测设备数据接入并进行分析展示，包括环境监测（温度、湿度、风速等）、变形监测（沉降、水平位移等）、应力应变监测（混凝土结构表面、内部应变等）数据。对于广州市中心城区（含部分重点发展功能区），进行了 500km^2 优于 5cm 实景三维模型生产及修模、精细化单体模型建设与 1∶1000 数字高程模型（DEM）建设，面向不同层级、不同颗粒度、不同精度区域的建模要求，采用了面向多场景、多粒度、多精度的空天地一体化多源数据融合建模技术，包括：基础底板，基于 DEM、数字正射影像（DOM）等制作全市域地形图；一般精度粗粒度的非重点功能区（例如城中村、公租房、保障房等规整建筑），用人机交互提取和部分要素的智能化语义提取等，三维可视化和语义化结构的结合建模，实现快速建模；高精度细粒度的重点功能区（例如琶洲互联网创新集聚区），融合倾斜摄影、近景摄影、三维激光扫描等多源数据，实现高精度多细节层次的全要素融合建模。

广州市 CIM 平台基于高效安全的三维引擎融合了二三维 GIS、BIM 和物联网数据，构建多源异构的 CIM 数据体系，同时基于云服务及微服务架构构建城市级大规模 CIM 数据引擎。此外，广州 CIM 平台数据交换子系统通过接入多源异构数据服务和开发 API 接口管理实现平台数据的集成与扩展，提供 Revit、Bentley、

CATIA 等常见 BIM 软件生产的模型和基于工业基础类（IFC）标准的模型按模型交付标准的导入导出服务，完成模型服务交换。同时 CIM 平台支持向全市各单位的平台提供二次开发接口，方便其他单位基于 CIM 平台的数据和功能，根据自身的业务特点定制开发基于 CIM 的应用，例如智慧城建、智慧交通、智慧水务等。

2. 南京市 CIM 平台

2019 年 8 月，南京市发布《市政府办公厅关于印发运用建设信息模型系统进行工程建设项目审查审批和城市信息模型平台建设试点工作方案的通知》（宁政办发〔2019〕44 号），2021 年 3 月，CIM 平台通过了专家组验收；2021 年 10 月，CIM 试点项目通过验收。南京市 CIM 平台建设过程中的组织管理、顶层设计与技术路线等内容具有一定的参考意义，将其总结如下。

组织管理方面，南京市属于由市政府领导，规划和自然资源局和城乡建设委员会共同建设，各委办局协同建设 CIM 平台的典型城市，其中平台建设、配套制度等由规划和自然资源局和城乡建设委员会共同完成，城乡建设委员会负责 BIM 方面工作以及 CIM 平台与已有系统对接，规划和自然资源局负责开展试点新城的实践工作，CIM+ 智慧应用由对应委办局负责。

顶层设计方面，横向业务维度，南京市 CIM 平台主要定位为涵盖建设规划报建、审查审批、验收备案的统一平台，同时并为其他委办局预留了信息接口，用以实现"CIM+"应用，目前完成的系统功能除了包含常见的 BIM 自动化审批、可视化、模拟分析等功能外，还在名城保护、危房改造等"CIM+ 应用"方面进行了探索；纵向空间维度，南京市在 BIM 模型与城市级 CIM 平台之间层级增加了区级 CIM 平台，并在江北新区率先开始建设。从《南京市整体推进城市数字化转型"十四五"规划》来看，这种试点思路将在紫东地区、南部新城继续延续，通过区级 CIM 平台集成为全市 CIM 平台。

技术路线方面，核心引擎为 WebGL 3D。从已经搭建完成的江北新区 CIM 平台来看，CIM 平台至少可以容纳 BIM 数据、城市设计数据、倾斜摄影数据等；其数据主要来自以下几个方面，数字底图通过 DEM、DOM、数字地表模型（DSM）等倾斜摄影技术、激光点云技术等搭建，细节场景则通过 BIM 审批备案数据与物联网数据进行接入，在人文信息方面，目前已经将试点地区已有人口、能源消耗等信息接入 CIM 平台；在平台展示方面，主要使用两种思路来提高加载速度，首先是采用基于 IFC 标准的轻量化数据格式 NJM，其次 CIM 平台在项目红线范围内，采用解析技术直接加载 NJM 格式信息，红线范围外则采用加载二三维瓦片服务的方式。

3. 青岛市 CIM 平台

2020 年 10 月，青岛入选全国"新型城市基础设施建设"试点城市。在住房和城乡建设部的大力支持下，青岛市发布《关于印发数字青岛 2021 年行动方案的通知》（青政办字〔2021〕33 号）等政策文件，把城市信息模型（CIM）基础平台项目作为推进试点任务的核心内容。

青岛市 CIM 基础平台建设项目于 2021 年 11 月由青岛市住房和城乡建设局公开招标，同年 12 月开始建设，2023 年 4 月顺利通过验收，标志着青岛市新城建试点工作取得了重要阶段性成果。

组织管理方面，青岛市 CIM 基础平台的建设由市住房和城乡建设局统领，市自然资源和规划局、大数据局、勘察测绘研究院等部门配合完成。其中平台建设和监理、基础数据库标准体系建设等均由住房和城乡建设局完成，自然资源和规划局负责国土空间规划"一张图"实施监督信息系统建设，勘察测绘研究院主要致力于构建基于实景三维多源数据融合及智慧城市服务领域。2021 年已成立了青岛市住房和城乡建设局"新城建"领导小组，下一步将研究成立青岛市"新城建"试点工作领导小组、"新城建"CIM 研究院，进一步统筹 CIM 平台建设工作。

顶层设计方面，青岛市 CIM 基础平台的建设，本着数据融合、平台融合、应用融合的思路，结合自然资源部三维立体"一张图"

和住房和城乡建设部《城市信息模型（CIM）基础平台技术导则》要求，实现了三维立体时空数据库和城市信息模型库的两库、两平台整合，搭建了二三维一体、陆海一体、地上地下一体、室内室外一体的信息化基础操作环境，从而为国土空间规划、"新城建"等各类智慧城市应用领域的信息服务提供支撑。

青岛市"城市信息模型基础平台 - 海洋治理服务模块"已经成熟，2022年年底正式上线运行。结合青岛海洋城市特色，首次将海洋数据与城市数据融合处理，形成了具有滨海城市特色的城市信息模型基础平台，打造了"规、建、管、运、服、检"的"CIM+"体系。

平台建设整合了基础测绘、空间规划、工程建设、园区运行等数据资源，包括二三维电子地图、实景三维地图、地名地址、感知网络等资源的共享与服务。

2021年3月，青岛市正式启动了实景三维青岛建设项目（历时1年建成），综合利用遥感测绘、大数据、智能感知等新技术，获取全市域约1.2万 km^2 的15cm精度的倾斜摄影数据，以及约1800 km^2 的实体化倾斜摄影数据，并构建多维地理信息公共服务平台，作为全市智慧城市建设的GIS基础支撑平台，也为CIM基础平台提供了数据来源。

此外，青岛市CIM基础平台创新推进地名地址库标准化建设工作。城市地址库建设主要来源于行政管理部门的房屋、人口、法人相关地址信息的数据治理，以城市地址为核心，根据各级地址的区域，汇集城市各类资源数据和运行统计、预警预报数据，成为城市数据汇集中心。汇集的数据通过多维度、全时空实时分析，并利用GIS直观展示、全面协调，最终建成城市云脑、行政管理部门数据共享、面向社会开放的城市数据汇集应用中枢。

（三）小结

自2019年CIM由概念阶段转入建设阶段，到试点与先行地区

CIM 平台上线试运行，CIM 平台的管理模式、功能定位、技术路线等方面逐步明晰，将其简要总结如下。

一是各地 CIM 平台建设主体呈现以住房和城乡建设局、规划和自然资源局为责任主体，其余委办局协同建设的总体情况，各城市间存在一定差异，大数据局在 CIM 平台建设中成为重要力量之一。

二是目前大多数 CIM 平台建设大多分为打造 CIM 基础平台与数据库、预留平台接口以打造"CIM+智慧城市"的两步走建设模式，承担基于 BIM 的施工图审查任务的试点城市倾向于以审批报建流程为切入口；此外，各地 CIM 平台功能定位通常与建设责任主体存在相关性。

三是大多城市 CIM 平台引擎在 WebGL、Cesium、Unreal Engine 4 等引擎基础上开发完成，常见数据来源包括三部分，大场景来自倾斜摄影等测绘技术，小场景则通过 BIM 模型与 IoT 接入，城市运行管理信息大多对接既有城市数据库中的数据。

四、挑战与展望

随着新一轮科技革命和产业变革的持续推进，CIM 作为城市治理领域的关键技术，其概念与内涵逐步丰富并拓展。我国近年来大力推广 CIM 技术的应用，各地主管部门也加快平台建设步伐。在各地 CIM 平台建设的过程中，形成了许多宝贵的探索和实践经验，CIM "大尺度、全维度、可视化、可预测"等关键特征逐步明晰，技术路线逐步完善，同时在平台功能、"CIM+应用"等方面各具特色。

受制于当前 CIM 基础理论与方法、配套制度研究、关键技术与解决方案的发展现状，在实践中，各城市还未在试点应用中形成可供全行业参考的 CIM 平台"建什么、怎么建"的最佳实践经验，尚未形成可复制、可推广的标准范式与实施路径，在可预见的一定时期内，我国 CIM 技术发展仍存在于以下四个方面的主要挑战：

第一，CIM 的概念和内涵在不断发展，技术本身的迭代和发展十分迅速，结合每一个城市的特点和我国城市建设管理纵横交叉管理体系，充分分析城市建设与管理的业务场景，基于业务场景和用户对 CIM 平台进行总体规划和顶层设计十分重要。

第二，各委办局职能、权限和业务场景的相对独立性和封闭性，对以开放共享为特征的城市级信息化建设提出了挑战。

第三，如何实现各委办局新建和既有的众多独立的信息系统之间的数据交互和统一标准，有序组织 CIM 在内的各系统间高效的信息交互是减少重复投资和提高 CIM 服务城市治理效率的挑战。

第四，以城市为规模的多元数据对数据治理、数据扩展、数据更新机制及信息安全提出了巨大挑战。

CIM 技术应用和 CIM 平台的建设首先应在当地新型城市基础设施建设、建筑业数字化转型、数字经济等战略指导下，充分考虑真实业务场景、谋划行业技术水平，增强包含技术路线、组织管理和配套制度的顶层设计；其次，应在 CIM 技术应用和平台建设过程中充分调动各方力量，建立集成的协同管理模式，实现用户需求主导的产品定义和平台开发，并实现数据的互通、互信、互用；最后，应针对城市级规模的多元数据研发和制定数据开发、治理模式，制定可持续的数据更新机制，增强数据韧性和信息安全。

参考文献：

[1] 顾栋炼. 基于城市信息模型的区域建筑群多种灾害模拟研究 [D]. 北京：清华大学，2021.

[2] SIMONELLI L，AMORIM A D. City information modeling：general aspects and conceptualization [J]. American Journal of Engineering Research（AJER），2018，7（10）：319-324.

[3] GIL J，ALMEIDA J，DUARTE J P. The backbone of a city information model（CIM）[J]. Respecting fragile places：Education in computer aided architectural

design in Europe，2011：143-151.

[4] 杨滔，李晶，李梦垚，等．基于场景迭代的城市信息模型（CIM）[J]．未来城市设计与运营，2022（5）：39-45.

[5] IRIZARRY J，KARAN E P，JALAEI F. Integrating BIM and GIS to improve the visual monitoring of construction supply chain management [J]. Automation in construction，2013，31：241-254.

[6] YUAN Z，SHEN Q. Using IFC standard to integrate BIM models and GIS：proceedings of the International Conference on Construction and Real Estate，F，2010 [C].

[7] XU X，DING L，LUO H，et al. From building information modeling to city information modeling [J]. Journal of information technology in construction（ITcon），2014，19：292-307.

[8] 胡睿博，陈珂，骆汉宾，等．城市信息模型应用综述和总体框架构建 [J]．土木工程与管理学报，2021，38（4）：168-175.

[9] ISIKDAG U. BIM and IoT：A Synopsis from GIS Perspective [J]. International Archives of the Photogrammetry，Remote Sensing & Spatial Information Sciences，2015，40.

[10] 杨滔，张晔珵，秦潇雨．城市信息模型（CIM）作为"城市数字领土"[J]．北京规划建设，2020（6）：75-78.

[11] 吴志强，甘惟，臧伟，等．城市智能模型（CIM）的概念及发展 [J]．城市规划，2021，45（4）：106-113+118.

[12] LEHNER H，DORFFNER L. Digital geoTwin Vienna：Towards a digital twin city as Geodata Hub [Z]. Springer，2020.

[13] 许镇，吴莹莹，郝新田，等．CIM 研究综述 [J]．土木建筑工程信息技术，2020，12（3）：1-7.

[14] 耿丹．基于城市信息模型（CIM）的智慧园区综合管理平台研究与设计 [D]．北京：北京建筑大学，2017.

[15] 季珏，汪科，王梓豪，等．赋能智慧城市建设的城市信息模型（CIM）的内涵及关键技术探究 [J]．城市发展研究，2021，28（3）：65-69.

[16] 陶飞，刘蔚然，刘检华，等．数字孪生及其应用探索 [J]．计算机集成制造系统，2018，24（1）：1-18.

[17] 陶飞，刘蔚然，张萌，等．数字孪生五维模型及十大领域应用 [J]．计算机集成制造系统，2019，25（1）：1-18.

[18] 包胜，杨淏钦，欧阳笛帆．基于城市信息模型的新型智慧城市管理平台 [J]．

城市发展研究，2018，25（11）：50-57+72.

[19] 全国信息技术标准化技术委员会. 智慧城市术语：GB/T 37043—2018：[S]. 北京：中国标准出版社，2018.

[20] BOLTON A，BUTLER L，DABSON I，et al. Gemini principles [J]. 2018.

[21] 田颖，高淑敏. 浅析数字孪生城市的尺度观 [J]. 国际城市规划：1-16.

[22] 徐辉. 基于"数字孪生"的智慧城市发展建设思路 [J]. 人民论坛•学术前沿，2020（8）：94-99.

[23] 周瑜，刘春成. 雄安新区建设数字孪生城市的逻辑与创新 [J]. 城市发展研究，2018，25（10）：60-67.

[24] 季珏，王新歌，包世泰，等. 城市信息模型（CIM）基础平台标准体系研究 [J]. 建筑，2022（14）：28-32.

[25] AMIREBRAHIMI S，RAJABIFARD A，MENDIS P，et al. A framework for a microscale flood damage assessment and visualization for a building using BIM–GIS integration [J]. International Journal of Digital Earth，2016，9（4）：363-386.

[26] DENG Y，CHENG J C，ANUMBA C. A framework for 3D traffic noise mapping using data from BIM and GIS integration [J]. Structure and Infrastructure Engineering，2016，12（10）：1267-1280.

（参与本报告的还有同济大学 朱家德、周逸苇、李笑丛）

主题一：
关于中国城市建设之CIM发展

1 CIM 底座的研究与应用

许杰峰：关于 CIM 底座自主可控的中国建筑科学研究院方案

近年来，城市信息模型（CIM）在城市规划、设计和管理领域中得到了广泛应用。而作为 CIM 的基础和重要组成部分，建筑信息模型（BIM）技术也扮演着相当重要的角色。但是，BIM 在中国的落地过程中，由于市场上许多 BIM 引擎是由外国厂商开发，同样遭遇到"缺芯少魂"困境，无法进行自主定制和优化，这使得我们的 BIM 技术水平难以与国外竞争。此外，CIM 应用中涉及大量的数据，而这些数据需要高效、可靠的存储和管理。因此，完全依赖外国公司提供的 BIM 技术，不仅存在技术风险和安全隐患，还会对我国的信息安全造成威胁。住房和城乡建设部在发布《"十四五"建筑业发展规划》中即明确提出，推进自主可控 BIM 软件研发；推进 BIM 与 CIM 平台融通联动，提高信息化监管能力。[1]

为了解决这一问题，我们首先需要开发自主可控的 BIM 技术，并将其与 CIM 底座进行快速集成。这种自主可控的 BIM 技术能够根据我国的国情和需求进行定制化开发和优化，同时保证数据的安全性和可靠性。此外，采用自主可控的 BIM 技术还能够提高我国在该领域的话语权，降低 CIM 应用过程中对外国公司的依赖度，有利于推进我国数字城市建设和可持续发展。在住房和城乡建设部印发的《城乡建设领域碳达峰实施方案》中提出"利用建筑信息模型（BIM）技术和城市信息模型（CIM）平台等，推动数字建筑、数字孪生城市建设，加快城乡建设数字化转型"。[1] 因此，开发自主可控的 BIM 技术对于 CIM 底座来说是必不可少的。

本文主要从自主 BIM 技术，筑牢 CIM 平台的 BIM 技术底座，保证工程建设行业的可持续高质量发展和工程数据安全；BIM 数据格式、BIM合标性检查等多维度解决方案，为CIM平台提供全流程、高质量的精细BIM数据；以及从降本增效等多个维度推广效益进行展开分析。

一、以自主BIM技术，筑牢CIM平台技术底座

BIM技术是工程建设行业数字化的关键核心技术，但是国内长期以来对欧美BIM软件严重依赖，信息安全的风险在不断加大，也制约了我国工程和软件企业创新引领能力的提高。采用自主可控的BIM技术将对保证工程建设行业的可持续高质量发展和工程数据安全具有重大意义。中国建筑科学研究院（以下简称"中国建研院"）基于30多年自主图形技术的积累，承担了自主BIM技术攻坚项目，经过10年集中攻关，于2020年推出了完全自主知识产权的BIMBase图形引擎，并于2021年推出国内首款完全自主知识产权的BIM平台软件——BIMBase系统。

通过自主研发和创新BIM软件技术，筑牢BIM技术底座，为建筑行业的数字化转型和发展注入新的活力。首先可以加强CIM平台的安全性和保密性，保障CIM平台中的数据不会被非法获取或泄露。其次根据不同的需求和场景，进行定制化的数据处理和管理，可以更加贴合本地市场的需求，提供更适合本地市场的功能和工具，满足用户定制化需求。最后，由于国产自主BIM技术的技术支持团队在国内，可以更快地响应用户的需求和解决问题，减少沟通和时差问题，提高用户体验。

二、多维度BIM审查解决方案，为CIM平台提供全流程、高质量的精细BIM数据

（一）数字设计，助力BIM模型高效创建

随着建筑行业信息化、数字化、智能化应用需求的不断提升

与演变，BIM技术以其可视化、协调性、模拟性等核心优势特点，为企业转型升级提供基础技术能力。BIM模型以结构化数据方式进行存储与调用，确保各专业创建与应用数据的一致性与正确性。当下，设计企业正在探索及研究的BIM全专业协同设计工作模式，主要以中心服务器作为数据存储载体，支持多专业、多人员同步开展工作。在设计过程中，各专业通过中心服务器进行数据交换，解决本专业及跨专业设计应用与沟通。在单专业应用方面，参数化设计方法取代二维图形绘制，可实现不同设计阶段对模型成果指标统计、设计合规性校验以及建筑性能优化等效果，从而提高设计方案品质。在跨专业协作方面，碰撞检查、管线综合、开洞提资等工作内容都是在传统二维设计中耗时较长甚至是难以实现的，而通过数据方式进行判断与检查，可有效缩短沟通周期，并减少设计失误情况出现。在成果交付方面，BIM成果更加丰富多样化，除可输出各专业工程图纸外，同时还形成一套带有设计信息数据的全专业模型以及一系列应用清单等，设计企业通过大量项目积累形成丰富的数字资产并提炼知识体系，同时深入挖掘模型数据价值，为后端施工及运维环节提供全过程咨询能力。

（二）数字交付审查，保证全流程业务模型质量

基于中国建研院BIMBase平台二次开发的BIM智能审查系统已成功在雄安、厦门、天津、南京、苏州、广州以及湖南、湖北、海南等地成功落地应用或建设中，通过自主BIM技术支撑"新城建"建设，大大促进了行业国产BIM应用水平，也为CIM平台打下了坚实的数据基础。

借助BIM技术可视化、参数化，以及AI智能化的特点，可以进行快速智能审查，结合管理部门审批工作，可有效提升工程建设许可、施工许可、竣工验收三大阶段审查审批效率，配合工程建设项目审批制度改革改善现有工作流程；建设统一的国产BIM数据格式，解决不同BIM软件和数据格式之间的差异非常大，导

致数据的不一致性和标准化程度低下。从而规范数据生成、管理和共享的标准，提高数据的一致性和标准化程度。并对接各试点城市 CIM 基础平台建设，助力城市规划、建设和管理。

统一 BIM 数据格式，打通全流程业务数据。由于现在市场设计软件众多，多为外国软件，涉及多源的 BIM 模型数据格式，为保障 BIM 数据的一致性、安全性和可复用性，中国建研院配合雄安新区数字城市建设，与国内多个行业的设计单位合作，基于国家标准《建筑信息模型存储标准》GB/T 51447—2021 创新研发了融合多领域数据类型的通用、开放的国产标准数据格式体系 XDB，规整多源 BIM 模型，保证数据兼容性、完整性、可靠性，通过标准化的多专业、多软件数据描述及表达方式，有效保障重要建筑及设施的数据资产安全，实现建筑设计、施工、运维等全流程业务数据的打通和无缝传递。可以采用人工智能、大数据等技术对 BIM 数据进行处理和分析，提取有价值的信息和知识，并在后续的项目中进行应用。例如，在运维阶段，我们可以通过对历史数据和监测数据的分析和比较，提高设备的可靠性和运行效率。

BIM 合标性检查，保证模型质量。由于 BIM 技术在国内推广时间较短，同时技术本身也不够成熟，造成了目前将 BIM 模型文件作为交付审查文件的过程中还存在很多问题。目前，完全基于 BIM 的正向设计仍难以实现，项目交付时的二维图纸并非由 BIM 模型直接导出，通常是在导出的基础上由设计人员修改完善或者根据模型直接作图。由于作图和建模过程独立，这非常容易导致二维图纸和 BIM 模型存在不一致的情况，在交付前必须进行审查。

当前多类型数字化交付成果，在工程建设的任何协同环节都是交付的核心。理想状况下 BIM 正向设计，图纸天然与模型一致。而现状则是各自为政，图纸与模型的不一致。未经过一致性检验的成果，会造成各自差异和错漏，导致下游放弃承接和使用上游传递而来的模型，不同阶段间的数字壁垒也就逐步形成。

广州、深圳先后发布图模一致法定化要求，已经成为发展 BIM 技术的趋势之一，所以高效的数据质量控制能力在 BIM 全流程应用中尤为重要，建设图模一致性检查工具，进行图模对比和模型质量检查，解决因模型数据文件的质量低下、图纸模型不对应等原因导致的误审情况，保障 BIM 模型数据的完整性和准确性。

一是模型质量检查工具。 模型质量检查工具通过先期对模型数据文件的质量检查，提前让设计单位对模型问题进行修改，提升审查通过率。主要针对版本错误、楼层不对应、属性缺失和构件缺失等模型问题进行检查。

二是 AI 图模一致性检查工具。 AI 图模一致性检查工具将图纸和 BIM 模型进行对比，发现图纸和模型当中存在的不一致情况，通过对施工图纸的收集、标注，利用包括图像分类、物体检测、图像分割等技术结合的施工图纸智能识别算法，在短时间内根据施工图纸内容快速精准建模。可实现建筑专业平面图中轴线、墙、门、窗、空间与模型中对应构件的一致性检查，有效提升模型质量。图模一致性对比可以高效地进行图纸和模型的匹配、识别、对比，有效提升审查效率。同时，二三联动展示可以清晰定位问题位置，直观呈现审查结果，提高审查效率和准确性。

（三）与 CIM 基础平台有效衔接，提供精细化数据

数据转换工具可将国内外不同格式数据转换为数字城市可接收的标准化数据格式，从不同来源得到的大量 BIM 模型数据需要形成统一的格式和要求，对接 CIM 平台，为 CIM 平台提供安全合标的数据。支持国内外常见 BIM 应用软件数据格式，例如 rvt、dgn、ifc、p3d。

质检工具可将数据质量检验前置。对进入 CIM 平台之前的 XDB 数据的完整性、规范性等进行质量检查和校验，有效规避因数据不规范导致的重复录入和错误异常，保障数据在 CIM 平台的顺利应用。可实现一键模型自检，查看构件命名、属性、构件数量

等是否合乎标准。对于缺失属性的构件可实现一键添加缺失属性。对于缺失属性的 BIM 模型,可实现使用属性赋值对缺少属性的构件进行批量修改。采用 2000 国家大地坐标系作为参考标准,实现 BIM 模型坐标自动校验。使用报告导出功能,一键导出对应专业的检查报告。

高质量的 BIM 数据在 CIM 平台上可以实现如下用途:

一是实现数字化设计和建造。高质量的 BIM 数据是数字化设计和建造的关键,通过 BIM 数据的建模、分析和模拟,可以有效减少设计和施工中的错误和漏洞,降低设计和施工的成本和风险。同时,高质量的 BIM 数据也为后续的数字化运营和维护提供了基础。

二是支持决策和管理。高质量的 BIM 数据可以为城市提供更精细化的信息和数据支持,以支持管理层作出更精准的决策。通过 BIM 数据的可视化和分析,管理层可以更好地了解项目进展和问题,及时调整策略和资源,提高项目的效率和质量。

三是优化施工过程。高质量的 BIM 数据可以支持建筑施工过程的优化,通过 BIM 数据的可视化和分析,可以预测和避免施工中的问题和冲突,优化施工流程和资源的利用,提高施工效率和质量。

四是提高运营和维护效率。高质量的 BIM 数据可以为建筑的运营和维护提供支持,通过 BIM 数据的建模和分析,可以快速地定位和修复问题,优化设施的维护计划和成本,提高设施的可靠性和使用寿命。

综上所述,高质量的 BIM 数据在 CIM 平台上的作用非常重要,可以从更精细化的维度支持城市的规划、建设、管理和运营,从而提高城市治理的效率和质量。

三、推广效益分析

BIM 技术作为 CIM 的基础和重要组成部分,扮演着相当重要的角色。因此，为了促进我国城市精细化治理，技术推广效益如下：

一方面，BIM数字化设计可以为CIM提供BIM模型，包含建筑物的详细信息，包括建筑物的形状、结构、用途、材料、设备等，为CIM平台提供了更直观高效的数据阅览方式。并且基于BIM模型可以为CIM平台提供多维度的数据分析应用能力，如：提供城市规划和管理的数据，包括道路、桥梁、公共设施等。这些数据可以用于城市规划和管理的决策和评估；建筑物的性能分析数据，包括能源消耗、热效率、照明效果、空气质量等。这些数据可以用于优化建筑物的能源效率和环境影响；建筑物的维护和管理，包括计划维护、预测维护和紧急维修等；建筑物的智能化信息，包括自动控制系统、安全系统、视频监控系统等。这些信息可以用于提高建筑物的智能化程度和安全性。建筑物的可持续性数据，包括绿色材料使用、废弃物管理、雨水收集等。这些数据可以用于评估建筑物的可持续性和环境友好程度。

另一方面，BIM数字交付审查还可以保障CIM平台的BIM数据质量，保障建筑物和城市设施的设计和实施符合相关法规和标准，可以帮助识别和纠正问题，避免出现安全隐患，提高合规性和合标性，符合监管要求。保障CIM平台上的BIM模型具有法定效力。

综上所述，BIM设计和数字交付审查在CIM平台建设中应用，不仅可以提供精细化的BIM数据，还可以保障数据的合标性和一致性，并且与CIM平台有效衔接，实时更新BIM数据。因此，BIM技术对于CIM平台的建设和运营管理有着重要的促进作用。

BIM技术在未来将继续发展和创新，为建筑、工程和施工行业带来更多的便利。同时，随着技术的发展和应用，BIM技术也将在智慧城市、可持续发展和数字化转型等领域发挥更重要的作用。

参考文献：

[1] 城乡建设领域碳达峰实施方案 [EB/OL].（2022-06-30）[2023-04-20].https: //www.gov.cn/zhengce/zhengceku/2022-07/13/content_5700752.htm.

[2] "十四五"建筑业发展规划 [EB/OL].（2022-01-19）[2023-04-20].https: //www.gov.cn/zhengce/zhengceku/2022-01/27/content_5670687.htm.

（参与本报告的还有中国建筑科学研究院北京构力科技有限公司 姜立、王瑶、姜鹏）

袁正刚：关于 CIM 底座自主可控的广联达方案

一、CIM 的本质特征是构建城市数字孪生

广联达认为，CIM 是对城市空间对象进行数字化表达，并以数字三维模型为载体关联社会实体、建设行为、监测感知等相关信息，构建城市信息有机综合体。CIM 的本质是构建城市数字孪生。

（一）CIM 应用的目标是"三化"

目前，一些 CIM 项目处于试点阶段，有的项目以空间模型的可视化展示和演示汇报为主。

我们认为，"可视化"是 CIM 的重要目标之一，"可视化"能实现城市更直观、更立体的综合呈现。

住房和城乡建设部关于 CIM 试点工作明确要求，试点项目要"精简和改革工程建设项目审批程序，减少审批时间"。新城建试点明确要求，试点城市要"提升城市运行效率，让生活更方便、安全、舒适"。这些都是对 CIM 的"可量化、可优化"所提出的具体要求。

总之，CIM 应用的目标是与城市建设和管理业务结合，实现业务的可视化、可量化、可优化，简称"三化"。

（二）CIM 具有"四性"要求

我们认为，CIM 应该具有系统性、专业性、开放性、安全性等四大要求，简称"四性"。

系统性：城市作为一个复杂的巨系统，其动态运转的系统性和复杂性是显而易见的，一个城市的系统规划、顶层设计和综合治理，

不是单个专业、单个职能所能解决的问题。CIM 平台需要从全局和系统的角度进行统筹考虑，才能真正地实现城市的实时智能化反馈与治理，支持人与城市和谐共生发展。

专业性：城市数字孪生涉及多专业领域、多管控要素，需要多领域的专业能力。CIM 平台需要把它们之间的业务逻辑、数据逻辑梳理清楚，才能实现真正的数据融合和业务协同。因此，CIM 平台具有很高的专业性。

开放性：智慧城市和城市数字孪生不是一蹴而就的，需要持续不断地建设，许多应用和数据是随着城市数字化转型的推进逐步增加的。因此，CIM 平台必须具备多种应用和数据的开放接口，提供二次开发和接入能力，具备应用系统和数据的扩展能力。

安全性：城市数字孪生涉及很多涉密和敏感数据，其安全性是信息化建设的根本要求。一方面，CIM 平台和相关软件要具有国产自主知识产权，以保证系统的安全性；另一方面，要有严格的数据保密和存取机制标准规范，以保证数据的安全性。

（三）CIM 具备"三不"特征

广联达理解的 CIM 具备"三不"特征：即"无 BIM 不 CIM，无融合不 CIM，无 CIM 不孪生"。

无 BIM 不 CIM：如果将城市比作生命体，那么建筑则是细胞，从 BIM 到 CIM 就是一个从细胞到生命体的变化过程。BIM 作为建筑物的数字化模型，是构成 CIM 的重要基础数据之一，与 CIM 的关系是宏观与微观、整体与局部的关系。

无融合不 CIM：CIM 中包括 GIS、BIM、IoT 和业务等各方面数据。这些数据只有进行有机融合，才能在城市治理、管理中体现 CIM 的独特价值。CIM 本质上是一个多源异构的信息存储、融合、访问、分析的数据处理系统，其中数据融合是支撑复杂业务需求的核心。

无 CIM 不孪生：城市数字孪生需要将数字城市与实体城市进

行"映射",这就要求对实体城市的空间环境、空间对象、对象属性和行为等进行全方位数字化建模——这正是 CIM 要做的事情。因此,CIM 是城市数字孪生的基础,没有 CIM 就没有城市数字孪生。

(四)基于 CIM 平台的城市数字孪生框架

基于广联达对 CIM 特征和要求的理解,基于 CIM 平台的城市数字孪生总体框架如图 1 所示。

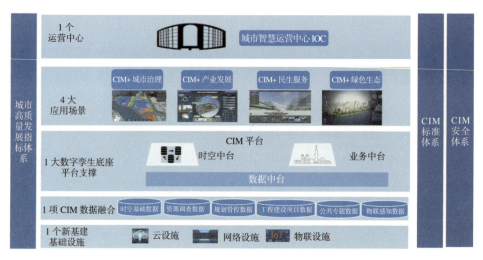

图 1　基于 CIM 平台的城市数字孪生总体框架

CIM 平台是城市信息模型集成、管理、应用和共享服务的支撑平台,融合了时空基础、业务数据、公共专题、物联感知等数据,支撑城市治理、民生服务、产业发展、绿色生态等垂直应用,全方位构筑城市治理综合体,是助力城市数字化转型的基础性、关键性和实体性的信息基础设施,是城市数字孪生的底座。

二、广联达 CIM 平台总体架构与特点

广联达 CIM 平台主要针对数据如何汇聚存储、数据如何融合

组织及如何支撑业务开发扩展三大核心问题进行设计，总体架构如图 2 所示。

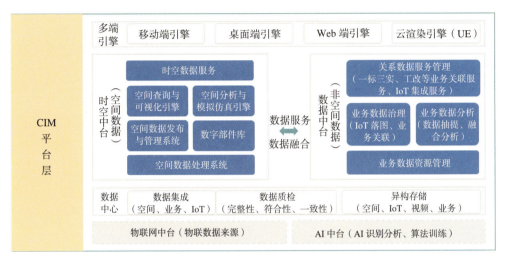

图 2　广联达 CIM 平台总体架构

广联达 CIM 平台的主要特点如下：

（1）采用自主可控的图形引擎，提供系统安全、运维管理、云中立技术、数据安全和权限管理等基础服务，体现了 CIM 具备专业性、系统性、开放性、安全性的"四性"要求。

（2）针对时空数据需要频繁融合和快速加载的需求，设计数据聚合集装和瓦片更新等机制，支持数据的高效同步，支撑 CIM 的"可视化"。

（3）优化了时序类数据（例如定位轨迹和 IoT 报文等）的存储、索引、查询和分析计算，支持 CIM+ 动态业务需求，支撑 CIM 的"可量化"。

（4）基于广联达城市数字部件库形成标准化的城市数字模型服务，完成从符号标注到 BIM 模型的转化，实现城市部件的自生长。还可以利用数字部件库的可编辑特性，根据控规要求调整建筑楼层，快速完成新部件的重新组装。能够应对复杂多变的城市规划、建设和管理业务，支持业务灵活扩展和集成，能够承载不同应用领域的创新性应用研究。支撑 CIM 的"可优化"。

三、广联达 CIM 平台的核心能力与创新点

2019 年以来，广联达牵头承担了"面向建筑工业互联网的 BIM 三维图形系统与大型 BIM 设计施工软件研发""城市信息模型（CIM）平台关键技术研究与示范""建筑信息模型软件开发及产业化"等国家重点项目，突破了 CIM 相关领域的系列核心关键技术，形成了以下能力。

1. 海量多源异构数据融合能力

海量多源异构数据融合是城市级综合业务应用的需要，是对"无融合不 CIM"的有效支撑。

广联达 CIM 平台支持时空基础、资源调查、规划管控、工程建设项目、物联感知和公共专题六大类源数据的统一集成、存储和融合。

多源异构数据的融合构建起三维数字空间的城市信息有机综合体，城市 CIM 基础数据因融合而更加鲜活、立体、全面。基于数据融合实现了跨部门、跨系统的业务协同，实现了政府管理的精细化与感知智能化，整体提升了政府的科学化管理水平和智能化决策水平。

2. 多层次、高精度空间建模能力

基于自研的 BIM Twins 软件可完成地形、影像、倾斜摄影、地质模型的建模，倾斜摄影建筑智能单体化识别；基于自研的数维产品系列软件可完成规划、施工、竣工全过程模型设计；基于自研的 CAD 图纸翻模软件可完成房屋测绘图纸、竣工图纸的快速、自动逆向建模。

空间模型是可视化的基础。基于自主可控的倾斜摄影、BIM 设计、CAD 翻模等系列软件，可最小代价生成 CIM 数据，轻松实现了多源异构空间模型的构建，是对 CIM "可视化"目标的有效支撑。

3. "云+端"空间模型轻量化处理能力

BIM轻量化使得高精度的BIM数据可以融入CIM，是对"无BIM不CIM"的有效支撑。

我们针对现实环境中来自不同渠道、不同部门、不同行业、不同时间的各类型BIM、手工模型、新型测绘等空间模型数据，通过多技术融合的空间模型轻量化技术，结合各类数据特点，将其进行轻量化空间模型转换，统一空间模型轻量化格式，通过建筑外壳提取、网格简化、模型精度（LOD）、实例化提取等多种技术手段，大幅提高了模型轻量化率和加载显示效率。

BIM轻量化支持各种类型空间模型数据的"云+端"解析、数模分离和数据提取，为城市级超大场景实时动态高逼真渲染打下了坚实基础。

4. 全时空、全周期数据分析与推演能力

全时空数据分析与推演能力是解决城市复杂问题的有效方法，是对CIM业务"可视化、可量化、可优化"目标的有力支撑。

广联达CIM平台提供50余种基础分析、规划分析、BIM分析、模拟推演、大数据分析能力，支持基于全周期多类型空间模型的时序推演能力。基于广联达城市信息模型数字部件库，可快速搭建片区级的动态三维场景进行规划效果仿真模拟，可定制输出规划指标计算结果。交通车流仿真可以有效地辅助交通规划、交通组织与管理，城市内涝仿真模拟可作为城市内涝防治的研究手段，有利于找到科学合理的综合解决方案。

5. 安全自主可控能力

自主可控能力是对CIM"安全性"的直接支撑。广联达基于自主研发的国产底层BIM引擎、CityMaker、筑联平台等，构建由数据生产、交付审查、交付管理到数据归集的全流程数据闭环，保证了CIM平台和应用的安全可控。"BIM三维图形平台"经中国泰尔实验室评测认定等级为S级，解决了"卡脖子"的问题。

广联达 CIM 平台从底层开始，在各个关键环节都实现了国产替代。工程软件、平台引擎在 CPU 层面适配了鲲鹏 920 芯片，在操作系统层面适配了银河麒麟、统信 UOS、open 欧拉等国产化操作系统。在数据库层面，与达梦数据库管理系统 V8.0 能够相互兼容，有效避免网络"后门"的威胁，保护了城市信息安全。

四、广联达 CIM 底座赋能创新应用场景

（一）基于 CIM 的城市治理

CIM+ 规划一张图辅助决策系统，将宏观区位、产业布局、总规、控规、专项规划等各类专项及综合规划数据进行三维集成展示，强化对城市建设的规划指导，实现对规划成果的汇集和分析。

BIM+ 建设项目全过程审查，包括施工图 BIM 辅助审查和竣工验收备案，实现施工图 BIM 在线化、智能化审查，解决规划设计方案与施工图设计不一致，提高过程审核效率。竣工模型备案系统采用以 BIM 模型作为竣工交付物的创新思想，补位当前建设项目实践中 BIM 模型的价值传递断点问题，让 BIM 模型的全生命周期全部聚齐。

CIM+ 工程建设项目监管，对工程进度、质量、安全、劳务人员、环境、视频监控等工程监管数据的集成，按照前期预判、过程记录、事后追溯来实现全建造过程的管理，提高相关领导者对项目信息掌握的有效性、及时性和准确性，同时提高项目参与方之间的工作协同和沟通效率。

CIM+ 数字城市管理，对数字城管 AI 视频识别分析数据进行接入，根据实际点位与基础地图进行融合，为城市管理者提供城市管理的可视化呈现。

成都新津通过"数字＋物理"双开发模式打造新津区数字新城，开展可视化招商、项目促建、BIM 全过程业务审查、智慧城管、智慧公交大脑（TOD）等应用场景探索，重塑城市策划、规划、

设计、建设、管理、运营方式。

（二）基于 CIM 的民生服务

CIM+ 政务服务系统，以一张图的形式将政务服务运行情况和工作举措进行总结提炼，让使用者直观明了、快速掌握政务服务的运行态势。

CIM+ 社区服务，对已建成相关社区的智能设施以及采集的监测数据进行接入，实现社区内各类设备的形态、位置的准确展现，并将数据进行分析处理，为城市管理者提供社区管理的可视化呈现。

新津区基于 CIM 的"策、规、建、管、运"一体化平台，赋能新津区在 CIM+ 应用系统中提供的已建成街区三维立体时空场景中，进行商铺评级管理和市政设施实时状态监管。

（三）基于 CIM 的产业发展

CIM+ 产业经济展示系统，展示园区内集聚的产业链及对应产业链企业的主营领域及发展现状，监测园区经济指标，分析园区产业与经济运行情况，有针对性制定相关产业扶持和经济政策。

CIM+ 园区产业招商系统，为管委会、园区运营方等各方建立统一运营服务门户与 APP，为园区入驻企业、产业人、原居民提供工作、生活等各类服务，实现园区服务一站式。

泉州芯谷构建园区统一的 CIM 信息平台，实现"规、建、管、服"一体化的业务融合和数据动态融通。建立"一张图""一张网""一盘棋""一站式"管理模式，丰富创新园区业务管理模式，增强园区治理服务效能，有效提升了园区品质和品牌附加值。

（四）基于 CIM 的绿色生态

基于 CIM 的可视化、可量化、可优化能力，建设以生态指标体系为核心的智慧生态管理体系。通过物联网实时获取水、土、气、生等生态运行数据，融合生态本底数据、生态指标体系等，建设生态健康建档、在线望闻、智能问切、精准开方和智能养护等系统，以生态中医新思维，实现生态健康全面感知、生态问题专家诊疗、生态运维高效智能、生态价值精准计量的闭环管理。

重庆广阳岛基于 CIM 基础平台搭建生态信息模型（EIM）平台，建设智慧生态、智慧建造、智慧管理、智慧风景等四大类智慧应用，全面实现广阳岛生态修复各部门间的业务协同，提升广阳岛片区精细化管理、智慧化管理水平。

五、广联达 CIM 平台发展展望

随着技术的发展，广联达将不断改进和完善 CIM 平台，力争使其成为城市数字孪生建设的公共底座，支撑我国城市的数字化转型事业。

基于城市数字化的顶层设计，进一步提升平台的系统性、专业性、开放性、安全性。同时考虑建筑、物联网、通信等技术的协同发展，完善数据资源体系，实现数据纵向汇聚、横向应用协同，同时建设强大的智能分析和模拟仿真能力。

直面城市规划、建设和管理的变革创新。我们将通过具体业务不断探索 CIM 新的应用场景，对于行业交叉、专业融合、大数据汇聚的价值进行深入挖掘，切实解决用户工作中的难点问题，提高城市的建设和管理水平。

推动 CIM 与新技术融合发展，为城市数字化转型赋能。CIM 与 AI 结合，可利用 AI 的自学习和自优化能力，研判城市未来发展趋势；通过 GAN（对抗神经网络）和分辨率增强相关技术，可实现城市虚拟场景的高逼真自动生成和视效增强；通过 Nerf（神经辐射场）技术，可实现超大场景的逆向快速建模。

基于 CIM 平台的城市数字孪生深入应用必将带来城市规划、建设、运行和管理方式的变革，包括城市空间要素的精准映射、城市运行状态的动态感知、城市运行规律的深度挖掘、城市未来趋势的模拟预判、城市运营活动的虚实交互。这将提升城市科学化、精细化、智能化治理水平，使城市的未来更智能、更美好。

韩爱生：关于 CIM 底座自主可控的新中大方案

2020年3月，习近平总书记在杭州城市大脑运营指挥中心考察"数字杭州"建设情况时提到，城市大脑是建设"数字杭州"的重要举措。通过大数据、云计算、人工智能等手段推进城市治理现代化，大城市也可以变得更"聪明"。从信息化到智能化再到智慧化，是建设智慧城市的必由之路，前景广阔。

智慧城市（Smart Cities）是智能城市（Intelligent Cities）或数字城市（Digital Cities）发展的目标和方向。我国"十四五"规划和2035年远景目标纲要中提出"加快数字化发展建设数字中国"，正式将CIM基础平台建设纳入国家发展规划，并提出要分级分类推进新型智慧城市建设，完善城市信息模型平台和运行管理服务平台，构建城市数据资源体系，推进城市数据大脑建设。

为积极响应国家对于新城建试点以及CIM基础平台的建设要求，借鉴国内外先进城市经验，利用现代信息技术手段，以城市时空地理信息为基础，全面接入城市管理、社（园）区运营、城市建设工程等实时动态数据，生成一个动态变化的数字孪生城市，作者团队规划设计了钱潮CIM技术平台。通过对城市各领域数据进行深度挖掘、分析，实现对城市规律的识别，为改善和优化城市系统提供有效的指引，形成虚实结合、孪生互动、迭代优化的城市发展新形态，开辟新型智慧城市的建设和治理模式，促进城市开发建设方式转型、提升城市品质。

一、关于钱潮 CIM 技术平台

钱潮 CIM 技术平台是由新中大自主规划设计的、面向城市建设数字化转型（包括智慧社区、智慧园区、智慧城市）的 CIM 底座开发建设平台，基于 CIM 的城市数据资源共享平台，以及城市智慧应用场景运行的技术支撑平台。

钱潮 CIM 技术平台的总体架构设计是以住房和城乡建设部《城市信息模型（CIM）基础平台技术导则（修订版）》为指导；深度融合物联网、大数据分析、人工智能、云计算、GIS、BIM 等新型信息技术，结合作者团队多年来在工程项目管理、智能建造、政府治理数字化和城市资源计划（City Resource Planning，CRP）等领域技术平台的关键技术研究和建设经验，赋能助推城市治理各领域的数字化、智能化转型。以城市三维地理信息服务 GIS 为基础，CIM 技术平台重点打造各局委各业务系统的数据资源共享平台和城市运营协作平台，在技术层面，实现对物联网实时数据、各类三维数据和空间大数据的建设与服务支撑，平台将采用 DevOps 建设运行一体化的技术路线，解决智慧城市应用场景建设中，人、物和空间数据驱动的互联互通及应用创新。钱潮 CIM 技术平台的总体架构如图 1 所示。

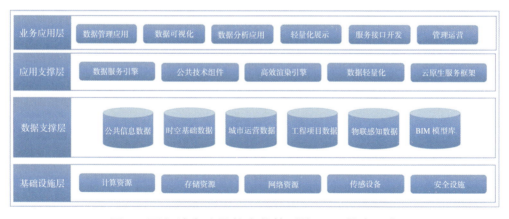

图 1　面向城市建设数字化转型的 CIM 技术平台

二、实现自主可控 CIM 底座的关键技术

海量大数据的存储技术：大数据存储涉及国家安全问题，因此也是自主可控的关键技术。当前城市数据动辄 PB 级，如何存储和管理这个体量的数据是一个共有的难题，大数据、云计算、分布式存储等技术日渐成熟，选择自主可控的技术方案是重点研究方向。CIM 技术平台将支持大规模矢量数据的 HBase、HDFS 引擎；提供流数据的 NoSQL 数据存储引擎；以及支持用户自定义可扩展空间大数据存储引擎。从而，在整体上既保证了 CIM 城市多源异构数据治理、交付、存储、调用、共享的数据安全性，也能保障基于 CIM 大数据底座建立的自生长智慧应用场景可视化、可诊断、可预测、可决策的可靠性。

云原生部署的管控技术：智慧城市建设是一个长期的系统工程，对 CIM 技术平台具有两大特殊需求，首先是创新应用场景的建设需要满足边开发、边运行、边完善的能力；其次是对资源占用和算力必须具有弹性伸缩与动态扩容能力。本方案采用的基于微服务架构的云原生部署模式，即可通过 DevOps 开发运行一体化技术实现边开发、边运行要求，又能通过云原生技术解决包括 GIS 空间技术微服务化部署实现根据算力负载弹性伸缩提高资源利用效率。作者团队自主研发的基于开放式 Spring Cloud 分布式系统框架的云原生部署管控平台，从而规避了 CIM 平台的计算瓶颈和核心技术的依赖性。

运行支撑平台的引擎技术：引擎是一种嵌入在运行支撑平台中的关键核心组件，保证数据安全策略和业务流程的正常运行，帮助实现城市创新应用场景的流程自动化和治理智慧化；引擎技术是城市建设数字化转型的大脑和发动机，因此引擎技术的自主可控具有十分重要的战略意义。作者团队依托长期在高端工业软件 ERP 领域的技术平台的科技创新成果，现已自主研发了成熟的工

作流、业务规则、搜索、预警、消息、数据集成、算法、数据库、元数据、表单、数据交换、页面生成、AI、图形图像识别、数据驱动与事件触发、权限管理引擎等。同时，针对CIM技术支撑平台，目前采用和规划的国产或开放式可控的开源技术路线的引擎有：二维与三维可视化、轻量化BIM、语音识别与合成、三维地图、三维渲染、地名地址、智能推荐GPT、矢量大数据分析引擎等。虽然国产和开源可控的技术引擎在功能和性能上各异，也还存在较大的提升空间，但是相对业务引擎已基本实现了技术上的突破。

三、钱潮CIM底座的主要创新点

钱潮CIM技术平台的创新点主要是智慧应用场景的创新，重点表现在以下几个方面：

一是基于"CIM+多方协同"的城市建设数据聚合平台。

城市建设工程项目的全生命周期数据是城市大数据平台核心要素，涉及工程建设投资单位、规划单位、建设单位、勘察设计单位、施工单位、供应商、业主、运维服务单位等。

传统城市建设数据聚合方法是由各建设工程参建单位根据政府业务主管部门的要求各自将项目的数据、模型、文档传递给政府主导的业务系统，如数字化城建档案系统、数字化竣工备案系统等，再统一导入或挂接到城市数据资源管理平台；因此，存在的主要问题是：

（1）交付的数据不实时，导致数据时效延迟；
（2）由于口径不同导致相同内容数据重复和不一致；
（3）由于是事后补交，导致数据遗漏和缺失；
（4）不仅效率低下、工作量增加，而且还存在数据质量风险。

基于"CIM+多方协同"的城市建设数据聚合平台创新点在于：不仅是跨组织、跨业务、跨平台、跨系统多方协同的建筑产业互联网平台，能够为多建设主体单位提供项目可行性、项目策划、投资控制、多方协同设计、合同与成本协同、生产进度协同、物资管控、质量监督、安全监控、竣工验收等数字化服务的能力；同时也是建设工程数字化交付管理平台。基于CIM技术平台不仅可以得到标准的时空信息与模型展示、工程项目主数据管理、共建单位的组织权限管理、API服务网关等基础服务，同时为建设工程数字化交付提供方案策划、交付计划、数据整合与校验、数字化交付物版本控制、质量审核、交付移交与验收管理等服务。从而保证了城市建设工程项目数据的规范性、一致性、及时性、准确性和完整性。

二是基于"CIM+ERP"的项企融合一体化技术。

建筑行业ERP系统是工程建设企业数字化转型的核心，智能建造、智慧工地、供应链管理、建筑产业互联网平台等都是ERP的延伸和扩展，同时智慧城市数据资源平台所需的建设工程项目生命周期数据都已经保存在ERP核心数据库中。但是，传统的智慧工地系统与建筑企业ERP系统往往是隔离的，虽然国内已有一些成功的智慧工地系统与企业级项目管理为核心的ERP系统集成的案例；可是还存在以下问题：（1）原始数据获取及时性不足、真实性存疑；（2）城市治理主体对建设工程监管的实时性不足，无法实现城市数字环保、安防、劳动保护等在线智能监测、风险预警、应急联动处置等要求。

基于"CIM+ERP"的项企融合技术的创新点在于：由于在底座技术平台层面已经实现原生一体化，真正体现了数字化转型的融合与重塑两大特征。通过物联网平台将项目生产建造现场端与企业管理ERP端连通，实现项目现场采集的数据可上传至企业管理系统，使项目现场采集的多模态大数据经过深度学习和智能识别成为企业ERP端的经营管理信息，并与合同、物资、项目进度等信息结合，形成综合分析结论，同时，对施工现场的进度、质量、安全、环保、碳排放等生产线数据进行监测与管理，不仅加强了企业管理部门对在建项目的管控能力。同时为政府应急处置部门提供了智能决策支持。

三是基于"CIM+BIM"的云边协同智能建造监管平台。

基于钱潮 CIM 技术平台对接工程建设项目智能建造系统，基于规划设计和施工图 BIM 审查成果，通过对工程建设项目的红线位置、基本信息等进行采集、梳理、落图，并结合物联网与大数据实现对现场环保、安监、消防等动态信息的实采实录、实时更新，不仅达到"人、机、料、法、环"全要素进行可视化管理，并通过云边协同专用设备实现云端工程建设项目全生命周期监管。

该技术的创新点在两方面，一方面，是基于图像识别的工程形象进度多维识别技术。通过机器学习和深度学习建立 AI 算法模型，实现对智能物联设备采集的施工现场图像自动识别工程进度，分析实际进度与计划进度的偏差，并通过人员、设备、物资等资源驱动的工程进度计划进行匹配校验，形成多级多维的人工智能图像识别校正，提升工程进度自动识别精度，并在 BIM 模型中可视化展示实际工程进度。另一方面，是应用 BIM、GIS 数实融合技术增强项目可视化监管能力。通过 AI 算法、视觉分析自动识别工地危险作业及隐患提高智能化程度，并且利用指挥型穿戴式移动感知设备进行远程视频巡检及在线诊断与调度，让工程项目监管更智能。

四、钱潮 CIM 底座如何与未来智慧城市其他系统兼容

开放性是钱潮 CIM 技术平台总体规划的基本原则之一，并规定了系统设计应具备开放性，能实现与其他系统的兼容，并提供标准的数据接口。因此，不仅需要考虑与未来新建智慧城市其他系统的兼容，还需要考虑目前已建设系统的兼容性。具体兼容性措施包括以下几个方面：

一是遵循规范标准，统一准绳。

依据住房和城乡建设部发布的《城市信息模型（CIM）基础平台技术导则（修订版）》相关标准体系，参考其他省市的地方和

团体CIM建设标准，制定兼容的《工程建设项目BIM规划报建模型设计交付标准》《工程建设项目BIM施工图模型设计交付标准》《工程建设项目BIM竣工验收模型交付标准》《工程建设项目BIM施工图数字化审查技术规范》《城市信息模型数据共享与交换标准》《城市信息模型平台运维与安全管理规范》《城市信息模型数据采集入库标准》《城市信息模型建模与加工处理规范》《城市信息模型基础平台服务接口规范》《城市基础设施模型汇交通用规范》等，以统一的标准来规范CIM平台数据汇聚、数据治理、建筑模型、服务管理等能力，支持CIM技术平台稳定可靠运行，尽可能满足各类智慧城市CIM+应用场景建设对开放性、兼容性、可扩展性要求。

二是采用云原生部署模式，解决应用场景的自适应生长环境要求。

钱潮CIM平台所采用的云原生（Cloud Native）技术是指为云环境而设计和优化的相关技术，它基于微服务架构思想，以容器为部署载体，可自动化编排、运维管理，能够更好地利用云平台的能力，使未来智慧城市其他系统更高效、更弹性，更新更实时，运行更稳定。基于云原生的基础设施能够提供大规模的水平伸缩性，满足快速部署和弹性扩展需求。将未来智慧城市其他系统以微服务形式部署到容器中，降低资源占用并可快速伸缩；实现资源动态调度，降低管理和迁移成本。

三是采用开放式基础设施环境，规避系统升级带来的兼容性问题。

CIM技术平台规划中，考虑了与大数据存储系统、GIS系统、国产BIM软件系统等兼容协同发展，应该体现整体性，体现一定的规划高度。

例如，数据查询服务是基于大数据基础组件NoSQL数据库HBase和全文索引存储海量数据，依托于其良好的扩展性结合自研二级索引设计，可以支持TB到PB级别数据秒级的查询响应能力，为了满足各种业务场景的需要，提供了 SQL 接口，同时兼容了多种关系型数据库，结合 SQL 编辑器，带来更便捷的使用方式和更优秀的性能，同时可以避免外部存储升级引入的兼容性问题。

五、推广应用自主可控的 CIM 底座的影响和意义

一是加速工程建设数字化转型，促进建筑行业高质量发展。

钱潮 CIM 技术平台对建筑行业产生的影响主要有：

（1）提升建筑行业产品的数字化交付能力，不仅极大地提高了建筑产品本身的数字化科技含量，而且极大地提高了工程建设企业的整体技术水平；

（2）推进建筑行业全产业链数字化融合创新，推进工程建设主体企业围绕建设工程从规划设计、投资控制、经营管理、建设施工、智能建造、竣工交付到运营维护全过程数字化协同，从而提高我国建筑行业全球核心竞争能力，也是未来建筑行业数字化转型发展的必然趋势。

二是支撑城市建设数字化转型，助力推进城市治理智慧化。

城市数据资源平台是城市治理的智慧化应用场景创新的底座。钱潮 CIM 技术平台的推广，通过构建安全、创新、融合、开放的数字平台，聚焦城市场景的业务和数据的服务层，为政府、行业提供一体化的数据服务。智慧城市各类智慧应用和服务都基于开放的数字平台衍生和创新，助力建设打造和谐的数字生态，创造新价值，并将直接影响智慧城市的智慧园区、智能楼宇、智能建筑、智慧社区、数字安防、智慧应急、智慧管网、智慧工程监管、智慧环保、智慧水务、智慧工地、智慧场馆等应用场景的推广，间接影响城市品质、居民生活质量和幸福感。

三是加速我国信创产业发展，为数字经济发展注入新动能。

CIM 技术平台的推广对数字经济发展的影响主要体现为：促进我国数字基础设施建设的发展，如上游 5G/6G、算力数据中心

集群、机器人、新基建等的建设发展；推进我国信息技术创新的发展，如国产适配的 AI 芯片、智能传感器、移动感知设备、云平台操作系统、信息安全产品、大数据存储技术、云边协同专用设备、BIM/CIM/GIS 等基础软件、ERP 等高端工业软件、开放式人工智能服务平台、智能推荐（GPT）、开源软件等创新；加快我国数实融合领域的发展，如数字孪生、数字工地、工业元宇宙、增强现实（AR）、虚拟现实（VR）、建筑工业互联网、未来建造工场、虚拟数字人等。

六、结语

通过融合新一代信息技术，构建自主可控的 CIM 技术底座，来统筹资源、整合共享数据，在数据能力提升、新信息技术能力构建和行业赋能方面支撑智慧城市的数字化能力建设。通过连接城市所有应用和数据，提供数据连接和价值挖掘能力，消除数据孤岛，形成智慧城市全量数据底座，实现数据分享和价值挖掘，为城市运营业务和决策提供智能支撑。

宋 岩：关于CIM底座自主可控的数云科际方案

一、基本情况

住房和城乡建设部2020年4月发布《工程质量安全监管司2020年工作要点》（建司局函质〔2020〕10号），要求积极推进施工图审查改革，试点推进BIM审图模式，提高信息化监管能力和审查效率。大力推动绿色建造发展，推动BIM技术在工程建设全过程的集成应用。

住房和城乡建设部等七部委2020年8月联合印发《关于加快推进新型城市基础设施建设的指导意见》（建改发〔2020〕73号），明确要深化应用自主创新建筑信息模型（BIM）技术，提升建筑设计、施工、运营维护协同水平，加强建筑全生命周期管理。

住房和城乡建设部2022年3月发布《"十四五"住房和城乡建设科技发展规划》（建标〔2022〕23号），提出要研发自主可控的BIM图形平台、建模软件和应用软件，开发工程项目全生命周期数字化管理平台。

深圳市政府办公厅2021年12月，发布《关于印发加快推进建筑信息模型（BIM）技术应用的实施意见（试行）的通知》（深府办函〔2021〕103号）（以下简称103号文），提出市政府相关部门应当加强BIM数据资产统筹管理，建立BIM数据资产管理体制机制，制定BIM数据存储解决方案，可确定相关机构搭建全市工程项目全生命周期BIM平台，明确BIM数据资产共享或协同应用的渠道和范围，探索BIM数据交易模式，实现BIM数据归集、清洗、共享和交易，对接CIM平台，构建高质量的智慧城市数字底座。

建设城市级 BIM 平台，全面管理与应用 BIM 数据的需要。 深圳市亟须创新建设全周期、全领域、开放、可信的城市级 BIM 平台，实现对全市 BIM 数据的统一管理、统一质检、统一分发、统一共享，为智慧城市数字底座提供高质量的 BIM 数据，为各类智慧应用提供服务。

响应深圳市政府要求，坚持精细化建模建设路线的需要。 深圳市亟须坚持问题导向、目标导向、结果导向，夯实以 BIM/CIM 为核心的统一时空信息平台和数字化底座，推动政府数据开放共享，坚持基于 BIM 精细化建模的 CIM 平台建设路线，大力推进深圳市数字孪生城市建设。

支撑深圳市数字政府建设的需要。 深圳市亟须建立起开放共享的 BIM 数据资源体系以及智能集约的 BIM 能力支撑体系，打破全市 BIM 数据孤岛，实现 BIM 数据和能力跨部门、跨专业的互联互通和共享共用。同时，应用 BIM 技术进一步激活和提升政府审批监管工作效能，推动行政审批和监管的数字化转型。

助力深圳市智慧城市建设的需要。 深圳市亟须构建标准统一的城市 BIM 数据底座，通过对 BIM 数据的管理与质检，形成高质量 BIM 数据，对接至 CIM 平台，为智慧城市建设奠定数据基础。同时，探索建设数字孪生城市，实现城市要素的数据化、可视化，建设具有深度学习能力的"鹏城自进化智能体"，持续提升城市综合治理的精准化水平。

二、建设目标

（一）总体目标

基于"多源一模"建立城市级 BIM 数字化标准与治理体系，为智慧城市空间数字底座汇聚可信 BIM 数据，推动物理空间和数字空间深度融合，构建可持续生长的智慧城市精细化高质量数字孪生底座；通过建设强大的"一模到底"BIM 基础能力，推动工程建设行业营商环境优化发展，助力工程建设行业数字化转型和生产方式变革；全面开展"一模多用"，全领域全阶段赋能数字政府治理场景，助力我市数字政府和智慧城市建设，推动数字经济高质量发展。

（二）近期目标

2023—2024年，通过建设深圳市 BIM 平台（一期），构建城市级 BIM 数字化标准体系，汇聚整合全市 BIM 数据资源，制定 BIM 数据质量分级分类管理标准，为市级政府部门重点业务提供 BIM 能力服务，完成试点 BIM 应用建设，依托 SZ-IFC 格式与 CIM 平台数据融合对接。

构建城市级 BIM 数字化标准体系，支撑建设工程智能化审批决策。

构建全生命周期 BIM 数据治理体系，为 BIM 数据要素化、资产化打基础。

为市级政府部门重点业务提供 BIM 基础能力服务，支撑市级政府部门重点审批与监管业务。

完成住房建设试点 BIM+ 应用建设，重点支撑市级部门业务应用。

与 CIM 平台数据融合对接，助力构建高质量智慧城市数字底座。

三、总体设计

按照市政府治理"一网统管"工作部署，为全面落实关于深圳市 BIM 平台的规划，针对持续增长的 BIM 数据与应用需求，加快推进项目建设与各类基于 BIM 技术的深度业务应用，建成全国领先的全市域级 BIM 基础平台。

平台按照"一套标准、两级平台、三级应用"体系开展建设（图1）。

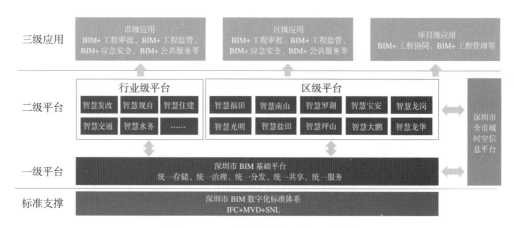

图 1 BIM 平台顶层设计示意图

一套标准：基于全市统一的 BIM 标准体系框架，构建覆盖全领域、全阶段、全专业的 BIM 数字化标准。

两级平台：全市统一建设的一级基础平台以及行业级、区级拓展建设的二级平台。行业级平台主要建设面向行业的 BIM 应用系统，区级平台主要满足各区个性化需求（含 BIM 数据管理和个性化应用）。

三级应用：依托"两级平台"，构建市级、区级、项目级应用，满足不同层级需求。

一级平台，构建 BIM 可信数字底座，"三性一化"支撑多源一模、一模到底、一模多用。

实现全市工程项目 BIM 数据汇聚、数据治理、数据融合、一数一源、共性通用能力集约建设，打通数据壁垒、系统孤岛，实现 BIM 数据的唯一性、可用性、正确性，实现 BIM 能力的集约化。

二级平台，构建 BIM 全流程协同，服务于面向场景的"数据消费"。

依托一级平台汇集的数据、建设的通用能力，构建各级业务应用平台，进行数据消费，基于 BIM 实现业务应用的协同化、智能化。

四、建设内容

建设城市级全生命周期的 BIM 应用管理平台，对全市 BIM 数据进行统一接收、统一质检、统一分发、统一管理、统一服务，为各部门业务场景应用、CIM 平台以及其他各类智慧应用提供高质量的 BIM 数据和 BIM 数据应用能力，让 BIM 数据充分赋能数字政府，筑基城市空间数字底座。

（一）全方位构建城市级 BIM 数字化标准体系

现有的标准都是以文本的形式发布，模型是否符合标准需要进行人工检查，工作量巨大。数字化标准体系，一方面是将现有的标准进行数字化，配合质检工具，进行自动化的检查，保证数据质量；另一方面从数据应用出发，明确数据要求，补充现有标准的不足，满足各个业务场景 BIM 数据应用的要求。数字化标准体系是 BIM 数据质量的保证，是数字政府基于 BIM 审批报建的智能审核的基础，其建立将为深圳城市空间数字底座提供标准、可信的 BIM 数据，构建数字孪生城市，为智慧城市精细空间应用场景赋能。

（二）打造自主可控的城市级全生命周期 BIM 基础平台，构建可信高质量 BIM 数据底座

构建全周期、全领域、开放、可信的城市级 BIM 基础平台，实现全市 BIM 数据统一管理、统一质检、统一分发、统一共享，为智慧城市数字底座提供高质量的 BIM 数据；BIM 基础平台的建设有助于实现 BIM 应用基础能力的建设，为各类智慧应用提供服务。这将有助于形成全方位的 BIM 应用生态，推动城市在规划、设计、施工和运维等阶段的数字化进程。通过整合各种建筑信息和基础设施数据，城市管理者可以更好地了解城市的运行状况，实现更高效、安全和可持续的城市管理。自主可控的城市级全生命

周期 BIM 基础平台还有利于保护数据安全和提高数据可控性，为城市规划、建设和管理提供强大的数据支持，推动数字政务的高质量发展。

（三）支撑 N 类 BIM 智慧应用

智慧应用场景是平台建设的主要驱动力，包括部门级应用和城市级应用，主要通过市 BIM 基础平台对全市各部门、各层级业务应用系统赋能实现。部门级应用包括智慧住建、智慧交通、智慧应急、智慧城管等，城市级应用包括城市安全、疫情防控、生态环境等。

基于标准和平台创新发展深圳市 BIM 生态协同。

基于统一的 BIM 数字化标准体系和 BIM 基础平台，构建与各类专业 BIM 厂商的协作生态，实现 BIM 数据跨软件传递、专业 BIM 能力最大化集成和共享。

五、技术路线

本项目基于 IFC+MVD+SNL 的技术路线，构建首个城市级可信的 BIM 保障体系。

（一）SZ-IFC 数据存储标准

IFC 是国际建筑业的工程数据交换标准，并已经被接受为国际标准，IFC 是一个结构化的、公开的、基于对象的信息交换格式，对 BIM 的标准格式进行了定义和描述，对项目全生命周期中的每个阶段的数据如何存储和提供进行定义。深圳市已发布的 BIM 数据存储标准，是在国标 IFC 标准的基础上，根据深圳市的情况进行了优化，形成的 SZ-IFC 标准。SZ-IFC 标准是完全符合国标的文件，可用任何支持 IFC 的软件打开，但比国标 IFC 更加灵活多样，并进一步提出了要求。

SZ-IFC 存储标准基于国际 IFC 标准体系和国家标准《建筑信息模型存储标准》GB/T 51447—2021 而制定的，是国内首个基于国际 IFC 数据格式的地方 BIM 数据标准。相对于国际标准和国家标准的原生 IFC，SZ-IFC 具有在业务数据上更好用、在数据组织上更小巧、在可视化上更好看、在数据安全上更可信四方面特点，更好地实现跨领域、跨阶段异构 BIM 模型格式转换和数据贯通。

（二）模型视图定义（MVD）

项目采用国际通用的模型视图定义（MVD）的方式，并创新性地采用先进、高效自主知识产权的 MVDLite 规则语言，建立和文本版标准相统一的数字化标准。MVDLite 规则语言的应用使得 BIM 模型数据的"合标性"得到自动验证，从而提高了模型数据的"可信性"。MVD 技术不仅降低了人工检查的时间成本和出错率，还确保项目在各个阶段都符合行业标准和法规要求，可提高整个项目的质量和效率，助力实现城市建设和管理的数字化转型。

（三）结构化自然语言（SNL）

规范的数字化采用结构化自然语言（SNL）技术，支持将规范转换为**能被机器识别**、**易于人类理解**、**便于规则定制**的语言。支持利用规范检查工具，**灵活**选择规范条文，**高效**完成 BIM 审查，检查结果详细呈现，问题构件**精准定位**，开创 BIM 智能审查新局面。SNL 已作为领域信息模型共享测试规范的描述系列标准《面向工程领域的共享信息模型》GB/T 36456。

六、重要创新点

（一）国内首个城市级 IFC 标准体系

深圳市 IFC 体系是国内第一个基于 BIM 技术和 IFC 开放标准

的城市级 IFC 标准体系，具有开创性和领先性。该体系基于 IFC 开放标准，并融合了建筑、道路、排水、供水、供电等城市基础设施领域的标准和规范，可以支持城市基础设施的全生命周期管理，可以促进城市基础设施各个领域之间的协作和数据共享，实现城市基础设施的全生命周期管理，同时也可以提高城市规划和决策的准确性和效率。

（二）理念创新

采用开放的标准体系、开放的系统架构、开放的运营模式，集成最强技术资源，常葆创新活力。其中，开放的标准体系，包括 IFC—国际标准、MVD—国际标准、SNL—国家标准，其他—地方标准等；开放的系统架构，提供各种能力服务，包括模型转换能力、模型渲染能力、模型轻量化能力、模型审查能力等；开放的运营模式，构建起共建、共用、共享的运营平台，构建起知识库（标准库、规则库、构件库等）、专家库（领域专家、专业建模人员等）。

（三）技术创新

基于 IFC+MVD+SNL 的技术路线，构建首个城市级可信 BIM 保障体系。以国际化、数字化的 BIM 标准体系为基本保障，利用区块链、AI 规则检查等技术，以 BIM 标准工具链为手段，建成国内城市级可信 BIM 模型保障体系，使 BIM 数据能够真正用于部门应用、行业应用、城市应用，同时，基于平台能够实现 BIM 数据的可追溯、可确责、可鉴权，使依托 BIM 数据开展数字资产运营和交易成为可能。

（四）业务创新

通过审批要点的全流程控制，保障"一张蓝图绘到底"。深圳市目前审批业务各阶段之间审批数据和审批规则割裂，单节点仅对该节点送审材料合规性进行审批，审批事项是否落地实施缺乏有效监控，后续阶段是否落实前阶段审批决议无法及时核查。通过平台和规则库统一建设，实现基于工程审批业务的全流程控制，各阶段审批事项在后续阶段监控落实，保障"一张蓝图绘到底"。

（五）模式创新

基于统一的 BIM 数字化标准体系和标准工具链，构建与各类专业 BIM 厂商的协作生态，实现 BIM 数据跨软件传递、专业 BIM 能力最大化集成和共享，全面打造起开放、可信、共赢的城市级 BIM 生态圈。

七、成果价值

（一）加快推进国家 BIM 标准体系进一步完善与应用

目前国家在 BIM 标准体系方面还存在缺口，上下层标准之间缺少依赖性。本项目建设深圳市全市统一的 BIM 标准体系，一方面对现有的标准进行查漏补缺，另一方面将对现有 BIM 标准进行"数字化改造"，以此为基础建立全市各个领域"数字化 BIM 标准库"，本项目建设能够推动国家 BIM 标准体系进一步完善与实际应用。

（二）有力推动国家建筑产业升级和高质量发展

建筑行业是世界上数字化程度最低、自动化程度最低的行业之一，我国整个建筑业总体上仍然是一个劳动密集型的传统产业，建筑产业现代化水平不高，产研升级刻不容缓，而促进建筑产业升级和高质量发展的根本途径是信息化和工业化深度融合。本项目在深圳这个全国超大城市建设统一的 BIM 平台，实现工程项目审批报件业务协同，促进 BIM 数据成果在建设管理领域共享，将大大推动建筑产业信息化，有力推动建筑产业升级和高质量发展。

（三）助力提升深圳市政府数字化精益管理

深圳市数字政府建设如火如荼，在 2021 年 1 月发布的《深圳市人民政府关于加快智慧城市和数字政府建设的若干意见》中，明确提出探索"数字孪生城市"。依托 GIS、BIM、CIM 等数字化手段，开展全域高精度三维城市建模，加强国土空间等数据治理，构建可视化城市空间数字平台。项目建设将采用 BIM 技术链接智慧泛在的城市神经网络，助力提升深圳市政府数字化精益管理。

（四）全面打造开放、可信、共赢的城市级 BIM 生态圈

开放、可信、共赢是本项目的建设理念，项目基于 IFC、区块链、AI 规则检查等数字技术，为智慧城市提供高质量可信的 BIM 数据，夯实智慧城市数字底座，同时，基于开放的标准体系、开放的运营模式，吸纳各家所长，建设统一的 BIM 数字化标准体系和标准工具链，构建与各类专业 BIM 厂商的协作生态，实现 BIM 数据跨软件传递、专业 BIM 能力最大化集成和共享，从而全面打造起开放、可信、共赢的城市级 BIM 生态圈。

方 明：关于 CIM 底座自主可控的鲁班软件方案

一、行业痛点分析

CIM 的概念由同济大学吴志强院士最早提出，后经过几代发展，逐步成为智慧城市建设不可或缺的基础设施。根据城市信息模型 CIM 网发布的预测，"十四五"期间中国的 CIM 市场规模将超过 400 亿元。然而，在如火如荼建设的大环境下，CIM 平台的技术研发仍存在诸多痛点，包括三个方面：

痛点一，底层平台普遍采用进口平台，缺乏自主可控的 CIM 操作系统。不论是基于 BIM 或是基于 GIS 开发的 CIM 平台，都依赖于国外通用软件作为底层支持，这为平台可控性以及数据安全性带来巨大的挑战。

痛点二，缺乏需求导向的模型渲染技术。一味追求高设备负荷的模型精细化渲染，造成大量算力和数据资源的浪费。缺少根据不同的应用场景，对渲染引擎进行自主切换，从而适应多种场景需求的技术架构和实践。

痛点三，缺少通用性平台的兼容设计。在 CIM 建设过程中不同公司对不同管理主体、用户开发的平台千差万别，相互之间难以兼容，并且由于过度定制化造成了大量开发资源的浪费，难以实现可持续的信息化建设。

二、三大关键支撑

(一) 自主可控的 CIM 底座

鲁班软件股份有限公司(简称"鲁班软件")的 CIM 底座方案基于完全自主研发的 Motor 底层图形驱动技术,以规模产业城市为研究落脚点、以推动城市提质增效为研究方向,有机耦合"BIM(建筑信息模型)+ GSD(地球空间数据)+ IoT(物联网)"三大技术数据源,实现 CIM 数据从宏观到微观的全生命周期信息化管理和应用;同时可连接外部行业领域数据库,以数据的集成应用驱动创新,推动城市物理空间数字化和各领域数据融合、技术融合、业务融合,为推动数字化转型、优化社会服务供给、创新社会治理方式、推进城市治理体系和治理能力现代化提供助力。

鲁班软件 CIM 底座的国产化自主可控探索之路分为两个阶段。第一阶段以自研图形驱动技术为主、开源组件为辅,实现基本自主可控;第二阶段以不断完善自研底座体系、逐步代替开源组件能力为目标,实现完全自主、可控的国产化图形驱动技术进阶。基于此阶段计划,鲁班软件 CIM 图形驱动技术在架构设计之初,就制定了功能结构分层独立设计的策略,实现各个组件之间面向接口架构设计、减少组件之间的耦合性,提升 CIM 底座各功能组件的可扩展性、可调整、可替换能力,降低开源组件因应用版权、数据安全等因素带来的风险损失。

现阶段,鲁班软件 CIM 底座处于第一阶段的成熟应用期,已可以基于自研的数据处理与调度中心完成大量模型数据的处理、基础渲染、场景搭建、上层业务场景应用等主要工作;同时已完成对开源的 3D 引擎的改造工作,并与自研平台进行融合应用,借助开源引擎的渲染能力、实现三维场景渲染效果的升级,满足上层业务场景效果应用的多元化需求,构建集数据转换、集成、处理、业务实现和强大场景渲染等一体化的 CIM 底座图形驱动技术体系。目前鲁班软件 CIM 底座第一阶段"自研图形驱动技术为主、开源引擎为辅"的方式已能满足 CIM 各场景的应用需求，同时也保证了 CIM 核心功能为自主研发和应用的架构，为第二阶段的完全自主化奠定了基础。

（二）灵活应变的"云""端"双模式图形驱动技术架构

鲁班软件 CIM 底座是由"云""端"双模式图形驱动技术架构组成，不同于其他企业两套产品解决方案的做法，鲁班软件独创的核心架构，依托一套标准通用的数据处理中心和一套标准的数据调度中心，以核心数据驱动渲染引擎可以根据不同场景需求呈现不同的渲染效果。

相比于其他的图形技术，鲁班软件创新设计的"云""端"双模式图形驱动技术是基于图形学中的图形数据计算和图形渲染独立设计研发，最终形成数据处理与调度中心和渲染引擎的双驱动体系。数据处理和数据渲染的剥离，正是符合鲁班软件 CIM 底座自研发展的战略路线，同时也是降低 CIM 各核心功能耦合性的必要措施。"云""端"双模式图形驱动技术中，基于开源的渲染引擎仅仅作为效果渲染使用，而数据处理、调度中心实现数据结构设计、分块处理和数据调度逻辑等核心底层功能，两者是分开的体系；数据处理与调度中心的部分是鲁班软件完全自主研发，也正能体现出鲁班软件相比其他图形技术体系的自研优势。"云""端"双模式图形驱动技术的设计可以有效避免使用云渲染策略后对数据处理与调度的依赖和投入，避免过于依赖 UE、U3D 等引擎的功能和能力，减少因客观因素导致渲染引擎不能使用而引起的风险和代价。

同时，数据处理与调度中心进行剥离并进行自研设计，可以保证数据始终在自我平台，为基于数据进行引擎功能的不断优化提供了可行性与便捷性，可以不断提升数据处理与调度中心对数据的承载力和兼容性，降低在大场景中对硬件资源的消耗，达到有效降低应用成本的目的；同时可以不断强化对数据的兼容性处理能力，使得使用人员在转换处理原始各种不同种类的源数据时始终处于一个高效率的水平，最大化发挥自研"云""端"双模式图形驱动技术的优势。

（三）坚不可摧的兼容性设计

CIM 底座的下一个阶段的核心在于数据建模。以可视化数据处理与调度中心为核心，打造一套高效的平台级低代码 CIM 底座，依托于大量智慧城市的案例和人工智能算法，抽象剥离业务层，在底层建立强大的数据模型，实现对大多数智慧城市系统无缝对接和兼容。

对接的核心在于数据，所以建立底层的数据模型是对接兼容的关键。鲁班软件 CIM 底座方案考虑并进行了以下兼容设计：

一是多元异构场景数据处理的兼容性。

二三维数据一体化：通过自主研发的数据模型算法，对矢量、地形、影像、BIM、倾斜摄影等二三维数据进行融合，制定了一体化的数据规范，解决了二三维数据统一传输、解析和展现的三大瓶颈。

BIM 多数据源支持：依托鲁班软件二十多年 BIM 技术积累，原生态支持常用主流的 BIM 模型数据格式。

复杂数据管理：通过建立混合索引，把分散的结构化和非结构化数据进行逻辑统一的资产化管理，提供标准化的数据服务。

二是界面开发的兼容性。

鲁班软件 CIM 平台在二次开发和 GUI 交互方面具有良好的兼容性和可扩展性。用户可以根据不同需求选择合适的开发方式，从而实现更加优秀的用户体验和性能表现。

通过提供一套标准的 API 隔离渲染引擎核心能力与其原生复杂的 GUI 框架，让使用者可以很好地将核心能力集成到自有原生态的 GUI 体系中，从而实现良好的用户体验和性能表现，同时也支持本地化需求，能够提高开发效率和可扩展性，实现 CIM 平台与其他应用的集成。用户可以根据自身的需求自定义开发插件，实现更灵活的开发和可定制性。

三是对外数据对接的兼容性。

CIM平台是一个二维、三维、BIM模型等多种数据的汇集平台，实际应用中、可对外提供数据服务接口、提供各种CIM数据。

后端支持Windows、Linux跨平台部署，提供基于标准的Http、REST、API跨平台接口。支持B/S、C/S框架应用。底层兼容各大硬件厂商设备协议和工业标准协议，如西门子、AB、霍尼韦尔、OPC、Modbus、IEC等；基于物联网平台，兼容支持各种通信传输协议，如RFID、Wi-Fi、GPRS/3G、BlueTooth、ZigBee等；可在各种个人电脑操作系统中进行开发、部署和运行（Windows，Linux，Mac）。

四是上层业务应用的兼容性。

将CIM平台与城市精细化治理的业务诉求进行深度结合，打造"CIM+"多个行业应用的格局，是CIM平台应用的重要价值场景。目前CIM平台可以有效提供底层模型、地图、场景搭建等基础能力，并对上层各类业务应用有较好的兼容性。

CIM+智慧园区：规划设计阶段，基于CIM实现驾车漫游、日照分析、天气模拟等分析功能，辅助管理决策；施工建设阶段，基于CIM进行人员管理、停车管理、设备物资管理、能源环境管理、安防管理等，实现在"一张蓝图"上进行园区的高效管理。

CIM+智慧社区：基于高细度三维可视化优势，以数据支撑实时化监测、智能化分析，加强环境及能源动态管理；依托"一标六实"警用地理信息系统，以地理空间数据与时态数据的数字化、可视化、统筹化，支持治安综合治理、报警处理等；基于"一张网"的网格化服务管理模式进行社区管理。

CIM+智慧校园：通过智能控制、数据实时采集与分析、结合CIM平台的地理信息、空间位置等技术，对照明设施的统一监控和管理，智能照明管理；全方位监控校园内各建筑内部设备的运行状态、建筑内环境信息以及能耗的情况，通过自动化的控制系统实现设备自动调整运行状态；基于CIM实现资产静态和动态快速管理，查看资产基本属性、参数，设备巡检和维护历史信息等。

除以上场景外，也支持 CIM+ 智慧楼宇、智慧城市、智慧生命线、智慧交通等各类场景应用，满足各类场景下的 CIM 应用需求。

五是多终端场景的兼容性。

鲁班软件 CIM 底座可以支撑不同的用户需求以及不同的终端场景，一般分为客户端、网页端、移动端三类 CIM 平台。其中，客户端平台具有领先的仿真技术、逼真的视觉效果、极致的性能表现，特别是在城市级特大三维场景塑造和画面渲染表现方面尤为突出。Web 端 CIM 平台基于 WebGL 技术，流畅地展示城市级二三维场景，并具有无插件、跨浏览器、跨操作系统等特性。移动端 CIM 平台支持 IOS 平台和 Android 平台，为移动互联网打造轻量级三维场景客户端。加之开放的数据接口模式，可拓展新的管理子系统，适应将来的建设管理需求。

三、赋能创新效益

（一）打通数据壁垒，促进融合共享

鲁班软件 CIM 基础底座拥有数据处理、数据管理、数据共享、数据可视化展示等一体化能力，可以借助三维地理信息系统（3D GIS）、建筑信息模型（BIM）、物联网（IoT）、游戏引擎等技术支持，汇聚 CIM 成果数据、时空基础数据、资源调查数据、物联感知数据、规划管控数据、工程建设项目数据、公共专题数据等地上地下、室内室外、历史现状未来多维度多尺度信息模型数据和城市感知数据，打造数据底板，并有效促进相关部门间的数据共享、支撑起各部门的数据资源高效应用。

（二）统一通用平台，提升研发效率

在新基建和数字孪生城市的政策背景下，CIM 作为三维城市空间模型和城市动态信息的有机综合体，成为构建城市一网统管

的新型地理空间底座。鲁班软件 CIM 底座作为一个工具应用平台、可以大大降低智慧城市的建设难度，降低传统建筑信息化领域和三维图形渲染领域的门槛，使得大多数科技型企业只需要关注自己熟悉领域的业务，不必关注底层，有能力迅速根据应用场景搭建改造一套完善的 CIM 系统。同时鲁班软件 CIM 底座解决了传统 CIM 系统建设过程中，城市空间数据采集、建模难，多源数据整合难，渲染美观度差，难以复用重复开发等相关技术瓶颈问题。为未来城市沉淀积累城市数字资产，为数字城市建设、服务城市发展打下牢固的基础。

（三）汇集多元模型，赋能科学决策

将物理世界对象在已构建的数字世界中进行精准映射，并依托空间建模、数据解析、数据编辑、空间分析能力，全面激活了城市数据资源价值，对所关注的信息进行深入分析、挖掘，同时在数字世界中进行预测、模拟、验证，从而实现实时掌握现实世界的发展状态、变化趋势，为城市治理提供更加准确的数字化决策依据。现实世界的反应状态也会以数字化、语义化、对象化的方式载入 CIM 底座中，从而推动智能化算法的优化升级。最终实现现实世界与数字世界同时运行得更加安全、更加高效、更加智慧。

（四）推动场景升级，加快数字转型

通过对象化，并结合高精度的三维空间服务，可有效规避已有二维地图没有高程信息、低精度三维数据空间信息缺失的弊端。因此，基于 CIM 的三维空间服务和底板，可以将 CIM 平台与各类场景业务进行深度融合，打造"CIM+"多个行业应用的体系，如将 CIM 应用到智慧城市、城市生命线、园区、楼宇、社会治理等多个领域，帮助政府和各级管理单位更加精准、更加高效地管理，为探索实现更加智能化、精细化、立体化城市管理提供更好的支撑，加快城市的数字化转型。

李 霆：关于 CIM+ 一模到底的中南院方案

智慧城市建设是实现数字中国战略、数字经济发展的基础性和标志性工程。CIM 基础平台是智慧城市建设的重要基础，对于提高城市治理水平以及建设韧性城市、绿色城市、宜居城市都具有重要的作用。

一、关于城市全生命周期管理 CLM 平台的理念

从智慧城市的发展现状来看，目前的 CIM 平台大多只能做到"一屏观天下"的要求，难以真正实现政府对城市各个领域的数据进行综合治理和精细管理的要求。中南建筑设计院股份有限公司（简称"中南院"）提出将城市全生命周期管理 CLM（City Lifecycle Management）的理念融入城市管理中，意在解决城市碎片化的管理问题，促进数据要素的高效流转与应用。其核心是以城市为主体，构建数字孪生城市，整合城市建设、运营的各个环节，采用数字化、网络化、智能化的技术手段以及数值仿真技术，实现城市规划、建设、运营、管理等各个环节的高效协同管理。

在规划阶段，要充分考虑城市的可持续发展和智慧化管理需求，采用数字化和智能化技术手段，如城市（区）多尺度多物理场仿真技术，通过模拟洪涝灾害仿真、交通流量仿真等，实现规划的科学性、可操作性和可持续性。

在建设阶段，需要根据城市规划的要求，对城市的各种基础设施和建筑物等进行建设和改造。通过采用 CLM 平台中的"建筑工程全生命周期管理平台"，实现"一个模型干到底、一个模型管到

底"的功能,以及"三维交付、无图建造、造价精准、缩短工期、提升质量"的效果。

在运管阶段,采用物联网、大数据和人工智能等技术手段,结合可记录、可追溯、透明化的全过程管理机制,将数据资产与各行业、各领域的应用相结合,建立数据和物理世界的关系,发挥数据的最大能效,提高城市运营效率和管理水平。

二、CLM 平台的架构和特点

CLM 平台主要基于"1+N"的数字化构架,即 1 个基础平台和 N 个上层智慧应用。基础平台主要包括了设施层、数据层和服务层,设施层指硬件设备的部署,包括服务器、存储设备、网络设备等;数据层则是指数据的收集与管理,包括数据的存储、加工、分析等;服务层则是提供各种服务,包括数据查询、可视化展示、分析与决策等。简单来说,基础平台主要实现数据的收集与管理,并开展基于大数据的分析与决策。如我们基于国产自主可控技术,搭建了基于多元数据融合的城市信息模型基础平台,实现了卫星遥感、规划成果、地上地下基础设施、工程建设项目、社会经济人口等海量数据的汇集,并基于模型单体化等功能,建立数据与模型的关联,形成多维联动、全空间要素汇聚的城市立体空间数据底板,实现从城市大场景到建筑局部细节的直观展现,同时,对城市自然环境、交通路网、基础设施等进行数字化的呈现。上层智慧应用是基于基础平台赋能城市"规、建、管、运"的一系列模块化的场景平台,进一步使得城市变得更加智慧、安全和高效,如我们基于国产自主可控的底层技术,搭建了基于三维地质信息模型的岩土工程智慧勘察平台,重点服务建筑、市政等项目的地下空间分析与设计,实现岩土工程勘察设计一体化、内业外业一体化。搭建了基于实景三维的城镇地质灾害风险管控平台,实现了地质灾害调查数据实时采集、预报预警、专业监测,应急指挥以及灾后分析等功能。可以有效推动地方政府的地质灾害防治工作，减轻地质灾害对人民生命财产的危害。

CLM 平台的特点：第一是"一模到底"，即"一个模型干到底，一个模型管到底"，消除一切数据（信息）孤岛，在城市的"规、建、管、运"全程保持唯一数据源，为城市管理者建立跨地域、跨部门的协同工作平台，使其基于同一城市模型开展工作。第二是兼容一切城市中的多源异构数据，即多源数据融合能力；城市之中的多源异构数据，具体可以分为结构化数据、半结构化数据和非结构化数据；CLM 平台可以通过各种工具建立统一的数据或视图，将多源异构的数据进行融合，集中呈现和共享。第三是打通了各单位之间的数据壁垒，进而建立数据驱动的城市治理与运行新机制；CLM 平台使得各部门基于单一数据源开展工作，实现了数据的一致性、最新性、完整性和可靠性。第四是 CLM 平台集成了多尺度多物理场的仿真技术，构建了城市的"数字平行世界"，助力打造韧性城市、宜居城市。

三、城市级（区级）全生命周期的动态数字孪生

随着城市的不断发展，城市数字孪生模型不断生长和变化，即城市动态数字孪生。根据当前国内的实际情况，在 CLM 平台中构建城市数字孪生模型需要考虑两种情况，一种是新建城区，另一种是已建城区。

对于新建城区，应以 BIM 为主，将其作为 CLM 平台数据的主要来源，汇聚到 CLM 平台上，形成 BIM 与 CLM 平台之间的联动，主要服务政府的行政审批管理。此时，数字城市模型往往有数以百计的设计院或工程公司来做局部模型，CLM 平台可以兼容不同格式的三维数字模型数据，如 CATIA、Revit、Bentley 等。

另一种是已建城区，应强调城市多源数据的整合，少数重点建筑项目建立 BIM 模型，而剩余的建筑模型需要通过摄影遥感方法

或者快速建模技术来进行构建，主要用于服务城市的综合治理和决策；CLM平台能够兼容不同格式的遥感数据，并具备快速建模的能力。

有鉴于此，我们基于国产自主可控技术，依托CLM平台开展了一系列数据整合及模型构建技术研究。目前，已开展基于深度学习的建筑轮廓识别及结合参数规则方法的城市快速建模方法研究，实现了基于多元数据融合的城市信息模型基础平台搭建。

四、城市级（区级）多尺度多物理场仿真技术

城市治理面临很多挑战，众多自然与社会风险，如地震、洪水、沙尘暴等自然灾害风险，环境污染、生态破坏等生态环境风险，疫情传播等公共卫生风险，以及交通拥堵风险，都对城市的可持续发展造成严重的威胁。2020年新冠疫情暴发、2021年河南郑州等地的洪涝灾害都对城市造成了不可估量的损失。面对各种自然灾害等众多不确定性的因素，如何增强城市应对风险的能力，构建韧性城市是每个城市管理者都应重点思考的问题。韧性城市建设是实现城市可持续发展的重要举措，包含三个层次的内容：一是能够抵御风险，不被风险事件所影响。二是面对风险或者扰动，可以自我修复、适应。三是对于未来的风险，能够预知、预判、提前预防风险或扰动。

城市多尺度、多物理场仿真作为CLM平台其中一项关键核心，针对城市不同尺度的构筑物，如建筑、园区以及城市，通过计算机模拟城市内的自然灾害、人为事故、交通拥堵等风险事件，来评估和提高城市韧性的一种技术手段。在城市多尺度、多物理场仿真中，多尺度指的是模拟和描述城市系统在不同的空间和时间尺度下的行为和变化，从微观到宏观，从瞬时到长期，从局部到整体。例如，在微观尺度上，可以模拟城市中单个车辆的运行轨迹，而在宏观尺度上，则可以模拟城市的交通流动和拥堵情况。在时

间尺度上，可以模拟短时间内的城市人流变化，也可以模拟未来城市人口的发展趋势。多尺度仿真目的是通过对城市系统各个尺度的行为和变化进行综合建模，提高仿真的准确性和可信度。而多物理场是指考虑多个物理场景相互作用的情况。这些物理场景包括建筑物、交通、水文、能源和环境等方面的影响。这些场景之间是相互耦合的，它们的变化和相互作用会对城市的整体性能产生影响。例如，建筑物的能源利用和室内热舒适度可以受到室外气温、太阳辐射、通风、照明等多个因素的影响。交通流量和路面拥堵会影响空气污染和噪声水平。水文循环和洪涝风险又会受到降雨、地形、污染物等多个因素的影响。因此，城市多物理场仿真需要同时模拟和分析这些多个物理场景的变化和相互作用，以便更全面地评估城市规划和设计方案的效果。

开展城市多尺度多物理场仿真具有很多传统方法不具备的优势，比如可以快速准确地模拟不同类型的风险事件，评估城市系统的响应能力和风险系数，有效提高应急响应的准确性和时效性，且城市尺度多物理场仿真采用计算机模拟技术，不需要进行实地测试和物理试验，可以大幅度降低风险事件应对成本。城市多尺度多物理场仿真的应用范围广泛，在城市规划阶段，城市多尺度多物理场仿真可以模拟不同的风险情况，帮助城市规划者评估城市系统的抗风险能力，从而制定更加科学合理的城市规划。针对城市应急管理，城市多尺度多物理场仿真可以模拟不同的风险场景，帮助应急响应部门预测风险事件的发生和蔓延情况，制定更加科学合理的应急响应预案。此外，城市多尺度多物理场仿真可以模拟各种灾害、人为事故、交通事故等，为科学研究和探索提供模拟平台，促进风险事件应对技术的创新和发展。总之，对于城市全生命周期管理而言，城市多尺度多物理场仿真可以帮助城市管理者对风险做到可防可控。

在城市多尺度多物理场仿真方面，我们基于 CLM 平台开展了城市抗风仿真，模拟台风对城市造成的影响。基于自研 CFD 技术仿真城市风环境，减少城市热岛效应等。进行城市级的洪涝数值仿真评估，减少洪涝灾害。进行城市级的地震灾害数值仿真评估，建设韧性城市。同时，基于仿真结果，开展基于城市信息模型的韧性评估关键技术研究。

五、数字赋能智慧城市运营管理

智慧城市的运营管理是现代城市管理的重要组成部分。智慧城市的建设需要运用各种信息技术、物联网、云计算等先进技术手段，将城市中的各种系统和设施进行互联互通，实现城市的智能化管理和服务。但是，要实现智慧城市的运营管理，除了城市多尺度多物理场仿真技术，还需要大量的数据支持。大数据技术的应用可以为智慧城市的运营管理提供详实的信息和辅助决策意见，提高智慧城市的现代化管理水平。

CLM 平台可以汇集来自城市不同方面的多源异构数据并进行分类与关联，帮助城市管理者在短时间内获得城市的精确数据。同时，在大数据系统完成数据收集以后，平台可以对数据进行处理，深度挖掘数据背后的内容和价值，为城市提供科学的管理策略。利用 CLM 平台的数据共享与发布能力，创建信息共享通道，提升管理部门之间信息交互的时效性，强化各部门协作水平。总而言之，在城市运营管理方面，CLM 平台基于城市全生命周期管理的先进理念，在进一步完善数据产权、数据安全和公平竞争的制度体系下，通过建立数据要素市场规则，平台可以打通各城市建设相关方之间的数据壁垒，拓展城市数据的应用场景，精细化城市运营管理。

六、CLM 平台应用案例：十堰市中央商务区韧性规划

十堰市中央商务区是十堰市"三中心三城市"战略目标下的重

点项目，位于"双城两带四片区"城市格局中的南部中心城、东西向功能拓展带上，由中南建筑设计院进行调研和规划。

项目沿十堰市紫霄大道分布，规划总用地面积 $4.04km^2$，总开发量 269 万 m^2，建成后预计常住人口 5 万，就业人数 1.8 万。项目规划了商务、科技、教育、医疗、生态等五大地标，愿景为打造城市东进引擎、低碳绿色发展示范、数字智慧城市样板，提升十堰作为区域中心城市展示窗形象。

我们基于 CIM 模型对十堰市中央商务区开展了韧性规划工作，在此基础上实现了城市区域的全生命周期管理。通过把握城市安全"灾前预警—灾时应急—灾后恢复"的时序特征，从经济社会、空间结构、生态环境、组织管理等方面综合考虑，编制了城市系统韧性评估体系。针对十堰中央商务区选取了抵抗力、恢复力、适应力的韧性评价指标，在利用规划和统计数据直接计算指标之外，通过空间分析和数值仿真等技术手段，得到城市的降雨、内涝、地震、台风等灾害的模拟结果，从而在更真实更全面的数据基础上计算不同规划方案下的城市韧性评估结果，辅助规划师得到城市规划的最优方案。如图 1 所示。

图 1

我们基于韧性评价指标辅助城市规划融合了多学科的优势与长处，为多情境下的城市安全及应急管理提供了科学的理论支撑，这是传统的城市规划方法没有考虑且无法做到的。同时，我们在CLM平台中实现了人口、经济、医疗、教育、交通、生态等多部门的数据互通，提高了城市治理的部门协作性，从而实现了城市空间尺度上的精细化协同治理。

该项目是为解决城市碎片化管理问题的一次尝试，也是全中国首个采用CLM平台开展"规、建、管、运"一体化的项目，将为城市未来的管理提供有益参考。

在不远的将来，我们会提出一个开放的、可复制推广的城市全生命周期管理理论体系，打造城市全生命周期管理CLM平台，为城市的规划、建设、管理、运营提供服务，打造韧性宜居的智慧城市，达到科学治理、精准监管、提升效率的效果，最终实现"一网治全城"的目标。

邓明胜：关于城市建设之 CIM 发展进程研究

引言：
智慧城市，数字中国的重要载体；
CIM，创建智慧城市的有效途径；
基于 BIM 的数字建造，社会驱动 CIM 进程的坚实基础。

一、辨识城市发展、社会需求与 CIM 内涵

（一）关于城市发展与 CIM

城市发展，耳熟能详；管理者追求，民众期盼。何为发展？怎样发展？不同角色、不同站位，关注点不同，行动各异，结果亦可能大相径庭。

面向生产：众多现代工业园、产业园、科技园、自贸区等，如雨后春笋，多地呈现。产业是城市发展的基础，城市是产业发展的载体，产城融合成为城市发展较好的表现形式。

面向生活：以各类园区为起点（出发点），派生出的生活区、教学区、商务区、商业区、办公区、总部区、居民区……百花齐放、竞相争艳，或独立存在，或融合共生，协同发展成为主题。

"拓展幸福空间，筑就美好生活"，不仅作为"中国建筑集团"的品牌价值理念被其员工熟知，也正在成为各地城市居民争相追求的生活目标。在解决好吃穿住行基本需求前提下，便捷、舒适、好环境等需求被渐渐提上议程。2018年2月，习近平总书记在成都视察时提出，**"一个城市的预期就是整个城市就是一个大公园，老百姓走出来就像在自己家里的花园一样"**，花园城市即成为这众

多议题中一个。深圳，截至2021年底，已建成公园1238个，公园500m服务半径覆盖率超90%，"推窗见绿，出门进园"，由梦想变为现实，一座新兴、科学且现代化的城市发展典型范例成为人们追逐的榜样。

由此可见，城市发展已不再只是简单的铺路、建厂、造楼，而是由单一的城镇化向多元、综合，人与建筑、人与自然融合共生的发展路子在迈进；多元场景交融的微空间、大空间，小社区、大城市；各种形式、多种方式，不断探索、不断发展。

受惠于信息技术发展红利的支持，对渐渐发展壮大、复杂多变城市的管理和运行，信息化起到了很好的促进和保障作用。用3D、4D甚至多维虚拟电子信息模型来呈现城市的过去、现在和未来，推演并辅助实施有效的管控。建筑物、构筑物、道路网、交通网、人流、车流，如何分布合理？如何流动有序？如何便捷、安全且舒适？以CIM为具体的切入点，成为各方关注的焦点。与此对应的CIM，亦不再只是简单、单一的模型；能汇集多少系统、涉及多少领域、解决多少问题？是伴随着城市发展一道协同共生的话题，是逐渐拓展、不断提升、可灵活变化的演进式发展系统。

（二）关于社会需求与CIM

从零开始的CIM，有众多切入点。以建设行政管理部门的视野为出发点，希望促进各类城市建造设施的"规、建、运"全生命周期中规划、设计、施工等各项管理工作和解决运维活动中的辅助管理及智慧管控问题；作为一个基本切入点在国家和各地建设行政主管部门发文推动下，多地均启动了示范、试点工作。实施过程中发现，因管理口径、使用对象、工作对象等诸多因素变化，对CIM的需求和要求也形成了相应的变化，不同的需求和要求，部分可形成互补，有的则出现先后顺次抉择，甚至出现排他性选择难题，"众口难调"成为CIM技术深入推进过程中的瓶颈。

要打破瓶颈，在CIM技术软硬件性能进一步改进、提升的同时，关注并发挥好两个途径的作用：一方面持续、有序推进政策引领，加大政府、政策宏观指导力度；另一方充分发挥社会各方作用，以社会需求为导向、聚社会力量攻坚克难；上下同欲、殊途同归，不断拓展 CIM 技术应用领域，全面发挥 CIM 技术应用效果。

社会需求各种各样，不同时点、不同站位，需求各异。如何在城市发展锁定项目建造的第一时间征集到，并整合好这些需求，对于 CIM 技术在城市建设活动及其后长期运维过程中得以充分发挥，有着至关重要的作用。各种社会需求提供主体包括：城市和社区管理者、建筑楼宇（设施）使用和管理者、城市和社区活动参与者等。可设立合理通道，建立各种社会需求征集（收集）研判机制，第一时间获取正确的需求，并有机、有序地部署到 CIM 平台建设规划中，与城市发展同步建设、同步成长。

（三）关于动态发展的 CIM

2005 年吴志强院士在领衔"上海世博会"园区规划设计过程中提出 CIM 相关概念后，从 Campus Information Modeling（园区信息模型，简称"**园区 CIM**"）升华到 City Information Modeling（城市建设模型，简称"**城市 CIM**"）；在国家及各地政府主管部门的引导推动下，业界各方积极参与，并结合数字中国、智慧城市战略的深入推进，聚焦 City Information Modeling，在城市建设等诸多工作中探索、推进、深化、完善。

城市发展千头万绪，新建、改建、扩建，及至修缮、维护不一而足。在数字中国、智慧城市战略推动进程中，寄希望于依赖 CIM 平台实现"投、建、运"一体化，CIM 包揽一切的想法显然还不能即刻成为现实，还有很长时间、较长的路径。这期间，技术在不断进步、需求在不断变化、制度（政策）在不断完善。基于 BIM，抓住不同层级的紧迫需求及工作重点，动态地、分层级地把控 CIM 工作重心，有利于 CIM 技术快速、灵活地部署，并如期推动落实、见效。

城市治理，社区为基。社区，作为城市构成的基本单元，既汇集各方民众也承载众多建筑实体。以 Community Information Modeling（社区信息模型，简称"**社区 CIM**"）为平台，分类汇集各方民众基于社区环境和吃穿住行所依赖的各类建（构）筑物等形成和萌生的需求，为城市 CIM 平台建设的顶层设计奠定基础。以城市 CIM 顶层设计为指引，基于 BIM，汇集各种建（构）筑物建造活动中的相关数据（信息），以 Constructing Information Modeling（施工信息模型，简称"**施工 CIM**"）为载体，全面满足社区 CIM 需求，是 CIM 的动态发展必由之路和有效途径。

二、搭建社会需求与 CIM 平台的便捷桥梁

（一）合理规划：CIM 发展路径

伴随国家发展改革委、住房和城乡建设部、工信部等主管部门关于推进 BIM、CIM 技术的政策出台，多地积极响应，先后涌现出一大批 BIM、CIM 示范园区、示范工程，部分示范项目已取得阶段性成果。与绝大多数工作有效推进诀窍一样，CIM 工作的推进"顶层设计"亦至关重要。从城市发展实际出发，充分考虑各系统管控要求，合理规划 CIM 发展路径，避免政出多门、各自为政。

任何一项好技术问世，都将迎来各方关注并广泛采用，CIM 技术也不例外。在推行初期，是单一还是综合运用？专项还是普及运用？探索性、协同（协调）性把控非常重要。好的顶层设计并不强调大包大揽、一次到位；但好的顶层设计必须是能立足当前并兼顾未来发展，必须是一业为主、多路协同（协调），必须充分考虑基层用户和民众需求。

新建城市、新建城区（社区），可从城市（总体）规划切入，经由勘察设计、施工建造，并充分考虑建筑物本身及其在未来长期运维过程中与城区、城市协同共生的管控需求，是 CIM 技术应用发展的基本主线。众多示范城市（园区）沿着该路径开展顶层设计，

其中,最有代表性的案例是雄安新区 CIM 示范运用。

当前,以路灯等必备需求为切入点形成的"智慧灯杆",以井盖丢失痛点为切入点形成的"智能井盖",以管廊、机房内部巡检等工况为切入点形成的智慧管廊、智慧机房,以建筑工地、水务、环保管控为切入点形成的智慧工地、智慧水务、智慧环保等"规、建、运、管"系统等,均较好地形成了各地 CIM 示范规划的切入点和实施路径;发展过程中,如果能较好地融入城市安全(比如"天眼系统")、道路交通(比如违章管控甚至智慧停车)等系统,实现城市 CIM、社区 CIM 与施工 CIM 的较好融合,经由必要且有效、分级或综合的安全防控,必将令 CIM 技术发展得以更加完善、完美,实现价值、效能最大化。

(二)全面归集:CIM 发展素材

鉴于 CIM 工作的有效开展涉及方方面面,真实反映和归集各方需求有利于 CIM 工作的正常、有序推进。通常,确定(决定)运用 CIM 技术的切入点和领域是分管领导指向、专业人士画圈,令 CIM 技术运用得以快速启动。但鉴于部门职责可能存在的"壁垒"(界线)和受专业技术辨识度的影响,令 CIM 技术得以全面、系统推进还有较长的路径。

首先,根据专业辨识度优先级排序,融合各部门职责涉及事务优先级,综合排序确定启动 CIM 技术的切入点及工作方向,并结合 CIM 技术发展趋势,充分考虑后续事项接入的可能性和融合性。主要可能的领域包括:城市规划及勘察、设计、施工、运维等建筑工程全生命期主线上各业务的实施及管控工作;城市公共安全、道路交通以及城市综合治理等相关工作。

同时,全面启动社区、居民、园区工作(生活)人员需求调查,归集 CIM 关联业务及管理需求,形成可同步融入 CIM 主线的事项和可纳入 CIM 主线拓展工作的事项。主要包括:与城市和(或)社区综合治理相关的特殊(关注)事项、与园区相关建筑或建筑空间关联的特殊（关注）事项、已有 CIM 技术更新成果与需求融合的新事项，以及伴随 5G、IoT、AI、区块链、数字孪生、元宇宙等技术融入办公、生活后伴生的与 CIM 技术相关的需求。

基于 BIM 的社区 CIM，较好地抓住点多、面广的社会需求并较好地提炼出对应的 CIM 素材，比如：居民生活习惯需求、社区物流需求、园区人流变化等，自动（智能）汇总（提炼）出城市（社区）规划需求基准参数、社区管控策略等，以实现较好地部署 CIM 平台；基于 BIM 通过施工 CIM，能较好地整合建（构）筑物实际参数，为社区和城市 CIM 运用提供真实、准确的第一手资料，比如，能耗使用曲线、建筑及机械设备运行工况等，提炼为工程设计优化指标及建筑物运维管控策略、各层级 CIM 运用策略。

（三）CIM 桥梁：抓眼前谋未来

推进 CIM 技术，如果只顾眼前不考虑未来，则很难见到真正效果；若只顾未来不尽快启动，则必定看不到效果！好技术当用起来，并在运用中见效、在推进中完善。找好并找准切入点，以运用之效果，或解决当前实际问题，或满足当前具体需求；并以此为动力，在运用中持续整合新的 CIM 技术，满足新的管理或（和）生活需求，适应并实现新的未来发展需求，不断发展壮大。

施工 CIM，作为连接社区 CIM 和城市 CIM 与社区和城市建（构）筑物的桥梁。 基于 BIM，在现行建造技术基础上，充分运用 5G、IoT 和 AI 等当前能用（可用）技术，实施智慧工地等管控措施，推进数字建造工作的同时，运用数字孪生等新兴技术，整合建（构）筑物实体信息，呈现建（构）筑物及其设备、空间等管理者、运维者和民众关注的虚拟场景，提供运维管控的实时数据，推进建（构）筑物及社区公共空间智能（智慧）管控工作，提高管控和使用效率、提升民众生活水平。

社区 CIM，作为连接施工 CIM 和社区建（构）筑物及其公

共设备（空间）等与城市 CIM 的桥梁。基于 BIM 和施工 CIM，进一步结合 5G、IoT 和 AI 等现行有效手段，运用区块链、元宇宙等新兴技术，打造社区设施和公共空间的"无限"（跨界、无边界）组合与优化使用方案，激发民众开启 CIM 功能的智慧，整合社区 CIM 需求。

城市 CIM，作为 CIM 的"终极"载体，是连接城市管理者（使用者）与众多城市（社区）设施和社区 CIM 的桥梁。启动城市 CIM，立足现行城市管理重点或痛点，较好地运用现行 CIM 技术，快速启动、有序推进；借助融合国家政策驱动和社区大众需求的社会（市场）驱动所形成的顶层设计，通过不同层级、不同区域的 CIM 规划，面向发展（未来），持续植入各项（新）技术，逐渐整合公安、交通、社会环境等各项需求及管控措施，助力城市发展、推进数字中国。

三、CIM，营造基于 BIM 的数字建造模式

（一）以 BIM 挖掘 CIM 切入点

BIM，以其三维直观的呈现效果，能较好地将现行已有或未来拟建建（构）筑物实体，城市空间及其设备装备等呈现在管理者、使用者和参与者的眼前；借助 AI 设备（装备），运用虚拟现实（VR）、增强现实（AR）和混合现实（MR）等技术，较好地实现对城市及其建（构）筑物、建筑空间、设备（装备）的管控和使用。

首先，当利用好新建、扩建和改建工程，第一时间运用 BIM 技术辅助推进数字建造工作，营造并挖掘有利于实施 CIM 技术的契机。可能的切入点包括：

★ 城市（社区）规划、勘察、设计工作（比如，规划图、施工图等）及其管控工作（比如，报建、审批等）；

★ 建（构）筑物实体虚拟建造活动，比如，施工组织、深化设计、流程优化、方案模拟、智慧工地、智能建造等；

★融入 5G、IoT、AI 等技术，设置在线健康监测系统，挖掘并实现城市（社区）建造物体的数字孪生；

★基于竣工 BIM，按运维策略（方案）要求"清洗"并植入真实的建（构）筑物及其设备、设施的相关参数；

★基于建（构）筑物设计（建造）功能，运用 BIM 技术模拟其运行工况，优化路径、流程及管控策略；

★基于城市道路、景观、公共空间关联建（构）筑物（比如灯杆、管廊、井盖等），运用 BIM 综合（优化）布设监控设施并提供管控策略需求的各项实时数据。

同时，对于性能良好、无需改造（修缮）和（或）虽然属于改扩建之列但从总体规划考虑暂时还不能改造到该地域的已有城市（社区）设施，亦应同步启动 BIM 化改造工作，挖掘有利于实施 CIM 技术的契机，尤其是配合新建、扩建和改建工程的实施找准（找好）CIM 技术切入点和融合点，包括：

★借助原有竣工图，经实地核查确认后重新创建有利于开展 CIM 工作的 BIM 模型；

★对于关键部位或原竣工图表现不准确处，借助无人机航拍、激光三维扫描等设备，"还原"生成对应的备用 BIM 模型；

★借助已有 GIS、卫星遥感成像成果，进一步经无人机航拍确认，形成精确（备用）BIM 模型。

（二）以 BIM 成就 CIM 需求点

对于绝大多数城市（社区）居民和园区工作人员，作为"非专业人士"，难以直接创建和（或）运用 BIM 模型并找准 CIM 切入点。以 BIM 模型为基础，结合 VR、AR、MR 等技术的综合运用，建立开放 BIM 共享机制，让居民、园区工作人员、运维人员，以及其他相关人员等，有序参与、良性互动，融学习、交流（交友）与娱乐、创新等为一体，就他们的生活和工作需求、创意，尤其是可以经由 CIM 平台有效实施的需求与创意，在模型（平台）上萌发、优化和升华，以形成社区 CIM 素材的聚集地。

面向城市（社区）建（构）筑物及其设备、构件提供商等专业群体开放：

★经由开放的 BIM 平台，实施有针对性的模拟推演，检验和优化所提供物品（构件、设备等）的技术参数，为被集成植入到 CIM 平台的构件、设备及其参数优化奠定基础；

★经由开放的 BIM 平台，演进推动、进一步呈现或释放所提供物品（构件、设备等）的功能、性能，协同更新所在 CIM 平台中的相关参数；

★经由开放的 BIM 平台，结合不断更新和推定设备、装备参数，联合 BIM、CIM 软硬件技术提供商，组建基于改进、提升 CIM 性能和城市（社区）运维效果的虚拟实验室，协同推进 BIM、CIM 软硬件技术性能更新。

同时，面向点多面广的城市（社区）居民和园区工作人员、建（构）筑物运维人员开放：

★经由开放 BIM 平台，在目标人群长期不断地参与和互动中，发挥"机器学习"（AI）优势，汇集目标人群关于城市（社区）管控工作的客观需求，研判 CIM 平台完善与改进、提升方略；

★经由开放 BIM 平台，汇集目标人群以模拟城市（社区）管理者、运维者身份，"经营"（管理）城市（社区）各关注业务，在交互式、沉浸式娱乐中碰撞出"思想火花"，并借助 AI 算法实时、有序推演其可能性和可行性，实时补充、完善、更新到所在 CIM 平台中；

★面向社会大众全面开放，基于 BIM 模型，构建类似"蚂蚁庄园""蚂蚁森林""芭芭农场"之类的"城市花园""城市乐园"等沉浸式互动娱乐空间，让大众在交互式娱乐活动中尝试构建"口袋公园""健身步道""汉语角""国学园"等民众所需"公共空间"，并通过 AI 算法实时抓取合理方案，有序纳入城市（社区）CIM 平台推进实施。

（三）基于 BIM 助力 CIM 落地

BIM 技术，自 2010 年起在我国建设行业等领域普及推广运用以来，已逐步扩展运用面和运用深度，在建设规划、设计、施工（包括工厂制作、现场装配）等环节，都得到了较好的运用。CIM 技术的诞生，将会是 BIM 技术的进一步升华与延续；基于 BIM 技术，结合 5G、IoT、AI、区块链等技术的兴起和日趋成熟，有序融入 VR、AR、MR 和元宇宙等技术，将有利于 CIM 技术快速、有效落地。

★ 依据规划、设计及施工建造活动各阶段完善的 BIM 成果，借助 CIM 平台融合 5G、IoT、GIS、卫星遥感及无人机航拍等技术，实现建造活动（环节）全程监管有序落地；

★ 依据成熟、完整的竣工 BIM 成果，有序植入 CIM 所需的相关实体真实数据，助力依托 CIM 平台实施的运管工作（活动）快速有效落地；

★ 依据真实、直观的 BIM 成果，助力施工 CIM 和社区 CIM 工作（活动）快速有效落地。

结语：
把握主线、瞄准大方向、找准切入点、抓好具体事、做好实际功、建好真实效，以学促用、学以致用、学用结合、全面推进，系统提升 CIM 技术推进运用水平；一条主线、多个维度（管理者维度、使用者维度、受益者维度、技术开发维度、教育咨询维度、流动观览维度等），多方协力、社会驱动，全面推进 CIM 技术助力城市高质量发展。

2　CIM应用城市的区域级示范

石　萌：关于北京城市副中心文化旅游区的CIM应用研究

一、总述

党的二十大胜利召开，开启了中国式现代化的新征程，也标志着中国进入了新的高质量发展阶段。在新的发展阶段，城市的可持续发展与经济的高质量发展也遇到了前所未有的挑战。借助数字化手段实现城市治理与社会治理的现代化逐渐成为城市发展的必选项，而CIM（城市信息模型）融合了BIM、三维GIS、物联网（IoT）、云计算、大数据、人工智能等先进数字技术，无疑成为助规划、统建设、促管理，推进城市建设数字化转型发展，实现城市数字孪生精细化管理的必要手段。近年来，业界一直在围绕CIM相关技术的理论、标准和技术指南不断地研究和拓展，北京建工集团也一直致力于CIM相关的技术研发并付诸实践，最终在北京城市副中心文化旅游区（以下简称"文旅区"）试点应用并取得了一定的成果。

二、项目背景

《北京城市副中心推进数字经济标杆城市建设行动方案（2022—2024年）》要求面向智慧城市重点领域，打破体制机制壁垒，聚焦重点区域，率先落地数字孪生城市示范项目，探索创新领域场景示范标杆。文旅区作为副中心文化旅游功能的重要承载地，既有旧城的更新改造，又有以环球度假区为引领的高端文旅商体融合发展的新城建设。在新城、旧城协同建设和管理的背景下，也要求借助智能化手段，实时感知城市运行态势，及时发现新旧城融合过程中的风险问题，提升城市管理效能。北京建工集团作为文旅区市政基础设施的建设主体，自2016年开始在文旅区管廊、道路、桥梁等工程建设中全面运用BIM技术，为文旅区CIM建设打下了坚实基础。2022年，北京建工集团又通过旗下建元未来城市投资发展有限公司（以下简称"建元未来公司"），以自研CIM应用平台为基础，通过公司化运作，获得北京市国资委、通州经信局支持，结合属地政府对城市便捷、准确、智能的管理服务要求，开展了文旅区城市精细化管理数字孪生项目建设，并成功在文旅区形成了区域级的"一网统管"试点应用。

文旅区位于北京城市副中心西南部，是副中心构建"一带、一轴、多组团"空间结构的重要组成部分，北邻通州老城区，南接台湖演艺小镇，东望张家湾古镇和设计小镇，行政隶属于通州区文景街道，占地面积约12km^2，是副中心文化旅游功能的重要承载地。文旅区区位图见图1。

目前文旅区内已建成项目包括文旅区基础设施、环球影城一期、启梦苑等约11个既有项目，新建项目包括首旅总部大厦、国际人才社区、通马路综合交通枢纽、张家湾车辆段、环球影城北综合交通枢纽等。为了与CIM无缝衔接，参照《建筑信息模型设计交付标准》GB/T 51301—2018，对文旅区市政基础设施的BIM交付提出了《通州文化旅游区市政基础设施建设项目BIM建模标准》和《通州文化旅游区市政基础设施建设项目BIM应用导则》，对模型几何精度和信息深度提出了不同建造阶段的具体要求，所有信息可无损转换应用到CIM中。文旅区CIM基础平台的底座目前采用开源引擎，下一步将依托行业在基础图形引擎方面的整体突破，计划在2025年实现全面自主可控。此外，在文旅区CIM平台的建设过程中，已接入了文旅区综合管廊监控报警平台、地下空间智慧运营平台和智慧园区综合管理平台，下一步将与通州"雪亮工程"、副中心规建管平台、通州区政务云等区级监管平台对接，为CIM+

应用提供了丰富的数据支撑。

图 1　文旅区区位图

三、项目内容

城市信息模型（CIM）的主流定义不难看出，CIM 是 GIS 与 BIM 的融合，外接传感器的包容性概念。文旅区 CIM 平台建设内容包括 1 个 CIM 数据资源中心、1 个 CIM 基础平台和 N 个 CIM+ 示范应用，面向政府、市民、游客，围绕文旅区韧性城市建设，目标实现城市规建"一体通察"、城市运行"一网统管"、产业经济"一数通产"、民生服务"一区智享"，助力打造文旅区产城融合新典范。

（一）CIM 数据资源中心

CIM 平台数据建设要求至少包括时空基础、资源调查、规划管控、工程建设项目、物联感知和公共专题等类别的 CIM 数据资源体系。根据文旅区实际，建元未来公司采集、加工、生产、接入了文旅区基础地理信息、三维模型和业务数据共约 4800 多万条。其中，通过在建工程的竣工 BIM 数字化移交和既有建筑的实景航拍、激光点云数字化恢复相结合，制作三维模型近 30 万个；通过与通州区政务云、区交通支队、综合管廊监控中心、城市部件智能化设备之间的接口，实时获取城市运行的物联感知数据，最终构建了文旅区 CIM1 ~ CIM7，多层次、多尺度、多粒度的三维可视化场景，实现了文旅区物理空间与数字空间的精准映射。

（二）CIM 基础平台

根据住房和城乡建设部发布的《城市信息模型基础平台技术标准》CJJ/T 315—2022，CIM 基础平台必须提供汇聚建筑信息模型和其他三维模型的能力，应具备模拟仿真建筑单体到社区和城市的能力。文旅区 CIM 基础平台主要实现了数据汇聚与管理、场景搭建、模型渲染与可视化、数据共享与交换、空间分析与模拟推演、运行与服务、开发接口等功能，支持地上地下、室内室外、动态静态数据一体化展示和配置。平台现已具备 10 大类共 257 个接口，全面覆盖"一网统管"核心应用，可灵活复制到不同空间尺度的区域级、城市级应用场景中。采用微服务的方式，可用于支撑城市建设、城市管理、城市体检、城市安全、社区管理、医疗卫生、应急指挥等领域的二次开发应用，并促进城市运管服各条线数据在 CIM 平台上的集聚、融合和综合应用，以显著提升数据资源的社会价值。

（三）CIM+ 示范应用

建元未来公司基于 CIM 基础平台搭建了文旅区 CIM+ 应用体系，以区域内的国内在役里程最长、结构最复杂的片区级地下综合管廊为切入点，结合韧性智慧城市建设体系，目前已开展城市生命线、文旅、城管、交通、智能建造、城市景观六个领域的示范应用建设，具体建设情况见本文第五节。

四、主要做法

建元未来公司作为文旅区的运营管理主体，同时也是北京建工集团实现产业数字化的核心平台。因此，建元未来公司既要站在建筑全产业链、全生命周期的广度上实施产业数字化，又要兼顾区域级政府在城市精细化管理工作中的深度需求，充分运用新技术、新产品形成独特的城市综合服务平台，打造出可复制的、区域型的城市管理模式和商业模式。最终充分结合建筑业的优势，同步推动城市全生命周期、全过程的数字孪生，具体做法如下。

（一）聚焦"新城建"，打造城市空间智能操作系统

在"网、图、云、码、感、库、算"与大数据平台"七通一平"数字城市底座之上，建元未来公司以数据中台和能力中台为双引擎构建 CIM 基础平台，作为数字孪生城市运行的空间操作系统和智能仿真工具，为 CIM+ 示范应用提供底图统一、底数一致的数据管理和服务支撑，同时，各类应用的数据结果又提炼整合至 CIM 基础平台，利用大数据及 AI，促进 CIM 基础平台的迭代进化，将整个 CIM 平台作为新型智慧城市汇聚数据、统筹运营的创新载体，实现城市全维度信息联动、业务协同、智能推演和辅助决策。

（二）推进"一网统管"，打通城市综合治理"最后一公里"

CIM 平台为文旅区数字公共基础设施建设提供有力支撑，是推动构筑城市全周期管理、实现城市精细化管理的重要抓手。基于 CIM 平台建设跨部门、多层级"一网统管"城市综合治理应用体系，以城市事件为牵引，统筹管理网格，统一城市运行事项清单，构建"横到边、纵到底"的城市综合运行管理服务平台；围绕"市—区—街镇"的三级城市治理体系，做好文旅区"小循环"，促进基

层政府智慧履职，深化数据赋能基层治理，打造能感知、会思考、可进化、有温度的一网统管新模式，同时做好上下联动，打通城市综合治理"最后一公里"。

（三）应对"卡脖子"，突破自主引擎保障数据安全

建元未来公司在文旅区 CIM 平台建设过程中，始终坚持自主研发，重视数据安全。CIM 平台中的 GIS、IoT 组件和其服务端运行的操作系统、数据库环境均采用国产自主可控产品，但图形渲染部分暂采用开源引擎，下一步将依托行业在基础图形引擎方面的整体突破，联合科研院所，在 BIM 应用平台的自主图形文件格式、纹理格式，以及场景管理和渲染功能方面进行攻关，同时，伴随文旅区建设与城市更新进程，在重大工程项目中逐步应用自主引擎，以共性需求为驱动，持续推动基础图形平台技术的迭代与验证，基于自主引擎构建全信创环境下的行业数字化应用平台，助力推动解决建筑领域"卡脖子"问题。

（四）催动"数字蝶变"，加快数字经济示范场景建设

后疫情时代，文旅区城市建设发展将按下加速键，CIM 平台建设按照"统一规划、统一设计、统一建设、统一运维"的原则，将加快全域数据整合、职能整合和资源整合，形成面向未来的城市大脑一体化发展环境，将全生命周期管理意识融入城市建设管理的方方面面，继续挖潜文旅、交通、产业招商、社会治理领域的数字经济示范场景，同时推动城市更新、"双碳"、元宇宙等在文旅区的"CIM+应用"落地，促进城市效能和治理能力提升，进而开展城市大脑街区应用试点，围绕数字经济赋能高水平发展。

（五）发展"新业态"，助力构建"数字基建—数字交易—数字平台—数字场景"

通州文旅区文化旅游管理局已正式委托建元未来公司负责文

旅区城市运营相关工作，开启 CIM+ 城市管家的线上线下、智慧协同运营新模式。未来，建元未来公司将以文旅区 CIM 平台为基础，继续推动新技术的集成与创新应用，开展数字化标准体系研究，夯实城市数字底座；同时，营造共建共享生态，加快场景开放，以数据治理和数据流动为核心，通过提供统一开放的服务架构体系，打造北京市"文旅数据专区"标杆，探索通过政府数据与不同行业数据聚合，经由专区的企业化运营，为市民、企业、政府各类主体的科创、文创提供服务和数据支撑。

五、典型应用

（一）CIM+ 城市生命线

基于 CIM 基础平台对文旅区综合管廊、地下管网、井盖、消防栓、桥梁、路灯、垃圾箱等城市部件进行多要素动态感知与智能监测。对国内片区里程最长、结构最复杂的文旅区地下综合管廊，采用 BIM+ 激光点云构建国内第一个毫米级管廊数字孪生体，集成管廊监控报警与巡更维检数据，实现管廊运行体征快速研判和一屏展现；通过在线监测直埋管网设施的温压流、液位、可燃气浓度及移位、开盖、倾斜等状态，对可能发生的泄漏、位移等进行报警，为管网安全监管提供一手数据；通过接入桥梁关键截面的应力、位移、倾角等监测参数，辅助对超载、结构异常进行分析预警；对接智慧路灯和智能垃圾桶系统，实现对照明开关、垃圾满溢度、耗电、故障等所见即所得的监控报警。从而基于 CIM 的态势感知、监测预警、图上调度和智能分析，实现城市生命线风险的及时感知、早期预警和高效应对。

（二）CIM+ 智慧文旅

建元未来公司紧密结合环球主题乐园和封闭景区的业务特点，通过对旅游大数据分析，基于 CIM 基础平台融合游客入园情况、游客画像、气象总览、交通态势、游客热力图、热点关注及传播趋势，根据舆情事件分析系统，提前想游客之所想、忧游客之所忧。平台通过对景区的运营情况分析，反映游客流量在不同景区、不同时段的差异，提供"事前预测预警""事中引导分流""事后精准营销"，实现园内人、场、物的高效管理和游客智慧化服务体验。

此外，还以大运河文化带建设为契机，结合CIM+5G、+XR技术，推进线上线下融合、面向公众服务的文博展览与在线剧院运营、服务的新模式和新场景，打破时空局限，打造高品质文旅"金名片"。

（三）CIM+ 智慧城管

围绕"看全面、管到位、防在前"的核心目标，基于CIM基础平台构建城市全要素管理一张图，利用视频AI对占道经营、乱堆物料、暴露垃圾、车辆违停、人脸车辆布控等事件进行智能巡查预警，自动解析事件类别，分级、分类关联责任单位或责任人。同时，基于CIM基础平台构建指挥调度一张图，直观展现城市管理人员、装备、岗位等要素分布，打通不同事件的指挥处置流程，精准指导相关人员抵达现场、联合处置、跟踪反馈。一年多来共计收到交通事件预警、公共安全事件预警20多万次，城管事件近4000起；协助识别黄牛倒票等行为，最终抓获嫌疑人；协助识别违法施工、违法渣土车等行为，及时进行追查问责；协助街道追踪渣土车和泔水车；协助公安部门提供20余次案件线索；协助民警办理电动车盗窃、寻衅滋事、破坏公共设施、追踪违法可疑车辆等案件，为文旅区城市管理工作提供了有力支撑。

（四）CIM+ 智慧交通

依托文旅区路网CIM模型，平台实现公路、高速、轨道交通等交通系统的多模态监测数据一体化融合处理及虚拟现实交互。针对辖区重点道路和片区进行交通运行多维度指标分析，结合车流起止（OD）分析、道路分析、车流检测、三急一速等交通感知信息，以三维可视化方式对交通需求、运行状态及拥堵成因直观、动态展示，并可分享地图链接将道路交通情况发布到诱导屏，为司乘提供最优路线选择。建设全息路口，通过前端的电警、雷达、边缘计算单元等设备，准确感知路口时空数据，对 40 多种交通业务数据进行评价，辅助交通优化。此外，还将路口的分镜头监控视频实时融合到三维场景中，实现对路口全景立体监控，便于交管人员及时指挥交通和处置突发事件。

（五）CIM+ 智能建造

针对文旅区市政工程空间分布点多、线长、面广的特点，汇聚工程项目各阶段的 BIM 模型，构建基于 CIM 的工程监管一张图，将施工过程中的生产要素数字化、管理活动可视化。通过与项目级智慧工地系统互联协同，将工程基本信息、"双随机"检查、劳务实名制、扬尘噪声、起重机械、形象进度等要素全面呈现、落图监管；利用 CIM+ 装配式管理、CIM+ 建筑机器人数字孪生等技术手段，提高施工的效率和质量，同时减少建筑垃圾，降低了碳排放；接入重点项目监测报警数据，实时掌握危大工程的位置区域和风险等级，对项目现场安全状况实现无死角管控；从而助力高标准、高质量地完成环球影城开园任务目标，创造了施工单位协同作战的典范。

（六）CIM+ 城市景观

基于市政设施的竣工数字化交付成果，利用建养应急一体化技术，开展楼宇建筑、道路景观的数字化养护与智慧化管理，将数据与管养业务紧密结合，构建一套持续不断把数据变成资产并服务于管养业务的机制，形成真正的数据资产，为文旅区市政基础设施综合治理赋能。此外，将城市家具设计融入 CIM 构建的城市整体公共空间中，基于 CIM 平台提供方案比选和指标核算，并探索公众参与途径与设计众包模式，有利于展现城市风貌，传承地域文脉，增强城市核心竞争力，带着温度提供最契合居民的融入感和幸福感。

六、下一步计划

未来计划基于 CIM 平台进一步加强对文旅区城市基础设施运行态势的实时感知，建立以城市人口精准服务管理、城市安全智能保障等内容为重点的韧性城市智能管理体系，构筑文旅区"空、天、地、室一体化"城市安全生命线，将不确定性风险的应对和解决作为城市治理的常态化工作，由被动处理转变为主动治理，由接诉即办升级为未诉先办。

同时，借助 CIM 平台打通智慧城市基础设施数据，地上为城市部件多要素智能监测、智能网联汽车提供开放场景，地下依托全域覆盖的地下综合管廊，为巡检机器人、清扫机器人、管线内检机器人、物流机器人等各类智能装备，以及国产工控系统核心部件在复杂环境下的可靠性验证充当产品测试场、产业孵化器，形成全空间软硬一体的无人装备与物联感知技术研究和产品综合试验区，牵引产业生态的落地。继续以文旅区 CIM 平台为基础，开展韧性智慧城市数字化标准体系研究，力争将文旅区打造为北京城市副中心韧性智慧城市的先行示范区，以 CIM 平台的可持续、协同性、智慧化建设运营带动文旅区数字经济产业集聚，为打造北京城市副中心"空、天、地、室一体化"数字经济新标杆筑根强基。

（参与本报告研究的还有建元未来城市投资发展有限公司 李鸣、朱静）

王广斌：雄安新区 CIM 建设平台创新与实践

随着建筑产业的数字化转型，GIS 和 BIM 等空间建模技术越来越多地探索集成应用、融合应用的道路。在此背景下，城市的建设发展模式也在发生巨大变化，城市信息化发展正在向更高阶段的数字化和智能化攀升。世界上一些国家和城市已经开始了数字城市和智慧城市的规划建设与实践应用，通过数字化平台建设实现数据集成，支撑丰富应用场景开发。目前大部分国家的数字城市建设是在旧有城市的更新改造基础上进行，其建设规模、实施范围及应用深度处于初步探索阶段。我国雄安新区的数字城市建设从零开始"平原建城"，创新实践 BIM+CIM 技术，在数字城市建设领域作出了创新探索。

区域规划方面，雄安新区形成了"一主、五辅、多节点"的新区城乡空间布局（图1）。"一主"即起步区，选择容城、安新两县交界区域作为起步区，是新区的主城区，按组团式布局，先行启动建设。"五辅"即雄县、容城、安新县城及寨里、昝岗五个外围组团。"多节点"即若干特色小城镇和美丽乡村，实行分类特色发展，划定特色小城镇开发边界。

项目建设方面，雄安新区的 CIM 试点项目是通过开展雄安新区规划建设 BIM 管理平台、相关标准体系以及制度的建设来实现。雄安新区规划建设 BIM 管理平台建设内容包括一个平台、一套标准。一个平台是指雄安新区规划建设 BIM 管理平台（以下简称"BIM 平台"），BIM 平台是新区开展工程建设项目模型审查的法定技术支撑平台。据统计，2020 年在新区 BIM 平台审查通过并获得体检单的项目共 291 个（含 BIM3、BIM4），其中 BIM3

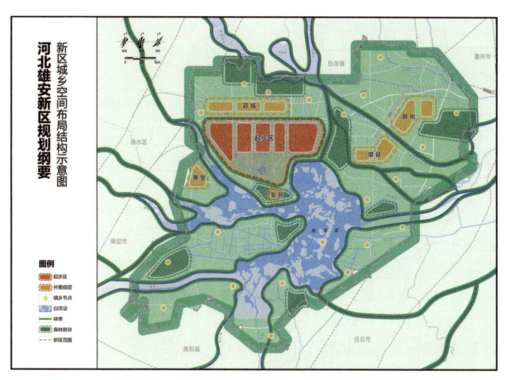

图 1　雄安新区城乡空间布局结构示意图

阶段共审查 172 个项目，BIM4 阶段共审查 119 个项目，如表 1 所示。

2020 年不同阶段各专业体检单数统计表（单位：个）　表 1

阶段	一般房屋建筑	市政建筑	市政管线专业类型	市政道路	区域交通	合计
BIM3	55	22	72	19	4	172
BIM4	50	11	42	12	4	119

业务组织架构方面，新区按照"精简、高效、统一"的原则，实行"大部门制、扁平化、聘任制"，科学设置管理机构。中共河北雄安新区工作委员会、雄安新区管理委员会下设 7 个委办局。其中，规划建设局整合了传统政府机构设置中规划和自然资源、住房和城乡建设、交通运输、林业和水利等管理部门的职能，实行一个部门主管城市规划、建设的大部门制，转变政府职能，建

设运行高效的新时代服务型政府。平台从"编、审、施、评"四个方面,构建"规、建、管"全流程业务支撑框架,以期实现"规、建、管"的智能化、一体化。

设立河北雄安新区,是以习近平同志为核心的党中央深入推进京津冀协同发展作出的一项重大决策部署,是继深圳经济特区和上海浦东新区之后又一具有全国意义的新区,是国家大事、千年大计。在党中央、国务院关于高起点规划、高标准建设雄安新区的总体要求下,雄安新区作为贯彻落实新发展理念的创新发展示范区,以"数字城市与现实城市同步规划、同步建设"作为目标指引,开展了全周期智能城市规划建设平台的建设工作。历经两年,雄安新区形成了"一套制度、一套标准、一个平台"的成果体系。平台建设过程中,在理念创新、流程优化、制度建设、标准制定和能力培养方面做出了重要探索,为BIM+CIM技术的创新实践提供了试点示范。

一、平台理念和体制创新

雄安新区从零开始"平原建城",具有实践创新理念得天独厚的条件。新区建设遵循城市生长规律,在数字孪生的基础上创新性地提出全周期生长记录、全时空数据融合、全要素规则贯通和全过程治理开放的创新理念。

(一)全周期生长记录

其中全周期生长记录以BIM0 ~ BIM5数字雄安六阶段理念为基础,提出城市空间信息模型的循环迭代体系。该套体系以建设项目审批作为切入点,按照城市发展六阶段,开展新区全生命周期发展和项目审批全流程的数字化管理,以六个BIM构建闭合流程,记录雄安的过去、现在与未来,实现实体和数字城市孪生同步建设、自我生长。"现状评估(BIM0)—总体规划(BIM1)—控详规划（BIM2）—方案设计（BIM3）—施工监管（BIM4）—竣工验收（BIM5）"对应划分六大类城市信息数据，与现实城市孪生发展，全面梳理雄安新区建设发展过程中所有空间数据资源，伴随建设项目和城市的发展完成迭代，并依照新区的规划和建设成果保持数据资源目录体系的动态更新。数字雄安全生命周期如图2所示。

图2 数字雄安全生命周期

（二）全时空数据融合

全时空数据融合指的是以空间为坐标，构建统一空间单元和统一空间编码，将其作为城市数据交换、共享和融合的基本身份标识号（ID），映射城市实体空间与数字空间的对应关系。全时空数据覆盖"城市—组团—社区—邻里—街坊—街块—地块—建筑—构件"不同空间粒度，并以"位置—单元—属性"将不同层次、不同维度、不同粒度的数据进行融合后协调处理，从时空维度对城市进行全方位、全生命周期的数字化描述。

通过全时空数据融合，可建立贯穿雄安新区过去—现在—未来、整合地上—地表—地下的全时空数字资产管理体系。通过城市生长过程的全息信息整合技术的突破，实现GIS基础地理底层平台上 BIM 和 IoT 等多源异构数据的融合；通过以政府管控为导向的全专业统一数据转换格式的建立，引导各行业从独立分割走向融合贯通，推动数字城市全时空要素的汇聚和管理。

（三）全要素规则贯通

全要素规则贯通指的是以算法为动力，协同规划、市政、建筑、道桥、园林及地质等多领域，全面梳理行业知识图谱、技术应用、发展趋势等内容。以数字化技术为桥梁，整合地质勘测、自然地理、市政交通、城市规划、建筑设计、施工建造及运营管理等类型数据和信息，构建覆盖审查—监测—评估—预警等多种需求的指标体系，整合打通六大阶段各专业的指标计算关系，统一管控、统一标准，打破"规建管"六个阶段中不同行业、规则边界，探索形成一套多需求、跨专业、标准化的管控规则、指标体系和审核机制，实现对空间用途和建设管理的精准管控，如图3所示。

图3 全要素规则贯通示意图

（四）全过程治理开放

全过程治理开放指的是以平台为媒介，推动政府、市场和公众角色创新，实现从管理到决策全过程创新开放，开创中国城市治理新模式。推动更加开放的管理，以可查询、可追溯、全透明为目标，建立城市空间数据和空间治理档案；推动更加开放的设计，通过在线开放众规的数据底板、设计条件和工具箱，聚集全球设计力量随时随地为雄安建设献计献策；促进更加开放的决策，通过刚性指标审查实现政府管理，通过弹性指标指引实现开放创新，通过多方案比选实现市场自由选择，以城市决策的多维化促进城市空间的多样化。

二、平台系统和功能架构

为配套实现新区 BIM0 ~ BIM5 城市发展六阶段理念，实现规划、建设、管理全流程数据资源管理和利用，新区建设了作为数字孪生城市载体的全周期智能城市规划建设平台，通过完整的平台系统架构设计和集成功能应用，让数据发挥价值、让城市更加智慧。

平台建设了"五横两纵"的系统架构，"五横"为建设平台基础层、数据支撑层、空间数据资源管理层、业务应用层和门户层，其中基础层，对照国家《保密法》、数据安全分类分级实施指南等法律法规文件，梳理工程建设项目中所涉及的国家秘密、密级范围的有关规定，确定 BIM0 ~ BIM5 数据的安全等级保护定级方法；数据支撑层存储雄安新区数字城市 BIM0 ~ BIM5 各阶段的空间数据，是数据资源管理层的最主要数据来源；空间数据资源管理层分为政务外网的空间数据资源管理系统、涉密网的涉密区数据资源管理系统。通过空间编码标识体系、存储服务引擎、核心数据仓库搭建数据资源底座，以空间编码服务、数据读写服务、元数据服务、数据共享服务及数据目录服务等实现空间数据的统一建模、统一搜索；业务应用层分为三个应用群，互联网+政务服务应用群、业务管理应用群、创新应用群。五层次自下向上提供城市生长全生命周期的综合服务。"两纵"分别为标准规范及政策体系、信息安全及运维体系，标准规范及政策体系包括 XDB 数据格式标准，地质、规划、市政和建筑等专业的成果入库技术标准以及信息挂载手册；信息安全及运维体系实现对系统日常运行的维护和监控，贯穿系统整体结构中的各个层次，"两纵"用以保障标准规范、安全管理、运维管理等阶段全过程的质量。平台总体架构如图 4 所示。

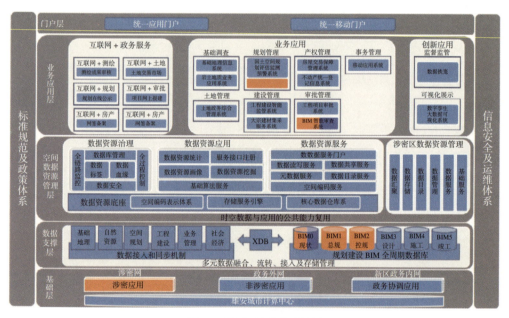

图 4　平台总体架构图

在"五横两纵"的系统架构框架内，平台建设了各专业应用模块，将各数据应用进行整合，在多专业、多技术领域的复杂情况下，通过标准体系制订的统一数据格式及城市级别三维模型技术，实现城市全局信息的可视化展示、计算、分析、预警、体检以及辅助决策等集成功能，确保平台能支撑多线程并发的部门协同、专家评审以及公众参与的规划、建设、审批和管理等活动。

三、平台标准与制度建设

完善健全的标准体系和制度体系是平台管控落实的重要保障。在雄安新区智能城市规划建设平台总体规划以及实施规划的指导下，为支撑规划建设平台应用功能的实现，保障新区工程项目的建设落地和运维管理，新区定制了平台的标准体系。平台标准体系的建立有助于打通不同行业、不同阶段规则间的传递，并进一步实现精准管控。该套标准体系包括 XDB 数据标准、BIM0 ~ BIM5 阶段各专业的成果入库标准以及信息挂载手册。XDB 数据标准在全时空数据融合这一城市规划建设管理理念的指导下进行编制，打破不同专业、软件数据的交互壁垒，打通项目全生命周期各阶段应用，实现对雄安新区进行全方位、全生命周期的数字化描述。成果入库标准以及信息挂载手册的制定体现了全要素规则贯通这一城市规划建设管理理念，其根据"规、建、管"指标体系解译相应的模型数据和属性信息形成相应的数据交付要求，实现各类数据建设的统一性、规范性和标准性，实现 BIM0 ~ BIM5 各环节无缝衔接；为加强 BIM 数据管理的规范性及使用的安全性，支撑新区工程建设项目审批制度改革落地实施与深化，建立起一套包括 BIM 数据管理制度、数据安全保障制度、"一会三函"项目审批制度等的制度体系。平台标准与制度建设环境如图 5 所示。

在设计、建造、运维等阶段采用 BIM 技术的应用软件种类繁多，不同软件有各自的存储方式，即便有 Industry Foundation Classes（工业基础类，简称 IFC）等数据标准实现不同软件间的数据传递，数据交互仍面临着数据损失，数据可用性较差，以及难以兼容不同数据版本等问题。此外，雄安新区规划建设 BIM 管理平台融合了庞大的多规数据，涵盖了不同专业 BIM0 ~ BIM5 各环节的数据，更需要摆脱 BIM 数据对 BIM 软件的严重依赖，为今后 BIM 数据的开发应用留出空间。因此，雄安新区规划建设 BIM 管理平

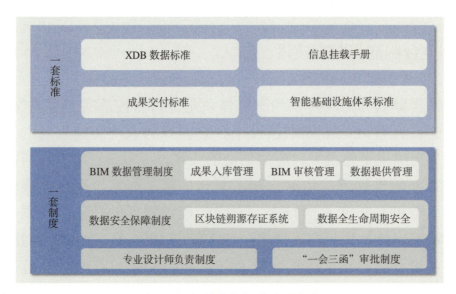

图 5　平台制度与标准建设框架

台以公开数据格式（XDB）数据库作为数据格式转换工具，编制了 XDB 数据标准用以统一不同软件数据格式，对接各专业数据内容与交付标准。XDB 数据库以政府管控指标数据为导向定义 BIM 数据，将 BIM 数据的度量衡单位、坐标体系与高程的格式标准化，可以确保后续应用中对 BIM 数据的无损读取，支持各专业指标数据的交换流转，并满足不同阶段中的数据应用，使得 BIM 成果能够在规划、设计、施工过程中渐次流转和传递，保障规划蓝图由控详规、城市设计、城市建筑风貌设计、建筑单体设计到施工设计全链条的连续性与完整性。XDB 数据标准作为平台全生命周期数据的统一格式标准，基于 XDB 数据库进行数据格式转换，对接各专业内容和不同业务应用场景，并提供配套的公共数据融合流转体系，承上启下地促进了各专业建模数据的统一性、挂载手册信息的规范性，统一平台接收上报模型数据的数据格式、数据结构和数据服务，有效降低平台处理数据的复杂程度，实现平台 BIM0 ～ BIM5 各阶段数据的全流程打通。

雄安新区规划建设 BIM 管理平台通过将管控指标解译到模型数据及属性信息中，并结合空间规划和工程设计实现程度，编制了各阶段、各专业的成果入库标准，其中BIM0阶段主要包括地质专业，BIM1~BIM2阶段主要包括规划专业，BIM3~BIM5阶段主要包括建筑、市政、园林、湿地、林业、水利和交通等专业，该标准对各阶段、各专业交付成果的命名规则、属性字段、表达深度和交付要求等方面进行了统一规范。成果入库标准的制定有助于规范雄安新区规划建设项目成果编制和交付，确保规划、设计、施工、运维和管理数据的互通和共享，有助于加快推进雄安新区数字化、智能化城市规划建设。成果入库标准以及信息挂载手册的制定能够切实指导设计人员提高建模效率和模型质量，确保全要素规则从规划到建设的贯通；智能基础设施体系标准对智能基础设施的建设和感知数据汇集进行了统筹规划。指标体系的研发和一系列标准的编制为实现各类数据建设的系统性、规范性和标准性，以及BIM0~BIM5各环节的无缝衔接提供了关键支撑。

BIM数据管理制度方面，为加强BIM平台的数据成果管理法定性、服务提供规范性，确保项目审核有规可依，实现公平、公正、公开、透明，雄安新区建立了一系列BIM数据管理制度，从成果入库、数据共享、模型审核等方面，为数据的输入、输出、使用流转全过程提供统一标准和制度保障。

成果入库管理制度。平台数据的真实可靠是城市线上线下同步发展和平台良好运行的基础。雄安新区制定了统一的交付标准，提出规划、建筑、地质、市政和园林等各专业成果的交付数据要求，并形成指导手册，指导设计建模的模型信息挂载。为确保这些要求充分落地，对数据的输入过程进行流程把控，需要建立完善的成果入库工作机制和管理制度。雄安新区制定了《规划成果入库管理办法》等数据管理办法，管理依据标准进行成果审查的工作。该管理办法明确了成果技术审查、质量审核的程序和要求，增强了成果审查的规范性，确保平台中规划成果内容的法定性和其他专业成果的真实性。

数据提供管理制度。平台集成的各阶段BIM成果可为后续阶段的设计工作提供条件，如地理信息是规划工作的基础，规划成果可作为规划条件提供给设计师，建筑、市政等专业的成果可作为智能基础设施布设点位设计的重要参考。城市中的各要素齐备后，也可以为交通、经济、人口等领域的应用分析提供大数据基础。数据提供管理制度主要用于规范各阶段 BIM 成果数据的输出过程，提升数据提供服务效率。

BIM 审核管理制度。保障 BIM 成果审核效果不仅需要从审批角度完善技术和流程，提高科学性、准确性，也应通过一定的制度公开机制，消除信息不对称，形成对规则的统一认知，接受公众监督，达到有效管控、降低风险的目的。为此，雄安新区制定了《雄安新区工程建设项目 BIM 审核管理细则》等相关管理规定，包括明确对建筑高度、建筑面积、容积率和场地标高等 BIM 审批要素点的定义，以及建立统一的计算规则。

数据安全方面，为了实现雄安新区数据"可管、可控、可信"的目标，构建面向不同行业、领域的数据安全基础支撑体系，创造安全的网络空间环境，雄安新区出台了《数据安全导则》，用于指导数据提供方、数据平台运营方、数据使用方和数据监管方的数据安全建设。从总体策略、建设要求、技术要求和通用要求等层面，对包括规划建设 BIM 管理平台在内的雄安新区党政机关和其他相关社会组织信息系统的数据安全保护和建设与发展提出了基本要求，为雄安新区城市全生命周期数据安全提供保障。数据安全保障制度针对规建局 SM 网和政务外网 BIM 平台数据跨网交换场景下的数据可信溯源，审批过程存证和报件存证需求，研究筹划、加速推进区块链溯源存证系统的建设，基于区块链不可篡改、分布式存储、一致性总账等特点，实现数据跨网交换过程中的审批过程和报件可信存证、数据可信跨网溯源、身份标识可信同步等。

四、人员能力培养与平台持续改进机制

与平台建设同步进行的是平台用户群体能力的培养与评估。平

台直接改变了工程建设项目的审批方式，因此需要对相关人员等进行持续的教育培训，使其适应新的管理模式。新区正在探索建立长效的培训与轮训考核机制，促进形成平台相关资质认证体系，实现报建人员持证报建、建模人员持证建模、审图人员持证审图的技术人员和管理人员资质认证。通过训考平台的培训、考核和认证的能力培养体系，可以促进平台建模人员、报建人员、审图人员和管理人员业务能力和BIM技术能力的提升，训考支撑体系总体框架如图6所示。

图6　训考支撑体系总体框架

雄安新区规划建设BIM管理平台涉及BIM0～BIM5全流程贯通、十余个专业融合、几十类用户覆盖，是复杂的系统工程。为充分发挥平台价值，需针对平台各类用户制订相应的培养机制。平台能力培养重点在于培养用户的各项能力。平台用户多达几十类，既涵盖雄安新区各业务委办局的领导、业务管理人员和业务人员等各类政府人员，又包括规划编制单位、建设单位、设计单位和施工单位等其他参与人员。平台需要为这些用户提供业务管理类、技术类、规范类和操作类等培训，使不同用户熟悉平台的设计思想、业务流程以及具体的操作，并帮助维护人员熟悉系统软件、系统应用子系统的日常维护、监控管理等工作。

　　为进一步推进 BIM 平台应用，优化平台全生命周期管理流程，新区深入分析 BIM 管理平台的创新、完善需求，细化 BIM 管理平台的发展路径和阶段性任务。雄安新区委托第三方机构同济大学进行了基于 BIM+CIM 技术的数字城市系列研究。第一阶段，通过国际 14 个审批平台对标比较，提出雄安新区 BIM 审批平台发展策略，指出平台在数据赋能、政策制度、能力培养等方面的建设需求；第二阶段通过构建一套涵盖平台建设、技术应用、宏观环境的评价体系，对建设单位、设计单位、施工单位的 BIM 应用能力进行定期评价，以推动新区建筑业企业 BIM 应用水平的提升。雄安新区 BIM 应用评价体系以数字孪生目标为指引，基于国际上的经典 BIM 评价模型，提出战略（Strategy）、应用（Implementation）、技术（Technology）、人员（Talent）和绩效（Performance）五个领域的 BIM 成熟度评估指标，构建 SITTP 评价模型，作为进行雄安新区 BIM 应用区域层面、企业层面 BIM 应用评价的基本框架。其中，区域层面 BIM 应用评价也是 BIM 应用评价走向 CIM 应用评价的重要路径，具有一定的过渡性质。随着 GIS、BIM、IoT 的深度融合和 CIM 应用的进一步落地，CIM 应用评价将成为下一个具有战略意义的研究内容，以进一步探索促进城市 BIM+CIM 应用发展的新思路、新模式；第三阶段基于雄安新区 BIM 应用评价结果反馈，平台在政策环境和能力培养方面存在提升空间及改进需求。通过研究新加坡、英国、北欧等国外成熟政策体系，结合国内试点城市建设经验，对标新区建设特点进行针对性政策制度体系搭建。其次研究与工程建设管理数字化相适应的从业人员知识能力模型，逐步提高从业人员的能力水平。通过对政策制度环境和人员知识能力的系统研究，形成平台提质增效发展策略及实施路径，为平台高效运行营造良好环境。

五、CIM 建设平台技术创新

雄安新区智能城市规划建设管理平台应用技术创新实现数字城市与现实城市同步规划、同步建设的发展模式，以信息化促进城市治理模式更新。平台在建设过程中需要处理应对海量数据的存储、展示、接入和查询。与二维规划不同，平台还需要处理大量三维模型数据以及大体量的时空大数据，如何处理应对来自不同专业、不同领域、不同格式的多源数据，是平台建设中需要解决的问题。针对这一业务需求，平台不断地进行技术能力的创新发展，运用基于云计算的海量数据处理与分布式存储技术，融合 GIS+BIM 的空间图形处理技术，整合专家智能与人工智能的辅助决策技术、数据安全保障技术、时空大数据技术、BIM 数据资源管理技术和云计算技术等众多新技术。

新一代三维技术。平台需处理大量三维模型数据，城市三维模型数据内容包括房屋、道路、人行天桥、公园和绿地等重要地物要素。新一代三维技术是指平台创新性采用的三维新型技术，包括全空间表达的三维数据模型、虚拟动态单体化技术、符号化三维建模技术、高性能三维 GIS 技术等，以实现平台对于三维模型的展示、计算和分析。

云计算技术创新应用。雄安新区边云超分布式协同计算整个系统规划为"一超、两中、多边缘"的部署模式（图 7）。"一超"指的是"超算中心"，通过高速光网络与"中国科技云"互联，形成"雄安+衡水"两地布局、"雄安+衡水+北京"三地互联的超算云，全面连接创新要素，为雄安新区、衡水市、河北省发展提供先进计算支撑。"两中"是指雄安新区边云超城市计算体系中"中心云"的两个可用区，即生产中心和同城容灾中心；"中心云"采用"两地三中心"模式建设；"三中心"是指生产中心、同城容灾中心、异地灾备中心。"多边缘"指边缘计算节点，主要分为边缘云汇聚节点、边缘云接入节点两类。边缘计算节点分布于雄安城市的各个区域，实现资源和服务向边缘位置下沉，从而降低交互时延、减轻网络负担、丰富业务类型、优化服务处理、提升服务质量和用户体验。在业务上边缘节点基于分布式部署架构，主要支撑城市治理、民生服务、产业发展所需的近场计算需求。

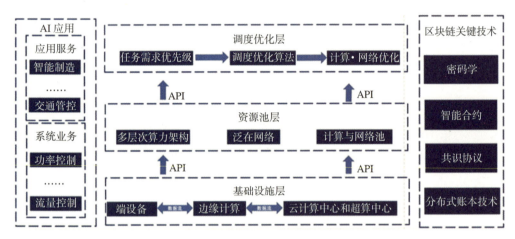

图 7　雄安新区边云超分布式协同云计算体系架构

BIM 多源数据融合技术。雄安新区规划建设 BIM 管理平台以地理信息系统为基础平台，需要应对不同的业务应用场景。平台建设过程中融合了大量的 BIM 数据，涵盖不同专业 BIM0 ~ BIM5 各环节的数据。平台在设计、建造、运维等阶段，采用 BIM 技术的应用软件种类繁多，不同软件有各自的存储方式，BIM 多源融合技术能够融合规划、建筑、市政、地质和园林等不同专业 BIM0 ~ BIM5 各环节的数据，支撑数据的有序流转和融合应用，有效解决大量 BIM 数据多源异构、存储分散、动态变化等带来的技术难题。

雄安新区作为全国首批五个 CIM 试点城市之一，创新性地提出了 BIM0 ~ BIM5 城市发展六阶段理念，并在理念创新的基础上建设了完整的平台系统架构及配套的制度标准环境，提供了极具借鉴意义的平台建设方法。为保证平台建设的系统性与完备性，建设过程中尤其注重业务应用的维护与管理，持续完善现有的人员能力培养和评价机制，以人才能力和 BIM 应用环境的不断提升作为驱动力，推动形成更加一体化、专业化的平台运维，从而保障新区的高效建设。未来通过各参与方的不断努力，平台将继续创新实践，完善建设，最终形成以数字化城市规划、建设、管理一体化新模式为准则，拥有自主知识产权的数字城市全周期智能城市规划建设平台。

彭 颖：关于深圳市光明区基于 BIM 建模打造区域精细化治理的 CIM 应用研究

数字孪生城市作为智慧城市发展的新方向，是面向未来可持续发展提出的城市规划建设新理念与新模式，是数字技术革新与城市运行机制创新的有效结合。深圳按照全市智慧城市和数字政府"一个底座、两级平台、四级应用"的体系开展建设数字孪生城市，规划建设"具有深度学习能力的数字孪生城市和鹏城自进化智能体"的空间数字底座。

光明区于 2018 年 9 月 19 日揭牌成立，是深圳市最年轻的行政区，地处深圳市西北部，下辖光明、公明、新湖、凤凰、玉塘、马田 6 个街道。辖区总面积 156.1km^2，常住人口约 111.57 万人，定位为深圳北部中心、科技创新中心、重要交通枢纽、科研经济先导区、高新技术产业和先进制造业集聚区。在此背景下，光明区试点光明科学城（图 1）"一主两副"区域数字孪生城市，以数字化、智能化发展为重点，打造正逆向建模、多元素汇集、多层级管理的 CIM 平台，提升光明区城市高质量发展水平和区域高效能治理能力，构筑数字时代下光明区的城市治理新模式。

一、基于 BIM 建模的 CIM 平台建设思路

遵循深圳智慧城市建设"全市一盘棋"的战略方针。最大限度复用一级平台能力，实现市区两级平台间数据共建共享，同步采用基于 BIM 精细化建模的 CIM 平台建设路线，为城市治理提供新型现代化工具，节约城市建设成本，促进行业可持续发展。

凸显城市级 BIM 建模的应用价值。BIM 应用场景从规划、设计、

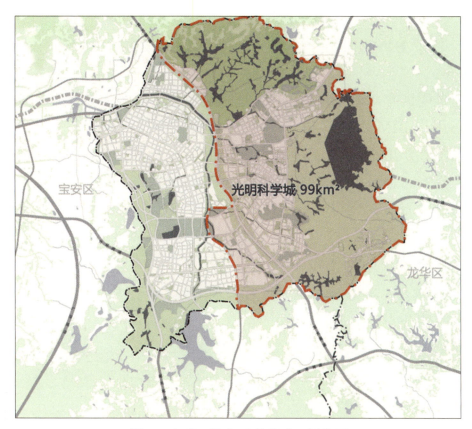

图1　光明区及光明科学城区划范围

施工、运维的链条依次推进，所发挥的价值线性增大，从单点建筑、片区、城市级层面，随着城市场景及应用规模的扩大，基于BIM建模的CIM平台应用价值呈几何级增长，整体效益凸显。

构建BIM/CIM为核心的数据底座，打破"信息孤岛"。在"一数一源"原则下，推动各部门政务数据与BIM/CIM关联融合与共享。通过"一物一码"编码体系，实现地楼房权人、城市部件、BIM构件的精细化管理，以CIM平台的统一时空基准汇聚各类数据，为CIM应用场景提供支撑。

以用促建，持续推动CIM应用迭代。围绕住房领域动态监管、城市精细化管理、生态水务创新型监管、经济实体主动服务、城区建设高颜值会议保障和基层高效能治理等领域，打造跨层级、跨地域、跨系统、跨部门、跨业务的城市级协同应用。

二、基于 BIM 建模的 CIM 平台建设体系架构

光明区在深圳市 CIM 平台"两级平台、四级应用"建设体系下采用以 BIM/CIM 为核心的数字孪生城市技术路线（业务构架详见图 2），由底层信息基础设施提供统一支撑，针对空间数据和业务数据进行标准化的治理、建库、更新，融合可视化渲染服务、空间融合服务、空间分析服务等共性基础能力，为光明区各部门、企事业单位、社会公众在数字孪生场景下的具体需求赋能。

数治光明 CIM 平台从数据底座、时空信息平台、多部门多层级 CIM 应用、标准规范、云网基础设施 5 个体系层级开展建设，逐步构建光明区数字孪生城市。

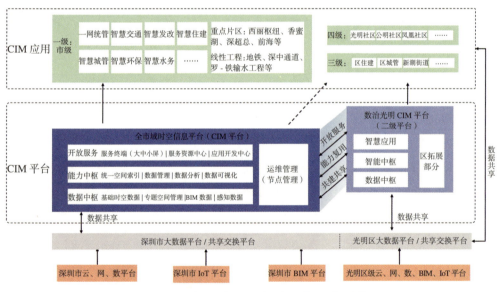

图 2 "两级平台、四级应用"业务架构

（一）基于 BIM 精细化建模的数据底座建设

一是持续完善空间数据底板。光明区一方面充分利用市 CIM 平台数据资源建设成果，接入市平台统一更新的电子地图、影像、地形模型、白模、实景三维模型等数据；另一方面整合光明

区既有的空间数据，包括二维 GIS 数据、2022 年全区实景三维模型、现有 BIM 模型等要素。数治光明 CIM 平台以光明区新建成的 110km² 实景三维模型为基础，开展科学城北片区 15km² 实景三维单体化建模、建筑分层分户简单建模，将模型与场景融合，发布三维数据服务，整合形成光明区基础空间数据底板。

二是持续推进 BIM 建模及应用。 自 2021 年起，深圳市加快推进 BIM 技术应用工作，要求所有新建工程项目（投资额 1000 万元以上、建筑面积 1000m² 以上）全面实施 BIM 技术应用，在办理规划许可、施工许可、竣工验收各审批报建环节提交 BIM 模型，光明区已汇集 50 余个新建工程项目的 BIM 模型并导入 CIM 平台，支撑了建筑方案比选、宜居孪生地图等 CIM 应用。2022 年起，深圳市大力推进既有重要建筑 BIM 建模工作，截至 2023 年 6 月，光明区已完成 93 个区属既有重要建筑、道路工程、水务工程项目 BIM 建模工作，后续常态化推进其他既有建筑建模，并在规划建设、社区治理、应急安全等领域推广应用。

三是持续对接公共业务数据。 依托大数据中心，将区内的物联感知数据、政务数据、社会数据等汇聚到大数据中心，形成六大基础库和多个主题库，推进数据整合、共享、开放和运用。光明区初步选取住房和城乡建设部门、城管部门、水务部门、工信部门和新湖街道，开展重要系统业务数据对接工作。

（二）自主可控的两级 CIM 平台建设

一是夯实"两级平台"体系。 数治光明 CIM 平台在全市智慧城市和数字政府体系框架下开展建设（两级平台框架详见图 3）。作为市 CIM 平台的二级平台，最大限度复用一级平台能力，实现市区两级平台间数据共建共享，门户基本统一，同时，区 CIM 平台的建设为光明区开展自己特色化的服务门户、拓展能力提升和智能应用开发提供良好的基础。

二是推进国产信创适配自主可控。 目前深圳市、区 CIM 平台在服务端和应用端，尚未完全实现自主可控。首先硬件层面，CIM平台已完成国产鲲鹏服务器的迁移适配，但高端图形渲染 GPU 仍依赖国外 NVIDIA、AMD 等厂商；数据层面，GIS 数据采集及处理基本实现全国产化，但国产 BIM 建模软件使用率几乎为 0；软件层面，CIM 平台仍使用 PostgreSQL、MongoDB、Oracle 等国外数据库、高逼真可视化渲染引擎仍依赖 Unreal、Unity 等国外产品。CIM 平台的建设是一个城市级软件工程，深圳光明区拟分三步走，以期在 2025 年底实现平台自主可控。首先，信创环境迁移与适配，将现有 CIM 平台开源软件体系全量部署到鲲鹏云环境，开展压力测试和性能调优。其次，信创产品国产化替代，充分调研国产空间数据库、Web 中间件等应用情况，对现有技术选型进行国产替代，按照"成熟一批，替代一批"的思路，应替尽替。最后，针对国外卡脖子技术开展技术创新攻关，在市科创委的统筹下，联合深圳计算科学研究院开展 CIM 超融合数据的研发、联合深圳大学开展国产高逼真渲染引擎的研发与适配、对接国产 GPU 厂商进行高逼真可视化的适配调优。

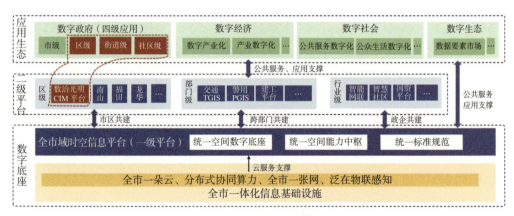

图 3 市区两级平台框架

（三）跨部门数据融合的多层级 CIM+ 应用建设

光明区基于区 CIM 平台初步打造区内 5 个部门级应用场景，

在市区两级下拓展区、街道级 CIM 建设，通过区 CIM 平台与市级管理体系和街道级管理体系承上启下，逐步建设拓展至其他业务部门及光明辖区内其他街道、社区。

一是数治规划场景 CIM+ 应用。聚焦光明中心片区和光明科学城规划建设，打造三维规划会商应用，实现"用系统汇报，用数据决策"的高颜值、高价值会商新模式。CIM 平台规划会商系统的运用可以在方案设计阶段，整合城市地上地下、室内室外、现状未来等信息模型数据和城市感知数据，通过三维模型构建、上层次规划的图层叠加等，直观了解规划成果，实现立体动态方案展示、现场即时方案调整、多屏联动方案比选、灵活集中方案管理等，提升城市规划效果与效率。

二是数治住建场景 CIM+ 应用。住房管理方面开展公共住房管理、宜居孪生地图、高层次人才住房申请等应用。安全监管方面开展隐患房屋安全监管系统（业务流程详见图 4）、小散工程安全监管、燃气安全监管等专题场景应用建设，在 CIM 平台上实现隐患排查、隐患落点、隐患分析、任务分配、隐患整治的业务闭环。

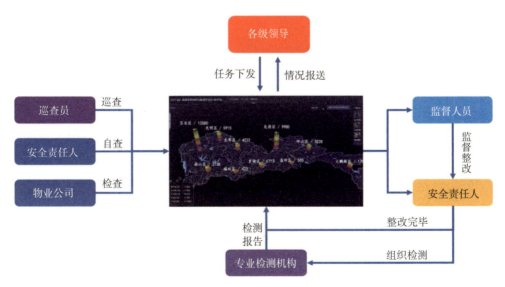

图 4　光明区住房和建设局房屋安全整治体系闭环业务流程

三是数治城管场景 CIM+ 应用。以 BIM、CIM 等新一代信息技术为支撑，打造光明区城市管理新模式，深化光明区城管局"1 感知 +8 专题"设计，开展城管全要素监测感知体系、环卫管理专题、垃圾分类专题、公园绿道专题、道路绿化专题、户外广告专题、智慧照明专题、智慧执法专题和虹桥公园专题场景应用建设。

四是数治水务场景 CIM+ 应用。围绕水务资产数字化和业务场景数字化，加强光明区水务行业数字治理工作，通过 GIS、BIM、IoT 等技术融合应用，构建流域、水库三维空间模型和数据分析模型，重点打造数字流域，建成具有预报、预警、预演、预案能力的智慧水务管理体系，开展全区全域水务资产数字化、智慧水务分析研判、城市供水分析、防洪减灾应急响应、河流湖泊生态治理和重点水域孪生建设。

五是数治工信场景 CIM+ 应用。光明区作为创新成果孵化场、产业发展竞技场，重视区内产业发展，将智慧型、知识型高端产业领域作为打造经济新引擎、带动经济新发展的重中之重，围绕区内产业发展、产业园区建设等工信场景，开展光明区产业载体、产业地图、产业链分析、创新企业专题分析、园区发展分析和智慧园区应用建设。

（四）开放架构的 BIM/CIM 标准体系建设

深圳市基于开放架构建设 BIM/CIM 标准体系，在 BIM 层面统一 SZ-IFC 格式标准，支持多格式的 BIM 模型转换。CIM 层面兼容各类 OGC 推荐标准数据格式的接入及发布，并基于 3DTiles 数据格式规范，实现各类三维模型数据的共享共用，构建开放包容的 BIM/CIM 生态。结合数治光明 CIM 平台的自身特色和建设需要，逐步形成数治光明 CIM 平台标准机制体系，编制《数治光明 CIM 平台管理办法（试行）》，明确 CIM 平台的管理机制和职责分工。同时推进《BIM 导入 CIM 平台技术规范》等标准规范的编制工作，统一规范 BIM 数据坐标系、高程基准、深度基准、时间基准、空间实体关联、提交数据格式及数据输出格式，以约束 BIM 导入 CIM 平台的数据成果及数据处理过程，实现跨部门、跨行政等级、跨网络、跨平台的 BIM 模型数据融合与共享。

（五）城市级云网资源调度的基础设施体系建设

一是完善政务网络基础设施建设。完善"区—街道—社区"三级政务网络双链路光缆建设，实现市级 1.4GHz 专网对接，保证教育、医疗、警务和社保等政务网络服务全覆盖。

二是推进物联感知基础设施发展。在市智慧城市和数字政府建设总体框架下，光明区加强区内物联感知能力建设，构建"标、网、云、端、数、用、盾"七位一体协同发展的物联感知体系。

三是加快重大科研基础设施建设。光明区进一步加快重大创新科研载体建设，光明科学城首个取得国家发展改革委批复的重大科技基础设施——鹏城云脑Ⅲ，将建设成为兼顾通用计算和人工智能计算的超级算力平台，探索将鹏城云脑打造为区 CIM 平台的算力中心。

三、基于 BIM 建模的 CIM 平台基础成效及意义

（一）数据层面

已完成区内 93 个既有重要建筑的 BIM 建模，逐步开展新建工程项目的 BIM 汇集及导入；已完成约 41km^2 模型数据融合及底板更新工作；已整合光明区的标准地名地址数据量约 99.37 万条，支持用户线上完成地址匹配落图的需求；已提供光明区地楼房权人专题数据资源服务，其中管理土地约 9536 宗、建（构）筑物 61223 栋、房屋 861772 套、实有管理人口 129.72 万、法人单位 5269 个；对外开放接口共计 231 个。2023 年将建成市 CIM 平台光明区分平台，为光明区各部门以服务接口形式提供基础时空数据、城市管理数据等数据资源，提供覆盖全域实景三维模型数据服务。

（二）平台层面

初步建立了统一空间索引，依托全市空间数字底座中的地名地址、编码、位置等基本要素，初步实现城市管理信息按需上图，并实现快速落楼、落地、落格，支撑各部门快速组建 CIM 应用；依托 CIM 平台丰富的空间数据和通用能力拓展二三维会商系统应用场景，解决了传统会商时无法逼真还原现场场景、实时调取分析关键数据等问题，实现"用系统汇报，用数据决策"的政府会商新模式，为区领导提供了更科学、更直观的决策依据。

（三）应用层面

选取区住建、城管、水务、工信等部门，统筹推进应用场景试点建设，初见成效。**一是**区住建局构建流程化、常态化、数字化的房屋安全隐患巡查、整治体系，支持各级领导全面、直观、动态掌握房屋安全态势和业务开展情况，实现既有房屋结构安全及隐患的集中监测、及时研判、快速响应、统一指挥和联合行动，筑牢房屋安全防线；**二是**区城管局实现对全区城管相关人员、车辆、设施的动态实时监管，打造新型城管业务智能协同体系，多维度、多角度、多专题宏观掌握城市管理运行状态；**三是**区工信局立足产业基础，实现区内产业集群的重点深化应用，推进区内产业的发展与结构优化；**四是**区水务局构建水利基础信息资源的集中存储、统一管理和共享应用平台，实现水务水利的全要素归集、全过程管理、全方位共享、全场景应用，此平台入选了住房和城乡建设部发布的 2022 年智慧水务典型案例。

（四）赋能产业转型

数治光明 CIM 平台建设将在市、区智慧城市和数字政府建设框架内，进行 BIM、CIM、AI、数据存储、云计算等方面技术的拓展与国产化创新，推动数字孪生技术与更多产业相结合，为数字能源、智慧交通、智能建造、数字医疗、新一代物流等新产业、新业态提供赋能支撑，助力光明区打造成数字孪生先锋示范区。

四、组织保障

2022 年 7 月，为全面推进 BIM/CIM 技术应用工作，提升建筑产业数字化、智能化水平，光明区成立区 BIM/CIM 工作专项推进小组，建立了"区领导牵头、多部门协同、多企业参与"的工作机制，跨街道、跨部门、跨层级、跨政企组织联动，统筹推进全区 BIM/CIM 建设及应用工作。

许杰峰：关于雄安新区和广州市规划—建设管理CIM平台的研发与应用

随着我国"加快建设创新型国家"的"科技强国、质量强国、数字中国、智慧社区"目标的提出，整个社会都投入了智慧城市的建设中。[1]在建设智慧城市的过程中，社会对城市规划、建设和管理的要求也越来越高。而城市规划、建设和管理依赖对城市过去、现在和将来有关信息的把握，这些信息涉及面广、信息量大，80%以上属于空间信息，传统的人工作业和分析手段远远不能满足城市发展的要求。[2]城市公共管理需要将城市中所有的建筑、部件、事件、数据整合起来，促使城市从单体建筑走向全系统运行管理。

CIM平台需要可靠的建筑基础数据，但是当前建筑行业中BIM模型存在图模不一致、模型质量难以客观评判、BIM标准落地难，CIM平台建设没有可靠的、可信的、高质量的建筑数据来源，智慧城市的应用缺乏有效的底层数据支撑。BIM审查通过合理的标准、强大的系统和科学的组织机制，实现对建设规划全要点的审核分析、国家强条和审查要点的智能审查，为CIM平台提供符合国家设计规范和BIM标准的建筑基础数据，从而让CIM平台能够在真实、可靠的数据环境中运行，为智慧城市的管理提供可靠的支撑。

BIM模型作为设计成果之一，既需要符合建筑行业相关设计规范，又需要符合BIM相关标准。对于CIM基础平台，若使用不符合设计规范或不满足BIM相关标准的BIM模型作为建筑基础数据，相当于使用错误的数据用于管理，将导致城市管理决策出现问题。因此BIM模型合规与合标是CIM平台建筑数据可用的基础。[3]BIM施工图智能审查和BIM合标性审查的"双合"驱动模式，从收、管、查、验四个维度，在建筑业设计规范和 BIM 标准两个层面，以 BIM 模型数据的合标性和合规性处着手，对 BIM 模型的几何数据和非几何数据的经纬全面规范了模型质量，保证 BIM 设计成果的高质量、高标准，避免了低质量、不合规的设计成果向 CIM 平台传递、共享。BIM 模型合规与合标的"双合"驱动模式可为 CIM 平台建设和建筑数字经济的发展，提供真实、准确、可靠、可用的 BIM 模型数据，为 CIM 平台打造建筑数据基础底座，为智慧城市的应用搭建广阔的场景。

本文内容主要通过雄安、广州两个城市的 CIM 平台建设案例入手，通过其基本情况、建设内容以及建设成效三个方面进行描述分析，并评估其推广价值。

一、雄安新区规划—建设数字平台项目 BIM 审查系统助力 CIM 平台建设

（一）项目基本情况

雄安新区规划—建设数字平台（以下简称"雄安数字平台"）建设工作贯彻落实"坚持数字城市与现实城市同步规划、同步建设"的整体要求。[4] 以 BIM 技术作为支撑，结合雄安新区"现状评估（BIM0）—国土空间规划（BIM1）—控制性详细规划（BIM2）—方案设计（BIM3）—施工图设计及施工过程（BIM4）—竣工验收（BIM5）"六个 BIM 环节，从空间和时间的两个维度全方位、全生命周期建设"数字雄安"，实现了雄安新区物理城市的数字化。雄安数字平台创建了工程建设项目全程管控、智能协同的新模式，实现了基于 BIM 的工程建设项目的审查审批，采用国产化 GIS 平台，并自主构建了以雄安工程项目数据（Xiong'an database，以下简称 XDB，指雄安新区规划建设 BIM 管理平台使用的、以公开标准的数据库格式记录各行业工程项目交付的 BIM 数据，用于不同行业三维建模软件之间的共享与交换。）为代表的一整套数据

标准体系，实现了从核心引擎到上层应用的完全国产化，技术自主可控；同步推进指标标准规范体系建设、多源数据融合技术探索，保障平台功能的精准实现，以一套完整的标准体系规范全阶段数据内容，约定采用统一的雄安新区城市坐标系，确保所有BIM模型具有绝对城市坐标，各阶段数据可直接在一个地图下加载，为后续在CIM平台中应用奠定了基础；开展模型质量检查等工作，以满足标准规范要求、应用需要的空间数据资源，助力CIM平台建设（图1）。

图1 雄安新区规划建设数字平台概况

（二）建设内容

一是BIM审查系统。

雄安数字平台是具有自主知识产权的数字城市规建管平台，集中实现对城市全周期、智能化的规划、建设和精细化治理。BIM审查系统是雄安数字平台的重要功能模块之一。雄安数字平台在建设之初便将BIM文件作为规划建设流程的法定成果文件，BIM模型审查通过是核发建设工程规划许可证、施工许可证、竣工验收的必要前提。[5]

立足于政府管控需要，雄安数字平台以BIM为载体，基于统一的CIM平台，将各行各业报批报建的BIM模型在同一个地图、同一个系统下集成进行审批、管理。BIM审查系统根据设计方案各类管控指标定义、指标计算规则对提交的设计方案模型进行机器的自动计算,并自动输出 BIM 审查体检单,减少常规建设项目报审报批带来的人为主观干预。BIM 审查系统通过三维场景将指标审查结果可视化,并支持审查结果与 BIM 模型的联动展示,辅助人工审核分析决策。

二是指标标准规范体系。

管控指标体系作为实现 BIM 审查的"牛鼻子",是雄安数字平台运行的核心逻辑和基础。指标体系的构建具有全周期、全行业的特征。[6]在时间维度上,涵盖工程建设项目的全生命周期,从方案、设计、施工、竣工等阶段实现规划、建设、管理的统筹。在空间维度上,指标体系涵盖了建筑、公路交通、城市交通、市政管线、市政设施、园林绿化等十几个工程建设行业。基于不同的监管周期和管控力度,可将指标分为审查指标、监测指标和备案指标3类。指标的 BIM 审核方式结合计算机的应用实现可分为自动审核、人工审核。

数字成果交付标准以政府管理导向为需求,以城市规划建设管理指标体系为范围,对各专业的 BIM 模型成果进行统一规范,包括对各类交付成果(如信息模型、图纸、设计说明、计算文档、使用说明书和其他成果)的文件组织、格式、内容、分类规则、命名规则及表达要求等进行详细、明确的规定,确保了交付成果的完整性、统一性、操作性。

建模指南作为一套针对各个行业主流 BIM 建模软件的操作指南,尊重专业特性与行业建模习惯,对建模任务和模型导出方式等操作进行分解和规范,用于指导模型生成过程中部分信息和属性添加,规范模型设计交付。

三是多源数据融合。

雄安数字平台融合了庞大的规划建设空间数据,涵盖多专业 BIM0 ~ BIM5 各环节的 BIM 数据。为摆脱 BIM 数据对 BIM 软件的严重依赖,为今后 BIM 数据的开发应用留出空间,平台采用 XDB 数据标准作为城市规划建设管理的统一数据格式标准。

XDB 数据标准是通过多源数据融合技术形成的具有统一标准数据结构的新型数据存储文件，以政府管控指标数据为导向定义 BIM 数据标准，将 BIM 数据的度量衡单位、坐标体系与高程的格式标准化，支持各专业指标数据的交换流转，并满足不同阶段中的数据应用，使得 BIM 成果能够在规划、设计、施工过程中渐次流转和传递。XDB 数据能与 CIM 平台相互融合，为城市管理提供同一语言环境的数据格式。

XDB 数据标准作为雄安数字平台全生命周期数据的统一格式标准，对接各专业内容和不同业务应用场景，并提供包括 XDB 数据接口服务、XDB 专业转换插件在内的配套公共数据融合流转体系，承上启下地促进了各专业建模数据的统一性和规范性，打破不同专业、软件数据交互壁垒，为雄安新区 CIM 平台建设提供了坚实的数据基础。

四是模型质量。

雄安新区大规模工程建设项目的快速建设与报建审批迅速汇聚了大量的 BIM 成果数据，雄安数字平台采取了一系列措施保障模型质量。

在模型数据生产阶段，向报建单位提供数据自检工具，确保单项目模型格式正确、内容完整；BIM 模型数据上传时，结合存量数据进行多项目间数据唯一性、一致性的校核，校核通过的数据即可进行指标计算，对比 BIM 模型指标计算结果与上位管控数据，确保 BIM 模型满足管控要求，确保管控要求的落实。

随着 BIM 成果数据在更多场景中的不断扩展应用，雄安新区规划与建设的主管部门组织开展了 BIM 模型质量评价工作，从模型正确性、模型规范性、模型完整性、模型属性一致性、模型碰撞和空间一致性等多个维度构建 BIM 模型质量多级评价体系，采用"机器辅助、人工判定"的方式，对已有的建筑、道路交通、市政管线以及综合管廊专业的方案设计阶段 BIM 模型进行全面的质量评价，进一步保障 BIM 模型质量。

（三）建设成效

雄安数字平台聚焦新区的规划、建设阶段，展开 BIM 模型生产、审批等工作。平台上线两年多来，共完成一般房屋建筑、市政管线、市政道路、市政建筑、区域交通等建设行业的 1000 多个工程建设项目的 BIM 审查，汇聚了规划、建设、管理的 BIM 数据资源。雄安数字平台通过搭建城市管控指标体系、统一数据标准、推进模型质量保障等方式，确保数据皆为规范的、准确的，保障了后续数据应用。作为 CIM 平台的核心数据源，雄安数字平台 BIM 审查系统为 CIM 平台搭建高质量的数字底座提供了重要支撑，也为 CIM 平台基于大数据综合应用的各种多维和复杂场景分析助力赋能。

雄安数字平台秉承数字雄安"6 个 BIM"理念，以规划建设管理的业务为牵引，以规划建设的空间数据驱动，实现基于 BIM 的工程建设项目智能审查审批，机器辅助人工决策，提高政务管理效率，保障"廉洁政府、透明雄安"；同时汇聚规划建设空间数据资源，为建设数字雄安智能城市提供统一空间数字底板。

二、广州 CIM 平台辅助审查系统助力工改提质增效

（一）项目基本情况

广州城市信息模型（CIM）平台为广州工程建设项目审批制度改革全流程提供辅助审批支持，实现人工审批向机器辅助审批转变。该平台要求 BIM 模型符合 BIM 相关标准，CIM+ 应用为 CIM 基础平台提供应用支撑，满足《城市信息模型（CIM）基础平台技术导则》的相关规定要求。基于广州市 CIM 平台构建了自主可控的 GDB 数据格式，对多源异构的数据进行了融合、统一，实现了 CIM 平台的 BIM 数据国产化，确保了 BIM 基础数据的安全性。该 CIM 平台汇集了全市域三维地形地貌和城市建筑白模，重点区域 700km^2 的三维精细模型以及 439 个 BIM 单体模型。

（二）建设内容

广州 CIM 平台基于审批制度改革的辅助系统（图2）实现工程建设项目技术审查工作由人工审批向计算机辅助审批转变，为项目审批增速提质，为 CIM 基础平台积累 BIM 模型。CIM 基础平台通过统一、公开、自主的数据格式，保障 BIM 数据对接 CIM 平台的自主可控，为政府审查统一数据归口，提高工作效能[7]。

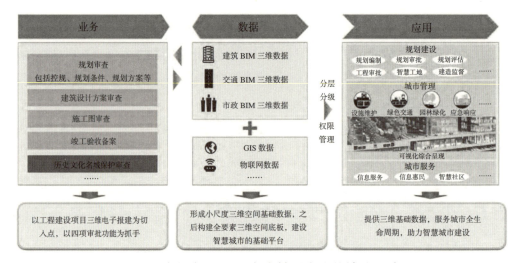

图2 广州市 CIM 平台审批制度改革辅助系统

一是 BIM 数据需求。

BIM 数据主要内容包括 CIM 基础数据库收集录入广州市现有 BIM 单体模型，包括规划报建 BIM 模型，如轨道交通 BIM 模型、房屋建筑 BIM 模型。支持接入 Revit、Bentley、CATIA 等 BIM 软件数据。系统对 BIM 数据建库有以下要求：

收集现有 BIM 单体模型，反映建筑物内部重要信息，实现各种 BIM 模型的集成与轻量化建库、多尺度仿真模拟和分析。

整合规划三维电子报批工具审批版（规划审查以及建筑设计方案审查的智能化审批工具）、施工图三维数字化审查系统、竣工验收数字化备案系统的 BIM 模型资源。

优化和面向应用部门提供开放共享的模型数据服务，建立用户访问和数据库安全管理体系，各行业 CIM 应用通过共享服务访问数据库。

二是"CIM+ 应用"系统建设。

在 BIM 审查数据交付标准体系上，研发施工图三维数字化智能审查审核工具。在形成统一的数据交付标准、数据格式标准和管理规范的基础上，为其他各地开展工程建设项目 BIM 施工图三维审查并与"多规合一"管理平台衔接提供可复制可推广的经验。开展三维技术应用，探索施工图三维数字化审查，建设三维数字化施工图审查系统，就施工图审查中部分刚性指标，依托施工图审查系统实现计算机机审，减少人工审查部分，实现快速机审与人工审查协同配合。提供三维浏览、自动审查、手工辅助审查、自动出审查报告等功能。

在现有二维竣工数字备案系统上增加 BIM 模型的竣工报审接口，建立相关的规范制度，通过三维模型进行竣工验收，减少原二维竣工验收时简单重复的工作，提升竣工验收工作质量。系统可实现覆盖施工图三维模型、工程建设过程三维模型的项目建设信息互通和施工质量安全监督、联合测绘、消防验收、人防验收等环节的信息共享。

三是"CIM+ 应用"系统对接。

施工图三维数字化智能审查系统与 CIM 基础平台衔接。施工图三维数字化智能审查系统与市"多规合一"管理平台顺畅衔接，在应用数据上统一标准，在系统结构上互联互通，实现"多规合一"管理平台上对报建工程建设项目 BIM 数据的集中统一管理，促进 BIM 报建数据成果在城市规划建设管理领域共享，实现数据联动、管理协同，为智慧城市建设奠定数据基础。[8]

（三）建设效果

广州 CIM 平台利用现代信息技术手段，促进了工程建设项目审批提质增效，推动了改革试点工作不断深入；以工程建设项目三维数字报建为切入点，在"多规合一"平台基础上，汇聚四标四实等基础数据，构建面向智慧城市的数字城市基础设施平台，为广州城市精细化管理的政府机关、企业、社会提供城市大数据和城市级计算能力。具有规划审查、建筑设计方案审查、施工图审查、竣工验收备案等功能的 CIM 基础平台，实现了精简和改革工程建设项目审批程序，减少审批时间；[9] 承载城市公共管理和公共服务，为智慧交通、智慧水务、智慧环保、智慧医疗等提供了支撑。[10]

三、总结与展望

CIM 平台是智慧城市的基础性、关键性和实体性的信息基础设施。[11] 本文通过雄安、广州两个城市的 CIM 平台案例建设的分析描述，为其他城市 CIM 平台建设提供参考，为推进城市信息模型（CIM）基础平台建设，打造智慧城市的三维数字底座，推动城市物理空间数字化和各领域数据融合、技术融合、业务融合。对于推动数字社会建设、优化社会服务供给、创新社会治理方式、推进城市治理体系和治理能力现代化均具有重要意义。[12]

（参与本报告研究的还有中国建筑科学研究院北京构力科技有限公司　姜立、王瑶、王众、肖瑶、白文娟）

参考文献：

[1] 黄树松. 国产陆地观测卫星在智慧社会中的应用 [J]. 卫星应用，2019（7）：24-27.

[2] 金一."数字通辽"地理空间框架建设的几点体会 [J]. 露天采矿技术，2008（2）：79-80.

[3] 李明. 未来社区项目 BIM 技术应用前期策划要点解析 [J]. 工程技术研究，2020（20）：224-225.

[4] 万碧玉.应用场景驱动下的数字孪生城市[J].中国建设信息化,2020(13):48-49.

[5] 张春英.浅议如何做好新时期城市规划管理工作[J].科技致富向导,2011(5):217.

[6] 乔柳植.基于全寿命周期的广东省绿色高速公路建设评价体系研究[D].西安:长安大学,2020.

[7] 石俊卫.广州CIM平台智慧化应用探索[J].中国建设信息化,2021(24):36-39.

[8] 何冠鸿,南春子,翟利华.基于BIM与装配式技术的地铁智慧建造探讨[J].智能城市,2019,5(7):12-13.

[9] 李少智.基于工程建设项目规建管CIM的研究与实践[J].中国科技成果,2019(15):31-33.

[10] 周颖.以物联网、新硬件制造等为重点深化上海智慧城市建设[J].科学发展,2017(9):15-24.

[11] 汪科.新时期我国推进智慧城市和CIM工作的认识和思考[J].建设科技,2020(18):9-12.

[12] 邱玉婷.新时代我国社会治理实践经验及启示[J].江南论坛,2020(8):9-11.

袁正刚：智慧生态化与生态智慧化
——关于重庆市广阳岛智慧生态的创新应用

一、建设背景及目标

重庆广阳岛是长江上游第一大江心绿岛（图1），"岛湾"面积共计约 19.6km^2，其以"长江风景眼、重庆生态岛"为发展定位，以"共抓大保护、不搞大开发"为指导方针，通过生态文明建设，打造习近平生态文明思想集中体现地，长江经济带绿色发展示范区，"两山"理论示范基地。

图1 广阳岛总平面图

在此契机下，重庆市委市政府深入贯彻习近平生态文明思想，果断按下广阳岛建设开发停止键，决定还岛于民，并于 2017 年 8

月开启了广阳岛的生态保护修复工作。除进行"山、水、林、田、湖、草一体化修复"之外，还建立了广阳岛国际会议中心（占地面积 18hm^2，建筑面积 5.7 万 m^2）、长江书院（占地面积 5.33hm^2，建筑面积 1.8 万 m^2）、大河文明馆（占地面积 5.93hm^2，建筑面积 1.5 万 m^2）、广阳营（建筑面积 0.55 万 m^2）四大重大功能设施，为全岛的生态保护、管理、服务及宣传展示赋能。

而智慧广阳岛项目作为广阳岛生态文明建设重点工程之一，拟从根本上解决传统生态修复及治理过程中的现存痛点，如生态资源难统计、生态家底不清晰；环境问题难溯源、问题出现后治理；生态决策不科学、生态养护不专业；生态资金难持续、生态价值难转化；修复成效难评估，生态质量难量化等一系列难题，并探索出一套创新的生态建设发展模式与路径。

在智慧广阳岛项目实践过程中，通过将 CIM、BIM、3DGIS 等新型信息技术与生态业务深度融合，打造智慧生态一体化管理系统，聚焦生态全要素、修复全过程、服务全流程、运营全方位的数字化管理，实现广阳岛生态治理过程可视化、可量化、可优化的建设目标（图 2）。

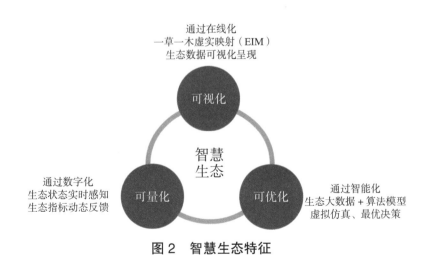

图 2　智慧生态特征

二、建设内容及价值

（一）建设内容

智慧生态广阳岛项目以广联达自主可控、安全可靠的 CIM、BIM、3DGIS 技术为核心，构建集物联中台、时空中台、数据中台于一体的国产自主可控的 CIM 数字孪生平台，支撑"生态数字建档、生态在线监测、生态仿真模拟、生态动态评价、生态智慧管护"五大智慧生态应用，并构建一个广阳岛智慧生态大脑，实现全岛统一的监测预警、评价决策、指挥调度与宣传展示，最终形成"1+5+1"总体架构（图3）。

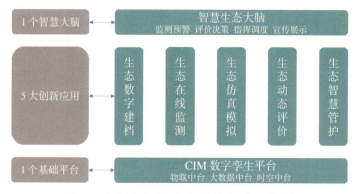

图 3　广阳岛智慧生态总体架构示意图

一是构筑广阳岛数字孪生底座——CIM 平台。

构建广阳岛 CIM 数字孪生平台，解决生态数据的实时性、一致性和可分析问题，实现生态空间数据、物联数据、业务数据等多源数据统一的管理、融合、调度、分发和展示的基础功能，支撑智慧生态应用系统。

构建一大标准体系，实现生态模型接入。 结合智慧广阳岛上层应用需求，构建一套标准体系，规定 CIM 平台对规划模型（基础地理空间模型、方案审批模型）、BIM 模型（施工图模型、工程竣工模型)、植被模型(乔灌木模型)等的要求,主要包括模型几何信息、模型属性信息两方面。

模型几何信息主要由三方面的指标来控制,即空间定位、空间占位和几何表达精度;模型属性信息则可根据上层应用的不同需求,自行增加能满足广阳岛智慧生态应用的属性信息。

提供两大开放服务,满足管理服务需求。因本项目委托方为广阳岛绿色发展有限公司,作为广阳岛运营管理方,其主要工作职责为全岛的生态建设、保护、服务项目的运营管理。为满足未来对广阳岛内各个项目的有效监管,及满足政府部门对广阳岛基本信息的监管,项目基于三中台提供的 API 二次开发接口,提供资源中心、开发者中心等功能模块,支持资源目录分类,以及资源服务的在线预览、申请、审核、授权功能,基于资源服务和 JavaScript SDK、OpenAPI 支撑 CIM+ 应用的快速开发;实现未来智慧广阳岛 CIM 平台接入外部数据或自身数据对外的提交与共享,以满足未来多种使用场景。

构筑三大管理中台,支撑全岛数字智治。

基于"时空中台"实现生态空间可视化。时空中台采用完全自主研发的空间信息模型引擎技术,实现 BIM+GIS 的无缝融合,支持通过三维激光扫描、高清遥感影像、多光谱等采集的生态空间三维模型数据、BIM 数据、倾斜摄影数据、点云数据、地形影像等空间数据的自动化接入与融合。通过轻量化处理和烘焙技术,可对广阳岛单木、水体、林地、农田等模型实时加载和照片级渲染,实现山、水、林、田、湖、草等生态要素全结构化、参数化,并构建涵盖全域、全时、全要素的高精度、高仿真数字孪生模型,实现生态空间可视化(图 4)。

基于"物联中台"实现监测数据在线化。广阳岛物联中台(图 5)提供水、土、气、动植物等生态感知设备接入、设备运维和安全保障等功能,通过"统一设备标识、统一设备接入、统一物联数据标准、统一资源共享",构建广阳岛生态物联设备一张

图4 广阳岛高精度、高仿真数字孪生模型（照片级）

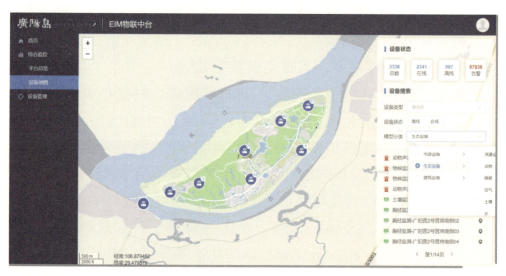

图5 广阳岛物联中台系统界面图

图及设备管理等功能，实现生态要素的全域感知、统筹管理与维护，确保感知数据实时汇聚共享，支撑广阳岛智慧生态业务应用。

基于"数据中台"实现生态管理智能化。广阳岛大数据中台以大数据技术为核心，通过对水质、水文、土壤、植被、空气、气象、鸟类等54项物联监测数据进行集成、治理、挖掘和应用，打造数据中枢，实现基于大数据技术的多源异构数据融合，并集成各类生态算法，积累生态大数据资产，以数据驱动生态模拟、方案推演，支撑智能决策。

数据治理——广阳岛"数据中台"结合水质、土壤、植被等不同生态要素采集频次、数据范围等特点，对生态数据进行清洗、融合、标准化，保障数据质量，确保数据一致、完整、准确、可靠。

数据挖掘及应用——广阳岛大数据中台支持21种林木生长模型、2000余种鸟类影像智能识别算法、900余种鸟类声纹智能识别算法、立地条件分析模型、水质溯源分析模型等多种生态数据分析工具，可以对650余万条生态数据进行深度挖掘和分析，支持生态监测预警、生态模拟、生态评价及生态管护业务应用。

数据共享——广阳岛大数据中心（图6）将各类生态数据及业务管理数据进行整合和共享，通过安全可控措施，实现多部门数据互通，多场景数据共享应用。

基于三大核心技术，实现平台自主可控。在BIM方面，广联达科技股份有限公司的"BIM三维图形平台"经第三方权威机构中国泰尔实验室评测认定，评估等级为S级。评估结果优秀，国产化程度高。在模型相关核心组件评估（包含几何引擎、渲染引擎和数据格式）、开源代码扫描和代码可编辑验证均未失分。证明被测软件的源码自主性、可控性程度较高。

在GIS方面，CityMaker作为三维地理信息平台软件，基于完全自主研发的三层数据服务架构，可有效应对数字城市建设快速发展、系统规模不断扩大的发展需求，为用户提供高灵活性与高延展性的系统建设解决方案，支撑海量地理特征信息的网络共享与终端应用。

在IoT方面，广联达自主产品筑联平台定位于建筑行业专业物联网平台，是广联达数字项目集成管理平台的重要组成部分之一。筑联平台为建筑行业智能硬件设备在线化、数字化、智能化提供

图 6　广阳岛大数据中台系统界面图

端到端的解决方案。筑联平台在设备接入网关、数据存储等关键技术上具有自主知识产权,不受制于其他供应商,可实现快速的私有化部署,满足客户国产化需求。

广联达 CIM 基础平台从底层开始,在各个关键核心环节都实现了国产替代。目前广联达的工程软件、平台引擎在 CPU 层面适配了鲲鹏 920 芯片,在操作系统层面适配了银河麒麟、统信 UOS、open 欧拉等国产化操作系统。在数据库层面,与达梦数据库管理系统 V8.0 能够相互兼容,系统运行稳定。在中间件层面,从芯片、操作系统、数据库、中间件至应用软件,全部实现自主可控,有效避免网络"后门"的威胁,保护国家网络信息安全。

二是基于"中医理念"的生态一体化管理。

广阳岛充分借鉴"中医理念"来开展智慧生态建设,项目构建了"把脉—诊断—治疗—养护"为一体的生态中医院治理模式,并通过五大智慧生态应用实现生态健康全面感知、生态问题专家诊疗、生态运维高效智能、生态价值精准计量的闭环管理。

生态数字建档。

生态要素信息是开展生态管理和决策的重要依据,其数据的类型、来源和格式复杂多样，包括基础地理空间数据以及与自然生态资源相关的空间、非空间数据等。建立动态生态数字档案的目的是要摸清生态要素"有什么、在哪里、有多少"的问题，通过构建全要素、全数字化的生态档案数据库，实现广阳岛生态管理数字化，亦为三维可视化推演提供数字载体。

项目通过激光雷达、多光谱、可见光等多种遥感技术，结合地面调查，对全岛山、水、林、田、湖、草等生态要素进行全面普查，实现从功能区、斑块到一树一木的全要素数字化，全面掌握全岛生态本底情况。同时，基于 CIM 大数据中台的数据分析工具、数据建模能力，实现广阳岛生态资源分布、林窗空隙分析、自然丰富度、景观结构连通度等生态基础分析（图 7）。

 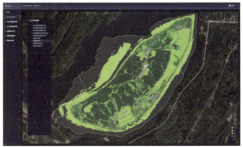

图 7　生态数字档案数据分析

生态在线监测。

广阳岛生态监测对象涉及水、土、气、动植物等多种要素，其监测设备类型、监测频次、数据格式、设备接入协议亦复杂多样。故具备可协同各类监测对象、监测设备、监测数据并进行综合评价，以实时掌握生态系统运行状态的能力至关重要。

项目基于 CIM 物联中台，接入涵盖水质监测站、液位计、流量监测仪、土壤五参监测仪、气象空气监测站、负氧离子自动监测仪、噪声环境监测仪、胸径传感器、物候相机、鸟监测高清摄像头、红外相机、声音采集仪等 14 类 194 台（套）生态监测设备，可实时获取水、土、气、动物、植物等生态运行数据，并与生态模型关联，实现岛内生态健康情况全方位实时监测及动态预警（图8）。

生态模拟推演。

因受修复方案、施工技法不同，往往导致生态修复成效及生态系统质量难精准预判，在治理过程中很难做出科学决策。因此，如何对生态修复工程预期效果进行预估、对生态系统质量变化进行预测，以选择最优方案进行施工，支撑科学决策显得至关重要。

项目基于CIM大数据中台、时空中台，结合生态本底情况和生态监测数据，利用相关林木生长、立地条件分析等模型进行树木生长模拟，动态推演树木未来生长情况，实现广阳岛生态修复方案对比分析，并科学优化生态修复方案；依托水下地形及实时水位监测数据进行雨洪淹没模拟，动态计算不同时期长江水位涨落对广阳岛的影响，为岛内防汛工作及消落带的生态管护提供参考依据（图9）。

图8　生态监测预警

图 9　生态方案模拟

生态动态评价。

为直观、量化了解广阳岛生态系统健康程度，基于区域生态特点，并遵循水、土、气、动植物等生态要素可监测原则，构建涵盖"1大综合指数、6类分项指数及18个评价指标"的广阳岛智慧生态评价指标体系，全面科学地评价广阳岛生态健康程度。

项目通过CIM物联中台、大数据中台的数据采集、治理、集成、共享，实现对广阳岛的生态环境健康状况的实时动态评价、科学专业评估（图10），有效指导广阳岛的生态管护、修复工作。

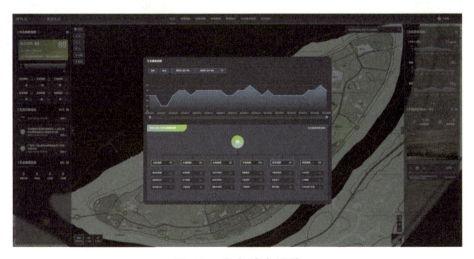

图 10　生态动态评价

生态智慧管护。

传统生态管护属于种树的只管种树，治水的只管治水，护田的单纯护田，"各炒各的菜、各吃各的饭"，很容易顾此失彼，最终造成生态系统治理割裂，生态环境问题频发。

项目基于CIM平台对生态数据进行采集、整理、分析、集成，通过对生态环境问题精准诊断、人力物料资源高效分配、运维管护计划科学制定，实现广阳岛"山、水、林、田、湖、草"一体化管护（图11）。如通过对植物进行智能监测，可自动识别病虫害并触发报警，生成工单自动派单，并对派单工作进行全程监督和核准，做到目标统一、任务衔接、纵向贯通、横向融合，提升广阳岛生态管护效率。

图11　生态智慧管护

三是构建科学决策的智慧生态大脑。 项目基于CIM平台，结合物联网、大数据、人工智能等技术，构建广阳岛智慧生态大脑（图12），通过对全岛生态要素的全方位、系统化、数字化管理，实现统一的监测预警、评价决策、指挥调度。同时，建立广阳岛智慧生态综合展示系统，对生态建设成果及生态数据资产进行对外宣讲，全面科普生态知识，用智慧的方式展示生态、感受生态，为宣传推广赋能。

图 12　智慧生态大脑

（二）建设价值

一是智慧生态广阳岛实现生态价值提升。

基于广阳岛生态监测网络，实现环境质量实时监测、自动预警、动态评估。一期建设系统运行一年后（2021—2022 年），岛内生境指数提升 20% 以上；生物 AI 识别准确率达 90% 以上，全岛共记录植物数据 594 种，记录鸟类种类由 64 种提升到 191 种；鸳鸯湖由 Ⅳ 类水提升到当前 Ⅱ 类水；极大降低岛内污染事件发生概率；全岛生态健康度提升 15% 左右。

二是智慧生态广阳岛促进运营降本增效。

基于生态智慧管护实现生态环境运营管理降本增效。一期建设系统运行一年后（2021—2022 年），广阳岛生态价值指数提升 6%；年固碳能力提升 10%，固碳量增加 720t，固碳价值增加近 5 万元。同时，基于广阳岛生态大脑集中管理，仅需 1 人即可对全岛物业进行管理，仅需 6 人即可对全岛安全、环境、重要设施等进行日常巡查及工单复核；基于人脸、车辆、行为等 9 类 AI 识别算法，可对 5 大类 16 种事件进行智能报警，实现事件处置时长从 1 小时缩短到 32 分钟，事件处置时长缩短约 50%，交通违规率降低 50%，最终实现全岛运营管理降本增效。

三是广阳岛智慧生态建设引领生态治理方式变革。

对于政府来说，广阳岛智慧生态管理系统从根本上变革了传统的生态治理模式。项目将信息化技术与生态治理充分融合，有效积累并发掘生态大数据的潜在价值，支撑精细化的生态监管，实现生态治理由传统的管面积、治末端、人工管到现在的管功能、防源头、数据管。

对于民众来说，广阳岛目前已经发展成市民生态体验大课堂。游客可通过微信公众号、小程序、APP 和官网体验广阳岛"吃、住、行、游、购、娱"的全过程服务。通过"一部手机游广阳"，即可实现民众智慧体验、线上服务与生态科普。通过广阳岛智慧展示解说系统，使民众了解广阳岛的生态修复过程，学习生态修复技术，体验生态修复成果，让人们对生态有更深刻的理解和认识。自 2021 年 10 月以来，累计已有 26 万游客通过手机预约上岛。

三、建设成果及转化

目前，广阳岛四大创新应用场景及一个智慧生态大脑在应用过程中不断丰富完善，在提升广阳岛生态建设、管理和服务水平的同时，亦逐步总结实践经验，凝练项目成果，并构建了一套"以智慧生态理念体系为引领、以 CIM 数字孪生平台为支撑、以生态中医院管理模式为手段，以生态数据智能模拟为驱动"的智慧生态治理体系（图 13），未来，拟将此治理体系进行复制推广，引领"生态智治"新模式走出重庆，辐射全国。

（一）创新以"智慧生态"为核心的理念及指标体系

项目以"智慧生态化、生态智慧化"理念为核心，通过数字化手段推动生态环境智慧化管理（生态智慧化）、现代产业生态化转

图 13 智慧生态治理体系概念图示

型（智慧生态化），实现生态保护与经济发展和谐共生，螺旋上升。同时，创新提出涵盖 1 个综合指数，6 项分类指数、18 项评价指标、54 项监测项目、并具有一定通用性的智慧生态评价标准体系。一方面可指导生态监测，通过构建可监测、可定量和可评价的指标体系，实现生态环境实时监测、生态风险提前预判、生态质量动态评估、生态问题精准诊断、生态治理持续优化；另一方面可支撑生态建设绩效量化考评，通过对"GEP"及"碳汇"进行精准核算，促进生态补偿与生态价值转化，进而实现生态保护可持续发展。

（二）打造以"CIM 平台"为基础的技术支撑体系

基于广联达自主可控、安全可靠的 CIM 技术构建"CIM 数字孪生平台"。平台可对大尺度的"山水林田湖草"生态系统进行高精度、全方位、一体化、二三维数字孪生，实现生态实体空间与数字虚体空间交互映射，在虚体世界中模拟生态，在实体世界中治理生态。

（三）搭建以"中医整体观"为指导的生态管理模式

以"中医整体观"为指导，构建"把脉 - 诊断 - 治疗 - 养护"为一体的智慧生态管理模式。通过对生态健康全面感知、生态问题专家诊疗、生态运维高效智能、生态价值精准核算，实现健康的生态系统持续优化，亚健康的生态系统未病先防，不健康的生态系统科学修复。

（四）形成以"生态算法"为核心的数据应用体系

通过持续对生态系统运行状态进行监测，不断累积生态运行数据，并汇总生态修复技术、生态指标体系、生态模型数据，形成生态大数据资产。基于数据资产结合专业的生态模型算法打造"生态模拟器"，可对生态运行、生态风险、生态修复进行仿真模拟，实现在虚拟空间中模拟生态运行、预测生态风险、评估修复成效，实现生态修复经验传播、生态数据资产复用，生态数据价值转化，促进生态数字经济逐步完善。

（五）智慧生态治理模式推广引领生态治理新变革

未来，将进一步总结广阳岛项目经验，研制一系列标准规范，逐步形成可示范、可推广、可复制的智慧生态治理新模式。以广阳岛为起点，以小见大，推动从"广阳岛"到"广阳湾智创生态城"再到整个重庆的智慧生态建设，最终实现与"长江模拟器"联动，促进智慧生态治理模式走出重庆，辐射长江流域乃至全国，为推动我国经济社会可持续发展、人与自然和谐共生作出贡献。

四、建设组织及架构

项目建设单位：重庆广阳岛生态城投资发展有限公司

重庆广阳岛生态城投资发展有限公司（简称"广阳岛投资公

司")成立于 2017 年 7 月 19 日，由重庆经开区管委会和南岸区政府共同出资，并经市政府批准成立，接受市财政局、南岸区政府和重庆经开区管委会共同监管，注册资本金 100 亿元。公司负责广阳岛生态城开发运营，具体包括广阳岛片区长江以南 105km^2 范围整体开发、建设、运营、管理，开展土地整治、生态恢复、环境治理工程建设管理、生态旅游、文化产业、大数据智能化服务，进行筹融资和资产运营管理，开展区域投资等。

项目实施单位：重庆广阳岛绿色发展有限责任公司

智慧广阳岛建设（一期）项目是一项内容多、跨度大的信息通信系统建设工程。为保证工程建设的顺利实施，由重庆广阳岛绿色发展有限责任公司负责组建工程项目小组，承担工程建设的领导和管理工作。单位全面负责项目工程建设领导、规划和组织工作，对重大的技术、管理、业务规范和部门关系协调等进行决策。其主要职责包括：确定建设目标，完成数据采集，审查项目建设方案，按照批准的建设方案组织实施；审查和批准建设任务和年度计划；协调与各有关单位的关系；负责项目实施中的协调、监督和检查；做好项目推进协调和进度控制、资金控制等工作。

项目施工单位：广联达科技股份有限公司

项目施工单位为广联达科技股份有限公司，公司需充分掌握业主单位需求和建设思路，根据项目范围及内容编制施工方案、制定项目管理计划及组织施工方式，完成项目实施 - 验收 - 试运行全过程。同时，广联达科技股份有限公司作为系统建成后的运行维护机构，将全面负责系统建成后的运行、维护和组织管理，具体包括：负责应用系统软件的更新与维护；负责系统资源的安全、完整和有效利用，进行数据备份，在系统遭到破坏时，及时进行恢复或启动备份系统的正常运行。

袁正刚：关于成都市新津区"物理＋数字"双开发的CIM创新范式实践

一、建设背景及目标——抢抓数字中国新机遇

（一）践行转型发展新理念，打造数字县域未来场景试验区

党的二十大报告指出，加快建设网络强国、数字中国，加快发展数字经济，促进数字经济和实体经济深度融合。党中央、国务院印发的《数字中国建设整体布局规划》指出，要夯实数字中国建设基础、全面赋能经济社会发展、强化数字中国关键能力、优化数字化发展环境，强调要统筹开展数字中国建设综合试点工作，综合集成推进改革试验。近年来，成都市新津区积极打造数字县域未来场景试验区，以城乡全域为整体单元推动数实融合发展，聚焦数智城市、智能制造、数字乡村、智慧民生四类场景，通过政企多元协同创新的方式，创造并开放城市和产业场景机会，探索推动数字赋能公园城市创新发展。

（二）探索建设数字孪生城市，以适宜的颗粒度，打造"成都公园城市精明增长"的功能片区

新津区把数字孪生城市作为未来新型城市演进的重要方向，按照"地上一座城、地下一座城、云上一座城"的理念，积极探索"物理城市＋数字城市"双开发，将数字孪生贯穿于城市"策划、规划、建设、管理、运营"全流程，以 $6km^2$ 天府牧山数字微城作为完整的功能单元开展先行先试，并纳入成都市"三个做优做强"重点片区示范推进。构建了"CIM+策规建管运"一体化平台，将数字基建、数字街区、数字社区纳入片区和项目策划，编制了城市双

开发导则作为规划设计、开发建设的重要遵循,把数字建造技术、城市 IoT 物联感知端融入项目施工建设之中,开放片区级智慧城市建设、管理、运维应用场景机会,引入数字城市龙头企业及其生态伙伴开展数字孪生城市联合创新。天府牧山数字微城已将城市自进化智能体、端云协同、BIM 正向设计等技术运用到数字经济产业园、牧山之心城市公园等 27 个重点项目"策规建管运"全过程,聚集了广联达、云天励飞、龙湖龙智造等数字基建、数字建造等高成长性企业近 40 家,新增人口 90% 左右为 40 岁以下的新兴产业人群,成为成都青年人才流入增幅最快的区域之一。

(三)数智赋能产业建圈强链,以协同的创新链,拓展"成渝极核城市创新驱动"的产业赛道

新津区主动顺应数字经济与实体经济深度融合发展的时代趋势,围绕创新链布局产业链,以协同创新推动数实融合发展,加快培育产业新赛道。新津立足做优做强"先进制造、天府农博"核心功能和"数字赋能"特色功能,推动天府智能制造产业园向"智能制造 + 工业互联"转型发展,强化天府农业博览园向"数字农博 + 乡村振兴"跨界融合,加快天府牧山数字新城向"数字孪生 + 人工智能"持续演进,促进梨花溪文化旅游区向"数字文创 + 场景体验"升级蝶变,积极开展工信部工业互联网园区融合应用新模式、国家数字设施农业创新应用等试点示范,形成"一城两园一区"产业园区全域数实融合发展格局。先后设立了 30 亿元产业母基金和 3 亿元天使投资引导资金,并围绕数字赋能新智造、新乡村、新基建、新消费等领域组建各类投资基金,引育新兴业态,支持企业发展。联合中国联通、华为集团开展联合创新,聚集了中国信通院工业互联网(成都)创新中心、联通数科成都研发中心、西南交大"TOD+5G"联创中心等数字经济创新平台 10 多家,形成了联通数科、中材智科以及宁德时代、格力智能电器等 230 多家"链主 + 链属"集群发展态势。

（四）做实智慧蓉城区县平台，以好用的新场景，建强"国家超大城市智慧治理"的县域单元

新津区深刻把握智慧县域对智慧城市建设的基础支撑作用，按照成都智慧蓉城"王"字形架构部署，聚焦"智能交互、智能联接、智能中枢、智慧应用"，不断提升城市"全场景智慧、全要素聚合、全周期运营"的治理能力。搭建了"112N"智慧新津架构，建设1个以云网和城市感知体系为根本的"数字基础设施支撑平台"，搭建1个以数据中心、事件中枢和技术中心为核心的"城市数智能力中台"，开发分别面向政府管理和市民服务的2个"工作服务应用终端"，推出"基层服务·报表通""医疗救助·一键通"等N个管用、爱用、好用的智慧应用，实现数据"聚起来""管起来""用起来""活起来"。新津城市数智能力中台已汇聚数据源1.6万路、各类数据40余亿条，调用数据5000余万次、产生治理数据14余亿条，先后获得"DAMA中国数据管理峰会数据治理最佳实践奖""智慧中国数字能力领先奖""2022智慧城市先锋榜优秀案例一等奖"。

二、建设内容及价值——构建可生长、可迭代的城市CIM底座

（一）一个基础平台：搭建数字孪生新平台

围绕天府牧山数字新城 $6km^2$ TOD核心区，汇聚时空基础数据、资源调查、规划管控、工程建设项目、公共专题、物联网感知等各类数据资源，构建新津区统一的CIM时空数字底板（图1）。

开发了新津区国土空间规划一张图，解决了国土空间规划数据存储分散、数据指标不统一、数据更新不及时等问题。同时，对DOM高清影像、DEM高程数据、三维城市设计模型、项目设计方案BIM模型等建立虚拟现实场景，建立了规划空间数据库，提升了数据的利用价值。不仅如此，新津CIM平台（图2）

为自主可控平台，已实现与飞腾芯片，麒麟软件、统信等操作系统，达梦、南大通用、人大金仓等数据库，东方通等中间件，红莲花、奇安信等浏览器的适配和互认。

图 1 成都新津天府牧山数字新城区域图

图 2 新津 CIM 平台

（二）CIM+ 策规应用：构建空间管控新方式

落实策规一体，提升城市规划方案落地质量水平。构建空间管控"一张图"，将规划数据有机整合落入空间中，实现对规划成果的汇集和分析。梳理成都市城市规划管理技术和新津区控制性详细规划指标要求，建立指标库，对项目设计方案开展合规性审查。建设新津区统一的 BIM 全过程业务审查平台，实现新津区项目规划设计方案 BIM、施工图 BIM 延续性审查业务智能在线审查管理，推动新津建设方案建模标准化，方案审查智慧化（图 3）。

图 3　基于 CIM 的策规专题应用

（三）CIM+ 建设监管：创新建设监管新途径

衔接规划落地，提升区域现场工程监管效能。通过平台（图 4）实现二三维项目施工图方案与设计方案对比分析，落实规划指标衔接，规避规验风险；基于物联传感及现场智能设备，实现对全区重大工程项目的全过程监管，对工程进度、质量、安全、劳务人员、环境、视频监控等工程监管数据的集成，按照前期预判、过程记录、事后追溯来实现全建造过程的管理，提供视频监控、进度管理、劳务管理、质量管理、安全管理、设备监控等工程施工管理。截至 2023 年 5 月底，新津区天府牧山数字新城共有 51 个续建项目、58 个新开工项目以及 57 个储备项目，全部纳入全流程一体化管理，提高了项目参与方之间的工作协同和沟通效率。

图 4　基于 CIM 的建设监管专题应用

（四）CIM+ 城市管理：打造城市治理新标杆

聚合城市空间、物联设备、业务系统，基于 CIM 基础平台实现各专项应用及各部门之间的信息共享和交互，以及物联信息的共享与融合（图 5）。实现了试点区域的地下管线的空间化呈现，建立了 CIM+ 地下管网应用，解决了地下管网分布不清的问题，提升了政府管理侧对土地供应服务效能，降低了建设施工侧的施工成本，优化了土地供应、项目施工的流程。

（五）CIM+ 招商运营：提升可视招商新体验

瞄准精准服务，助力产业招商快速落地。通过平台，为 TOD 核心区提供产业定位、功能规划、优惠政策、区位优势、招商机会、产业落地、产业分析和生活服务配套等三维可视化招商服务，助力土地辅助选址与楼宇载体招商服务。在地块招商中，快速结合地块指标数据及周边配套设施等进行在线筛选匹配，定位符合条件的地块；在楼宇招商中，集合项目竣工BIM，将建筑的主要功能区分布、空间结构进行了可视化空间关联表达，提升了招商选址的工作效能（图6）。

图5 基于CIM的管理专题应用

图6 基于CIM的运营专题应用

（六）应用价值：推动数字政务新突破

一是"管理+服务"一体化，提高企业服务效率。

用地需求一图清：推行"用地清单制"管理，在土地出让前，通过 CIM 基础平台及应用，统一将项目建设中涉及空间规划条件、经济指标、管线点位要求等以用地清单方式集成落实到地块。在组织土地出让时，通过"一键核提"（图 7）快速形成可下载、可读取、可复用的数据资料，将清单一并交付土地受让单位，大大缩短企业对接供地阶段资料的手续时间。

图 7　用地清单一键核提

报规报建一模通：构建 BIM 全过程审查系统，实现 BIM 模型贯穿工程项目的规划、建设、竣工、管理全生命周期监管。通过施工图 BIM 模型延续性审查（图 8），确保报规与报建方案一致；通过复用施工图 BIM 模型，施工企业可以快速准备施工方案编制、进场准备、设备租赁以及材料采购等前期工作，降低施工成本；通过 CIM+ 工程项目监管实时获取最新工程项目的投资、进度、质量、安全等关键数据，优化办公流程、提高效率；通过竣工模型备案实现实模一致性审查，进行模型成果备案归档，支撑城市运营。

运营服务一屏服：通过构建园区全要素的三维空间数据模型，展示特色区域优势、土地利用、产业格局、招商现状、招商政策及服务、企业信息等，实现智能辅助地块选址、楼宇信息模型三

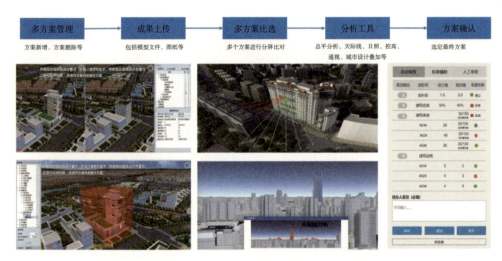

图 8　基于 CIM 的三维规划设计方案辅助审查

维空间展示、空间资源状态查看等功能，实现与招商业务系统一体化打通；通过 CIM+ 市政设施管理，实时反馈市政设施运行状态，并支持市政设施维护与运维工作；通过 CIM+ 社区管理关联"人、房、户"数据，解决重大突发事件处置环节摸底难的问题，对特殊人群进行关怀和关注。

二是"BIM+CIM"一体化，沉淀城市数字资产。

通过 BIM 模型把"策、规、建、管、运"各阶段的业务数据打通（图 9），与 CIM 的融合之后形成城市数字资产，打通数据共享通道，实现与城市建设相关的三维立体时空数据在各项应用及部门之间共建共享，避免空间数据的重复建设投入。基础平台建成后能够满足各专项应用及各政府部门在时空数据方面的各维度需求，为城市建设节省部分数据建设资金。

三是"平台 + 专题"全协同，提升智能决策水平。

通过 CIM 基础平台的建设实现了各专项应用和各部门之间的信息共享和业务协同，及时、准确、全面、完整地掌握时空信息资源情况，实现高效、敏捷、精确的政府管理。通过组建城市策划规划、建设管理、城市管理、城市运营等专题信息，为各专项应用提供了全面的、个性化及多样化的专题服务，为领导科学决策、依法决策提供有力依据，整体提升政府的科学化管理水平和智能化决策水平。

图9　基于CIM的"策、规、建、管、运"一体化系统

三、建设成果及转化——形成中小城市数字孪生工作体系

（一）形成"物理+数字"双开发协同工作机制

创新组建公园城市建设局，成立公园城市建设研究中心，统筹协调管理城市"规划、建设、管理、运营"，以项目开发为主线，构建以数字赋能的项目"策、规、建、管、运"全生命周期的一体化管理。区投促局、水务局、规自局、经信局、文体旅局、智慧治理中心等单位提出使用需求并配合CIM平台建设，新津城产投、旭辉公司作为建设单位，承担项目促建、用地清单、设计方案审查、施工图审查、竣工备案等应用子系统建设，广联达科技股份有限公司作为实施单位负责平台的开发和运维，形成一套"物理+数字"双开发协同工作机制。

（二）打造"CIM基础平台"为底座的应用体系

通过CIM基础平台，构建新津海量多源异构数据基础数据库，实现与成都市级CIM平台的对接。目前，平台已对接成都市工程建设项目审批管理系统、智慧工地系统、市政物联感知系统、智慧社区综合应用平台、智在云辰社区管理系统、智慧蓉城等系统，集成核心区基础设施数据、重点项目 BIM 数据、工程建设项目数据、城市运营管理数据和物联网实时感知数据（为城市运营数据的接入预留接口），以及 330km² 全域国土资源数据集成，为实现 CIM+TOD 智慧应用提供数据支撑保障。

（三）构建"标准导则"指导应用实践规范体系

为规范新津 CIM 基础平台建设，对平台建设各方提出了技术要求，规范建设平台各部分模块，实现系统间无缝集成与对接，打造 TOD 示范区。在遵循当地相关规范的基础上，建立了新津数字城市"3+2"标准体系和国家重点研发计划 CIM 平台落地示范项目要求。"3+2"标准体系为：CIM 交付通用标准，CIM 平台技术标准，CIM 平台物联数据接入与集成标准，新津区 BIM 实施应用意见，新津区智慧工地实施应用意见，规范新津智能化应用建设以及数据接入的互联互通、信息共享、业务协同。基于标准体系进行深化设计，形成新津区 BIM 模型挂载手册。

（四）探索"五大示范模式"的应用推广示范地

围绕新津地域特色、经济社会发展现状，聚焦"物理+数字"双开发创新应用，以"数据融合、智能运营、智慧应用"为总体目标，探索标准示范、平台示范、模式示范、场景示范和县域示范。通过项目建设，建成一个基于 CIM 的"策、规、建、管、运"系统，完成"五大示范"，即新津区 BIM 业务全流程应用标准示范，新津区全覆盖的高精度可视化平台示范，四川省"物理+数字"双开发模式示范地，公园城市未来社区场景示范地，新基建县域智慧示范。

（参与本报告研究的还有成都市新津区公园城市建设局 杨敏、成都市新津区数字经济中心 李文靖）

韩爱生：关于杭州市拱墅大运河数智未来城 CIM 平台应用研究

园区是城市空间和城市生活的一部分，是城市的缩影，园区的功能和发展目标更明确、更具体。因此，依托园区开展基于 CIM 平台的智慧城市的规划、设计与建设更容易落地。以智慧城市建设为引领，以智慧园区建设为支撑，建设"创新、协调、绿色、开放、共享"的智慧园区将成为智慧城市建设提供示范作用。

当前，以 5G、VR、AR、人工智能、大数据、物联网为代表的新兴技术得到日益广泛的应用，随着智能建造第一批试点城市的落地，加快推进科技创新，打造智能建造产业集群，培育新的投建营一体化的整体数字化方案将变得越来越迫切。城市建设分为"管理主体、建造主体、使用主体"，在城市建设过程中如何将这三个主体有机结合，来提升城市运行效率是我们需要共同解决的问题。例如在园区建设中需要考虑在监管、建造、运营智能化方面进一步深化运用这些先进技术，提升运营服务水平，开创园区投资、管理、建设、运营全新模式。以下为"杭州市拱墅大运河数智未来城"（以下简称"大运河数智未来城"）CIM 建设案例，分享基于 CIM 技术平台的智慧园区应用研究工作。

一、概况及建设背景

大运河数智未来城位于杭州市拱墅区北部，园区规划总面积 22.05km^2，由北部软件园片区、智慧网谷片区和北城智汇园片区三个产业功能区块组成，着力发展数字经济、生命健康和智能制造三大产业。截至目前，园区拥有汽车互联网小镇、智慧网谷小镇等特色小镇平台，国家级高新技术企业 227 家，重点农业企业研究院等省级以上企业研发机构 30 家。

本次大运河数智未来城 CIM 平台建设与应用研究由拱墅区政府牵头联合新中大科技共创共建，本项目共分为三期建设，第一期核心围绕智慧网谷进行先行试点，智慧网谷总用地面积约 1.82km^2，规划总建筑面积 294.2 万 m^2，除少量地块外其余均为新建项目。智慧网谷分为北片区（综合创新服务区）、南片区（生活配套服务区）、东片区（休闲体验服务区）三个片区，主要新建项目 19 个。

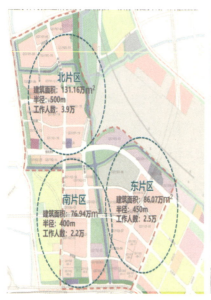

图 1　智慧网谷园区区域图

二、CIM 建设内容及价值

大运河数智未来城 CIM 平台在整体设计中更加突出"CIM+"的作用，第一期智慧网谷基于数字孪生的新型智慧园区发展理念，充分发挥园区 5G 网络覆盖的优势，以 CIM 平台为载体，集成和融合应用 BIM、GIS、物联网、5G、云计算、大数据、AI 等新一代信息技术，整合园区各类应用服务，汇聚各类要素资源，助推园区向精细化、智能化、人性化管理转型,为打造基于数字孪生的智慧园区奠定良好基础。园区主要建设与运营内容包括"基础设施智能化、基于'CIM+BIM'的园区数字孪生、基于'CIM+智能建造'的园区数智管理平台建设、基于'CIM+多方协同'的投建营管理、基于'CIM+ERP'的项企融合一体化"五大部分。具体如下:

(一)基础设施智能化

项目前期对于市政基础设施(如给水排水、雨污水、电力、通信、燃气、消防、环卫、综合防灾等)设施的智能化建设已进行整体规划设计。同时在新建项目和已建工程上加装智能设备,结合定量指标对设施运行状态自动监测,同时也为园区入住企业及住户提供了数字化的安全防护能力,并与智慧园区的设施模型关联,动态评估设施运行潜在隐患,自动预警设施运行安全风险。结合安全、宜居、健康理念,应用通信、物联网和智能控制等技术,构建针对智能监控、智慧管网、智慧防灾、智能消防、能耗监测、智慧停车、智能门禁等不同应用场景的智能化设备系统。为实现数实融合的智慧园区奠定了物理基础。

(二)基于"CIM+BIM"的园区数字孪生

CIM是群体,BIM是单体,CIM平台的应用离不开BIM。整个大运河数智未来城,除智慧网谷为新建外,其他片区存在大量已建项目,所以基于"CIM+BIM"的园区数字孪生分为已建区域的建模以及新项目的BIM模型。

对已建区域的建筑、交通设施、植被、重要园区部件进行三维建模是一项非常困难的工作。需基于业主提供的CAD图、BIM模型,对园区写字楼、住宅、学校等进行重新测量,结合现场实际情况,新建/深化BIM模型,包括BIM建筑模型、BIM机电模型、内装模型、景观模型、施工资料、运维资料、设备信息、监控信息、规范信息等图形及信息数据。第一期建设规划中先用倾斜摄影完成实景建模，存量建筑建模工作将同步推进。

关于新建项目的建设，核心是建立 BIM 模型和数字化交付标准。内容主要包括两大块：建立 CIM 与 BIM 应用标准规范体系、BIM 模型的审核与融合处理机制。只有这样才能让新项目的 BIM 模型和数据符合 CIM 技术底座的要求，才能融入整体规划的 CIM 平台中，为园区数字孪生建设奠定三维空间的园区信息模型数字底座。

（三）基于"CIM+ 智能建造"的园区智慧大脑建设

园区智慧大脑建设包括底层 CIM 时空信息子系统、智能建造管理子系统、运营服务子系统三个板块。

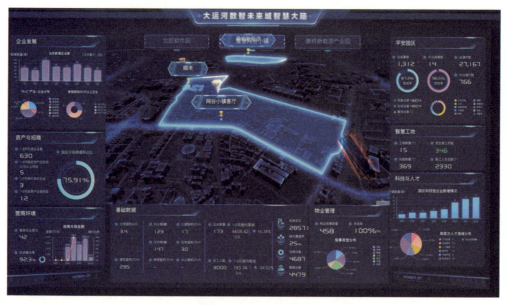

图 2 大运河数智未来城智慧大脑

CIM 时空信息子系统，作为数字园区的操作系统，涵盖地上、地面、地下，过去、现在、将来的全时空、全尺度的园区信息模型，形成园区数字化档案，积累园区数据资产，从而可以更好地为安防治理、产业经济、应急处置等提供有效的决策依据。基于 CIM 时空信息云平台可以集成智慧园区的各项资源服务，支撑园区安防、交通、能耗、消防等垂直应用，服务智慧园区创新发展。

智能建造管理子系统，基于底层 CIM 平台，在园区建设过程中同时服务拱墅区园区管委会和建设施工单位，通过集成和接入各种智能硬件如人脸识别设备、人员定位安全帽、智能地磅、塔吊监测、危大工程监测、质量监测、水电监测、建造机器人等各类设备和数据资源，从建设过程开始数智化，对项目生产全要素"人、机、料、法、环、测"进行智能化管理，构建园区三大指挥调度中心，对园区施工区、生活区、办公区等园区方方面面实时运行状况，进行统一展示、统一管理和集中监控，并实现异常关键指标预警报警和应急处置，全面提升园区运行管理、服务保障能力。另外智能建造管理子系统与杭州市实名制管理平台、智慧工地综合监管平台打通，全面实现政企数据互通，服务与监管一体化。

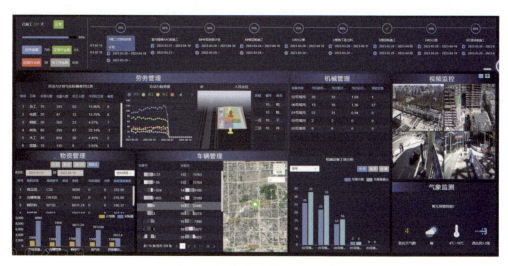

图 3　智能建造管理子系统

运营服务子系统，从建设过程直接延续，通过建设设备设施管理、物业管理、招商管理等模块，并与气象局监测平台、公安流动人口监管平台、消防管理平台打通，全面整合房产资源、企业资源、商业资源、生活资源、交通资源、政务资源，规范业务办理标准，打通部门间合作壁垒，可视化展示园区建设进度、设备运行情况、招商情况、企业入驻情况等数据，逐步实现园区基础设置、管理运营、产业发展、社区服务、旅游服务、文化服务六大要素的信息化、数字化和智能化。从而构建可视化、可诊断、可预测、可决策的运营平台数字化应用场景的自适应生长环境。

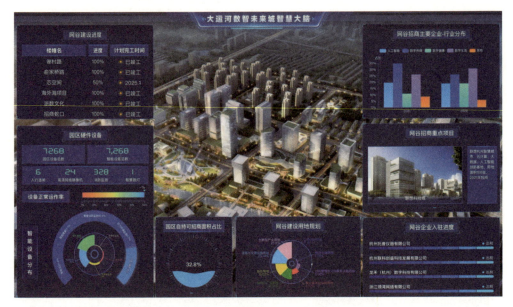

图 4　运营服务子系统

（四）基于"CIM+多方协同"的投建营管理

建设过程中，利用多方协同平台完成建设单位、设计单位、勘察单位、施工单位、供应商等多方参建主体的线上协同，包括可研报告、项目策划、合同签订执行、施工生产、资金结算、质量安全、竣工验收等全过程内外协同，提高了园区建设效率，降低了建造过程的管理成本，通过建设过程的多方协同，完整的数字化交付，沉淀的数据资产为后续运营服务提供支撑。

运营过程中，规划利用多方协同平台完成物业单位、住宅住户、学校、文物保护机构、消防部门、交通部门、水暖部门等多方管理主体的线上协同，包括针对物业保修、设备安装维修、交通道路、火情防灾、园区巡检等过程内外协同。通过整个物联感知、预警反馈，让园区管理人员能快速定位到问题，并且通过平台了解到建设过程的同类问题，平台和其他协同单位等信息，方便管理人员快速协同调度，提高了园区的运营效率。

（五）基于"CIM+ERP"的项企融合一体化

工程项目是在特定时间段内通过多方协同实现交付成果目标的达成，项目部是临时性的组织，而项目的管理组织是连续性的经营组织，在单项目管理的过程中我们还需要考虑与这些参建单位企业级的 ERP 系统的融合。在国家数字化转型的大背景下，每个企业都有数字化转型的需求，很多企业也都搭建了数字化管理 ERP 平台，目前在城市建设过程中，经常遇到在单项目协同工作中多头管理，重复信息采集上报的问题，这就需要我们能从整个 CIM 技术平台上拉通企业 ERP 系统，达到"BIM 模型一模到底、数据最多采集一次"。

ERP 重点关注企业制度信息化落地及业务管理流程实现，"CIM+ERP"一方面通过 CIM 的能力赋能 ERP 平台过程数据采集能力和可视化能力，另一方面也通过"ERP"加强了全过程的流程监控和企业级监管的能力。

三、CIM 技术平台描述

本案例 CIM 建设由拱墅区政府牵头，应用的是新中大自主研发的"钱潮 CIM 技术平台"，钱潮 CIM 技术平台的核心基础是"GIS+BIM+IoT"，CIM 是由大场景的 GIS 数据 +BIM 数据构成。CIM 作为城市级操作系统的目标主要是空间共享、空间治理和空间增值。在城市建设过程中积累了大量时空数据资源，如何把数据资源变成今后的数据资产，推动城市数字化的发展，是 CIM 技术平台的重要意义所在。

任何一座城市的建设都是从一幅城市规划蓝图开始萌芽，从单体建筑的建设开始逐步落地和完善的。BIM 是构成 CIM 的重要基础数据之一，如果说 BIM 技术是信息化技术在建筑行业内的"点"式应用，那么 CIM 技术就相当于信息化技术浸润于各行业内的"面"式应用。也就是基于 BIM 的技术，才有了 CIM 体系。CIM 技术平台，可以汇集多源、高精度、全区域各要素的城市模型数据，通过对这些数据的深度挖掘、分析，实现对城市规律的识别，为改善和优化城市系统提供有效的指引。CIM 是数字孪生城市智能化运作的核心，通过数字孪生城市的构建可以改变传统的城市发展模式，全面提高城市物质资源、智力资源、信息资源配置效率。

图 5　CIM 技术平台总体架构

四、本案例价值分析

以 CIM 为核心基础的园区智慧大脑凭借其在时空信息整合、三维全空间模型构建、动态可视化表达、多源技术融合等方面的优势，正在成为新型智慧园区的"数字底座"。另外随着对园区数据的积累，提升了对于园区复杂信息的智能响应及自主反馈能力，并将其转化为知识，不断优化园区管理，辅助运营维护者的相关决策，达到数字驱动园区发展的战略目标。

拱墅区通过第一期智慧网谷 CIM 平台应用，为未来两个片区乃至其他园区建设起到了积极的示范意义，主要表现在如下三个方面。

统一标准：基于 CIM 技术底座，建立了统一的管理平台、数据格式标准、应用标准、BIM 交付标准，极大程度避免园区内智慧应用场景新项目的内容和接口重复建设。

共建共享：通过完整的数字化交付过程，实现了"管理主体、建设主体、使用主体"不同主体间的业务连续，由拱墅区政府牵头各个主体参与到平台建设中，达到"共建、共享、共用"的目的。

上下贯通：基于 CIM 的智慧园区管理平台向上可以联接城市级 CIM 平台，并最终成为杭州市"城市大脑"的主要内涵，向下则联接所有城市建设项目的智慧工地以及智慧社区，实现上下贯通。

现阶段，CIM 底座建设已突破技术难题，加快 CIM 底座信息完善，数据融合，以城市数字孪生技术，实现人口空间、公共设施布局、基础设施建设、城市治理服务等分析，极大地优化城市空间布局，支撑城市科学规划、高效建设、精细化治理，确保城市安全、有序运行，将成为未来城市治理的终极目标。

（参与本报告的还有杭州市拱墅区大运河数智未来城管委会书记、主任赵斌，新中大科技股份有限公司总工程师李伯鸣，新中大科技股份有限公司副总裁、首席技术官原雷，杭州浩联智能科技有限公司副总经理徐宏）

宫长义：关于苏州市智能建造工业互联网的 CIM 应用研究

一、研究背景

（一）"新城建、智能建造"双试点城市

2020 年 8 月，住房和城乡建设部、工业和信息化部等七部委联合印发《关于加快推进新型城市基础设施建设的指导意见》，首次提出新型城市基础设施建设（简称"新城建"）。2020 年 10 月，苏州入选首批全国新城建试点城市，在 CIM 平台建设、智能化市政基础设施管理、智慧社区、智能建造和城市综合服务管理等方面开展试点示范建设。

2022 年 11 月，苏州市列为全国 24 个智能建造试点城市，以"建立统一、综合、开放的智能建造标准体系"为目标，擦亮"苏州智能建造"品牌。2023 年 3 月住房和城乡建设部在苏州召开全国智能建造工作会议，进一步要求加快智能建造试点推广工作，期间苏州发布首个基于"1 平台 +6 专项"的智能建造示范体系，提出以"BIM/CIM+ 工业互联网"作为全域智能建造数据要素管理的基本平台，打造基于数据驱动的智能建造模式。

（二）政策引领助力高质量发展

为做好新城建和智能建造双试点工作，苏州市政府积极出台相关政策，先后发布《苏州市开展新型城市基础设施建设试点工作方案》《关于加快推进建筑信息模型（BIM）应用的指导意见》《关于加快推进建筑产业现代化发展的实施意见》《苏州市建筑业"十四五"高质量发展规划》《关于加快推进智能建造的实施方案》

《智能建造（建筑机器人）补充定额》等一系列政策和标准文件，通过政策引领，促进苏州建筑业高质量发展。

在新城建试点建设工作中，苏州市政府制定了详细工作方案，提出了"一平台六推进"的工作思路，致力推动智能建造、双智城市等7项任务试点全覆盖，加快城市有机更新，推动产业转型升级，推动新技术、新产业、新模式与城市建设深度融合。

在智能建造试点建设工作中，苏州市政府提出，到2025年建成苏州市智能建造推进工作机制，建立苏州市智能建造相关标准体系；并大力推广新型建造方式，培育智能建造产业集群，推进BIM技术研发应用，全面推广智慧工地，强化智能建造评价和推广等五项重点任务；以及稳步发展装配式建筑，提高装配式建筑质量水平等内容。

此外，苏州市积极编制新城建标准评价体系，围绕七大重点专项任务，结合各区市建设实际、目标要求，对各项任务完成情况、实施成效、群众满意度等进行全面调研评估，评定优、良、合格等指数级别，并提出推进建议等，将"新城建"思维贯穿于工程策划、设计、施工、运维等全过程。

（三）新城建项目建设的困境

新城建的本质是在政府主导工程项目全生命周期的数字化管理和智能化应用，数据要素是新城建项目的核心，新城建平台的主要任务是集聚工程全生命周期数据，服务工程产业链全流程的应用。推进这项工作的难点包括：（1）单个工程如何实现全生命周期的数字化协同与管理？（2）采用怎样的平台来支撑城市级智能建造应用及产业体系？（3）单个工程的智能建造数据与城市信息模型如何协同？

采用CIM作为新城建数字底座，实现多参与方、多阶段的工程数据集成和业务流程整合。但新城建项目在建设和运维过程中，会遇到许多问题和障碍，如流程审批方和审批顺序问题、政府监管权归属问题、数据标准规范不统一、数据整合困难等，从而造成 CIM 数字底座不坚实、数据有效利用能力不足。

可以说，BIM 的数据汇集不足以形成 CIM，单个工程基于"BIM+IoT"的智能建造工业互联网平台数据，才能形成完整的 CIM 数据，才足以支撑智能建造各项应用。

二、基于智能建造流程的新城建标准框架

按照智能建造流程，以项目建设全过程的数智化应用为研究场景，以智能建造提升建造效率为目的，开展面向智能建造的新城建建设标准研究。编制的建设标准的关键技术及功能模块如表 1 所示。

建设标准的关键技术及功能模块　　　　　　表 1

阶段	关键技术	功能模块
全过程策划咨询阶段	组织体系及交付模式	组织体系
		团队配置
		管理制度
		交付模式
设计阶段	BIM 一体化数字设计	数字化辅助设计
		数字化辅助审查
		数字化深化设计
		基于 BIM 的性能化分析
		BIM 协同管理平台
制造阶段	部品部件智能生产线	构件拆分及参数化设计
		物料采购及库存管理
		自动工艺规划
		实时分析和工艺匹配/离线编程
		柔性化、自动化生产
		智能化运输交付
		智能化质量检测
		智能化生产管理

续表

阶段	关键技术	功能模块
施工阶段	智能施工管理	施工大数据看板
		数字化分包管理
		人员管理
		车辆管理
		AI 视频监控
		智慧设备管理
		智慧物资管理
		智慧环境监管
		智慧安全管理
		智慧质量管理
		智慧进度管理
		智慧成本管理
	建筑机器人及智能装备	地形地质勘察
		大型无人驾驶机械
		主体施工机器人
		装饰装修机器人
运行阶段	智慧设施运维	设备资产管理
		安防管理
		智能巡检
		实时监控
		可视化统计分析
		运维应用
	智慧能源	能源计量
		能源设备管理
		光伏等新能源管理
		能效管理
		能耗优化
		综合能源智慧运营中心
		设备及管线可视化
		告警监控可视化
		碳排放管理
		碳资产及交易

续表

阶段	关键技术	功能模块
运行阶段	新城建信息基础设施	新型城域物联专网
		5G/6G 应用
		AI 应用
	智能市政设施	基础设施改造
		智慧杆柱
		智慧管网
		智能井盖
		数字化监管
	城市综合管理	数据采集
		视频监控
		"一网统管"平台
	智能交通设施	城市道路基础设施智能感知体系
		智慧出行平台
		道路基础设施数字化
		智慧停车
		电动车共享体系
		充换电设施
	城市安全管理	应急安全
		结构监测
		智能城市安全管理平台
		城市生命线智能化
	智慧社区管理	社区治理
		空间管理
		智慧物业
		智慧住区
		数字家庭
		智慧助医
		智慧助老
		智慧园区运营平台

三、平台架构

（一）基于 CIM 的智能建造工业互联网平台架构研究

基于 CIM 的智能建造工业互联网平台（图 1）是围绕"人、机、料、法、环、品"等六个要素，由 BIM 串联每个项目和构件数据，汇集而成 CIM 数据，采用工业互联网方式进行协同管理，让工程设计和建设的所有参与方跨地域、跨组织、跨阶段协同工作，用工业大生产的理念，把设计、加工、装配、运营联动起来，优化产业链，同时又协助政府实现数字监管，数字化平台提升数字监管。

基于 CIM 的智能建造工业互联网平台体现的是数据自由流动和数据挖掘增值的功能，最终实现效率提升和成本降低。此外，通过平台打造的开发者社区，能够实现技术开源、工具提供、文档分享、专家支持、利益共享等效果，能够吸引更多开发者及行业伙伴入驻平台参与应用创新，最终实现平台向更多领域的延伸拓展。

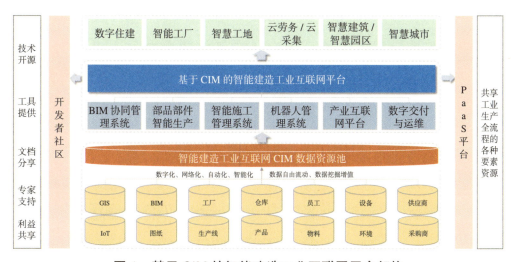

图 1　基于 CIM 的智能建造工业互联网平台架构

（二）基于 CIM 的智能建造工业互联网平台建设要求

平台建设应遵循"政府主导、多方参与，因地制宜、以用促建，融合共享、安全可靠，产用结合、协同突破"的原则，统一管理 CIM 数据资源提供各类数据、服务和应用接口，满足数据汇聚、业务协同和信息联动的要求。具体要求如下：

平台主要建设内容应包括功能建设、数据建设、安全运维建设。功能建设必须提供三维模型和 BIM 汇聚的能力，应具备模拟仿真建筑单体到社区和城市的能力，宜提供工程建设项目各阶段模型汇聚的能力。

平台的空间参考应采用 2000 国家大地坐标系（CGCS 2000）的投影坐标系或与之联系的城市独立坐标系，高程基准应采用 1985 国家高程基准，时间系统应采用公历纪元和北京时间。

平台要求 BIM、IoT 数据及其他系统数据应遵循苏州市数字孪生城标准的数据建设标准和传输协议。平台能够通过模型数据与模板多重关联信息的匹配度来定位目标对象，并能够基于标准数据格式进行多源数据融合转换，能通过多种类型的语义映射规则，进行多层次语义映射和几何信息转换。

（三）基于 CIM 的智能建造工业互联网平台规划

一是打造自主可控的 DTCLOUD 智能建造中台。

现有建筑行业有三大数据类型，包含空间数据（非结构化）、IoT 数据及常规结构化数据。现有的建筑行业软件开发平台主要是处理结构化数据，对于非结构型数据处理能力较弱，为此专门打造了智能建造工业互联网平台 DTCLOUD（图 2）。

DTCLOUD 智能建造中台是国内首个面向智能建造数字孪生建筑/园区应用的快速开发平台，采用 BIM/CIM+AIoT 的技术架构，具有"多、快、好、省"等绝对优势，为 CIM 应用提供底层空间技术支撑。

主题一：关于中国城市建设之 CIM 发展

图 2　基于 CIM 的智能建造工业互联网平台产品 DTCLOUD

二是丰富和完善 CIM+ 政府监管 / 服务应用。

基于 CIM 的智能建造工业互联网平台（图 3）将打通政务平台，丰富和完善 CIM+ 政府监管 / 服务应用。通过 CIM 底图叠加 BIM、IoT 等数据，实时、立体展示区域内工地项目整体信息，如项目建设进度、项目相关单位、项目从业人员、安全专项整治、

图 3　基于 CIM 的智能建造工业互联网平台

扬尘防治等。并开发 CIM+ 政府监管 / 服务决策分析中心，实现集综合查询、统计分析、预测预警的大数据应用功能为一体，为项目概况、人员管理、危大工程、绿色施工、现场监控方面的科学决策提供实时数据、预测、评估分析的综合信息服务。

四、CIM 平台应用案例

（一）应用区域介绍

苏州相城区，地处苏州市域地理中心，面积 $489.96km^2$，下辖 4 个镇、7 个街道，拥有 1 个国家级经开区、1 个苏相合作区、1 个省级高新区、1 个高铁新城和 1 个省级旅游度假区。相城区处于高速发展阶段，建设工程量大，现有建筑项目 534 个，报建项目 275 个，小临工程 87 个。

（二）CIM+ 应用

一是 CIM+ 工地安监——相小安微监管平台。

相小安微监管平台（图 4）是以 BIM-CIM 数据为核心数字底座，将线下的报监、安全检查、各个质量节点的验收以及通知公告放到线上，搭建企业库、人员库、项目库、诚信库的四库一体平台，通过对建筑工程施工现场的可视化、精细化管理，实现对工地安全、环境、人员和工程质量等全过程、全方位实时监管、调度指挥和决策。

目前，已覆盖相城全区 500 余建筑工程项目，实现所有工程项目从注册报监、告知交底、启动监督等标准监管流程；平台在监项目 324 个，竣工项目 180 个，平台注册用户 21860 人，日活跃用户 400 余人，日常访问量 20000 人次以上；其中监管部门发布相关公告消息 60 余次，监管检查 3000 单以上。

平台通过线上监管、移动监管的方式，全面实现全平台"数据一个库、监管一张网、管理一条线"的信息化监管目标，大大提高监管部门对辖区内项目的监督执法效率。

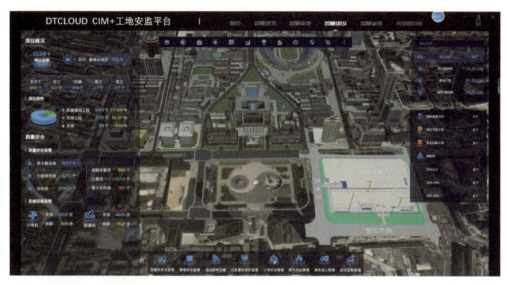

图 4　相小安微监管平台

二是 CIM+BIM 审查与交付——苏相 BIM 审查平台。

苏州市苏相合作区发布了基于新城建 CIM 平台的 BIM 应用标准，并打造了 BIM 监管平台，该平台于 2022 年 10 月 14 日正式上线试运行（图 5）。平台将 BIM 模型及其应用信息统一进行存储和管理，对移交的工程项目 BIM 模型和满足苏州市 BIM 示范项目应用各类资料，进行在线快速审核、审批，实现建设工程项目 BIM 数字化交付，助力苏相合作区 CIM 底座建设。经过一年多运行，在线审查项目超过 50 个，包含房屋建筑、市政、道路等多种项目类型，在实施过程中，取得了不错的效果，获得了 2022 年度苏州市"新城建"示范项目的殊荣。

本平台针对苏相合作区 BIM 审查小组专家用户定制化开发了一套线上自动化审查系统，通过一键审查，完成项目地理信息、模型精度、项目单位、构件类型/构件编码、系统颜色等审查工作中工作量大且重复性高的审查内容，同时配备分屏对比、二三维联动等辅助审查工具，方便审查专家快速准确地对 BIM 模型进行相关审查工作，提升审查效率。

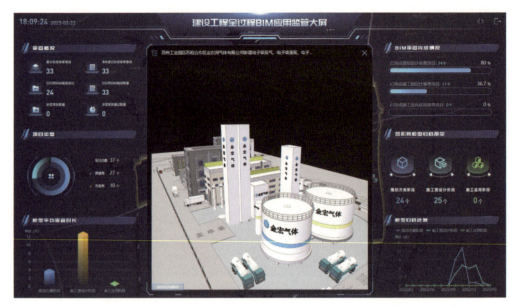

图 5　苏相 BIM 审查平台

三是 CIM+ 智能建造——中亿丰智能建造运管平台。

CIM 赋能智能建造，智能建造汇集 CIM 数据。智能建造运管平台（图 6）以项目数据为核心，通过集成工程全流程的 BIM 数字一体化、部品部件智能生产、智能施工管理、机器人及智能装备、建筑产业互联网、数字交付与智慧运维等六大功能模块，实现项目贯通管理，纵向上通过串联政府监管、企业管理、项目应用实现纵向挖通。

在 BIM 数字一体化模块中，搭建 BIM 协同管理平台，实现图纸、模型、进度、应用点管理，助力项目数字化建设；在部品部件模块中，平台通过传递 BIM 设计数据到工厂，联通项目预制构件、混凝土、铝合金等部品部件生产厂家，通过二维码实现从部品部件的订单、生产、运输、现场安装全流程管控（图 7）。

在智能施工管理模块，利用 IoT 和 AI 技术对施工现场数据采集和智能预警，实现工地绿色安全施工。基于 BIM 和大数据分析，对项目合同、成本、质量安全、物资等项目管理，提升项目管理效率。

图 6　基于 CIM 的智能建造运管平台

图 7　CIM+ 部品部件生产管理

在机器人及智能装备模块，平台（图 8）通过打造机器人服务（RaaS）系统，对机器人和领航员资源集中管控和共享租赁，实现机器人作业状态实时监控、作业进出场集中管理、操作人员统一调配，掌握机器人在项目施工的进度情况，确保应用模式落地和提升机器人使用效率。

图 8　CIM+ 建筑机器人服务平台

在建筑产业互联网模块，平台通过对接相城区产业工人管理平台，实现项目人员实名制集中管控；对接中亿丰集采平台，实现项目招标和物资采购集中管控；对接中亿丰设备管理平台，实现项目设备统一调度、集中管控。

在数字交付与运维模块，对项目模型、图纸、文档标准化、集中化归档，并通过 BIM 模型关联项目设备生产厂商、质保等信息，实现真正意义上的数字化交付。再结合 AIoT 技术，实现对项目资产、工单、环境、能耗等统一管控，从而实现绿色运维。

五、结语

（一）基于 CIM 数据驱动的智能建造是建筑业高质量发展必由之路

苏州建筑业发达，建筑业总产值达 4100 亿元，为"新城建"

试点工作提供了广阔的实验环境。推动建筑领域信息化、数字化、智能化建设，是苏州建设数字城市和智慧城市管理的基础。打造全产业链融合一体的智能建造产业体系，推动 BIM 和 CIM 互通相融，是促进建筑业集约式高质量发展的一条新路。

（二）基于 CIM 数据集成和产业链协作可实现行业互通互联

智能建造工业互联网平台不仅将与建造相关的如设计、施工等方面的信息打通，也要为包括政府、业主、原材料、物流、设备厂商等在内的建筑业上下游产业链涉及的所有相关方提供有价值的数字化服务，将各个独立的个体通过产业互联网平台串联起来，实现行业互通互联、互惠互利。

（三）以点带面，实现 BIM 到 CIM 应用全覆盖

以工地安监、BIM 审查与交付、智能建造运管等方面为突破口，逐步开展 CIM 应用。通过以点带面，依托 BIM+CIM 技术，实现建筑工程全生命周期的数据治理、产业协作等功能，促进建筑工程项目数智化转型，推进苏州市智能建造和新城建试点取得成功。

刁尚东 / 宋 岩：关于广州市科技教育城 CIM 平台的应用研究

一、广州科技教育城简介

（一）项目简介

广州科技教育城，作为市委、市政府重点项目规划建设，媲美广州大学城，被誉为技能人才资源库、湾区最强"产业大脑"，是未来广州产教融合的重要平台，将成为广州提升粤港澳大湾区科技教育文化中心功能、增强经济和人口承载力的重要抓手，建设粤港澳大湾区高水平人才高地的战略支点。广州科教城选址于广州东部产业集聚带，位于广东省广州市增城区朱村街道，距离广州市中心城区 45km。规划于 2012 年提出，拟引入 24 所职业院校，以改善广州职业教育教学条件。根据规划，科教城分一期、二期和远期建设，一期包括 13 所职业学校，分为交通运输组团、城市建设工程组团、工业制造与信息化组团三大组团共享带、安置区、四大公园等，可容纳学生约 12.9 万人（图 1）。

（二）项目管理

为全面落实市委市政府关于加快广州科技教育城项目建设的要求，广州市重点公共建设项目管理中心对广州科技教育城建设现场协调指挥组架及工作分工予以明确，指挥组下设房建工程东片区管理组、房建工程中片区管理组、房建工程西片区管理组、市政工程管理组、综合组、设计及档案管理组（高质量建设统筹）、资金计划与造价管理组、质量安全督查组，管理架构如图 2 所示。

主题一：关于中国城市建设之 CIM 发展

图 1　广州科技教育城总平面图

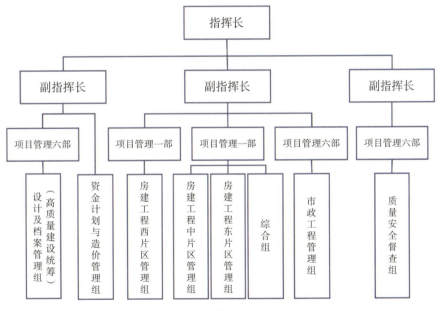

图 2　项目管理组织架构

（三）建设进展

广州科技教育城一期项目的实施年度为 2013—2025 年。总规划面积约 420 万 m^2，13 所院校进驻，一期项目共 31 个立项，其中由市重点项目管理中心负责组织实施的项目共 29 项，包括：13

所职业院校迁建、3个组团共享带、4大公园、安置区、市政道路、实训中心、学术交流中心、完全中学、幼师附属幼儿园、10kV供配电、公共绿化、西福河堤防等。

截至2023年，完成广州市交通技师学院（广州市交通高级技工学校）、广州城市职业学院、广州市工贸技师学院、广州市技师学院（广州市高级技工学校）等4所院校建设；2024年完成广州市轻工职业学校等余下院校建设；2025年前将逐步完善各类公建配套设施建设，13所学校全部建成投入使用。

二、CIM的应用背景

住房和城乡建设部办公厅2019年6月发布《关于开展城市信息模型（CIM）平台建设试点工作的函》，将广州列为住房和城乡建设部首批CIM平台建设试点城市之一，先行先试开展广州市城市信息模型（CIM）平台建设及试点应用。

广州市总结CIM试点成果经验，于2021年7月印发《广州市基于城市信息模型的智慧城建"十四五"规划》。广州市重点公共建设项目管理中心（以下简称"中心"）首创"智慧代建"管理模式和"智慧代建"1+1+6+N"管理体系"及"六化30字方针"，并已纳入《广州市基于城市信息模型的智慧城建"十四五"规划》，为大力推动"传统代建"向"智慧代建"数字化转型升级提供了政策支持。

中心立足广州科技教育城全域项目，以CIM平台为基础的，从工程项目的"规、设、建、管、运"全生命周期角度出发，开展广州市科教城智慧代建"区域级和项目级CIM协同"关键共性技术研究与应用，实现各参建单位信息互联互通，协同监管，持续深化"智慧代建"管理体系，为"智慧代建"建设项目管理及城市建设高质量发展提供强大技术支撑。

三、CIM 应用存在的问题

（一）如何推进 CIM、BIM 技术自主安全可控应用需求

CIM 技术作为加快建设智慧城市的重要着力点与抓手，为智慧城市的顶层设计提供底层支持。CIM 基础平台未来将汇聚城市海量精细尺度的数据和模型，面临数据使用、传输、共享过程中的系列安全问题。如何采用信息安全技术保证城市信息安全也是一项技术挑战。因此，亟须尽快掌握 CIM 平台建设所涉及的标准体系和核心技术，加强 CIM、BIM 关键技术领域的自主研发、应用实践，提高国产技术研发能力、应用及相关技术集成创新能力，推进自主可控技术在工程建设项目全周期管理中的应用及支撑后期城市建设数字化转型发展需求迫切。

（二）CIM 对 BIM 及其他兼容系统提出什么样的指导要求

CIM 最终将实现对 BIM 系统及其他兼容系统的集成，对这些系统提出一系列指导要求：

对数据融合和共享协作的要求。CIM 系统强调建筑项目中各方之间的信息共享和协作。它要求 BIM 和其他兼容系统能够支持数据的无缝传输和集成，以便各方能够共享设计、施工和管理阶段的数据。

对数据一致性和准确性的要求。CIM 要求 BIM 和其他系统在数据交换和共享过程中保持一致性和准确性。这意味着数据应该能够准确地从一个系统传输到另一个系统，而不会出现信息丢失或损失。

对标准化和互操作性要求。CIM 系统采用标准化的数据格式和协议，以促进不同系统之间的互操作性。这样可以确保各种系统能够无缝地集成并交换数据，从而提高工作效率和信息流畅性。

对项目全生命周期管理的要求。CIM 系统强调建筑项目的整个生命周期管理。要求 BIM 和其他兼容系统能够支持从设计阶段

到施工和维护阶段的无缝过渡，并能够提供相关的信息和工具来支持建筑物的运营和管理。

对项目管理可视化和动态模拟的要求。CIM系统使用可视化和模拟技术来增强建筑项目的理解和决策过程。BIM和其他兼容系统应该能够提供高质量的可视化效果和模拟结果，以帮助项目团队更好地理解建筑设计和施工过程。

（三）如何解决项目级和区域级的全周期项目协同管理

当前工程建设项目管理多为围绕单个项目管理应用，广州市科教城项目区域项目数量多，投资规模大，参建主体多，社会关注度大，面临协调管理难度大，参加各方协同难度高，协同效率低等问题，尚未建立区域级、项目级的项目协同管理研究与应用实践。另外，工程项目管理基本为施工阶段的项目管理，广州市科教城一期项目作为中心首个"代建+运营"的项目，目前缺乏着眼"规、设、建、管、运"项目全生命周期的应用与研究及有效的技术支撑载体。

（四）如何处理不同信息平台的关系，统一平台，避免"信息孤岛"

现阶段行业监管部门、各参建主体信息系统未能实现一体化建设，面临着基础数据信息缺失、信息共享不畅、平台重复建设和数据安全等显现问题，进而导致重复信息采集，数据共享及交互缺乏有效的标准，数据信息无法互通，数据孤岛现象丛生等问题突出。同时，本次推进区域级和项目级CIM协同应用，也面临如何处理与广州CIM基础平台的关系，统一平台，避免重复投入建设，数据交互与共享等应用问题。

（五）如何充分发挥各技术要素价值，实现融合创新优势

目前，广州市科教城各项目在建设创新信息化手段（BIM、

CIM、区块链、大数据、云计算、人工智能、5G、物联网等）的应用程度较低，应用分散，水平参差不齐，缺乏统一的支撑融合、多元数据集中承载的底座，无法有效发挥各个技术要素融合创新优势。

四、CIM 的示范项目应用

以广州科教城全域项目应用，探索区域级和项目级全周期 CIM 协同政企互联、产业互联协同应用，深化智慧代建管理体系。

立足广州科技教育城项目，依托广州市 CIM 基础平台，融合 BIM、区块链、物联网、人工智能、大数据智能分析等新一代信息技术，以制度为本、以标准为先，围绕工程项目"规、设、建、管、运"全周期，探索开展了区域级和项目级 CIM 协同政企互联、产业互联协同应用，示范应用情况：

一是切实推进以国产自主可控广州市 CIM 平台（图 3）、BIM 技术应用，以广州市 CIM 平台支撑广州科技城全域 10.79km^2，13 所市属职业院校，涉及 30 个工程项目，开展 CIM 关键技术应用，开展 BIM 模型、倾斜摄影、720° 实景、影像等多元模型数据叠加、融合应用，实现科教城区域工程建设分布时空一张图、可视化管控。试点了 BIM 国产自主技术项目应用（图 4），基于 Vulkan 框架开发云渲染引擎，实现了由底层逻辑到业务实现的全自助开发。基于开源 glTF 2.0 标准的轻量化图形文件，实现了多渲染引擎的数据兼容，构建可信 BIM 数据基座，推进自主可控的渲染引擎应用。

二是广州市科技城全域区域级项目宏观总控监管到项目级精细化协同管控，实现项目管理模式由单个项目拓展到区域级项目管理协同，依托 CIM 平台，汇集单个工程质量、安全、进度、文明施工业务协同数据、物联网监测数据、三维模型数据，开展基于 CIM 的区域项目级协同管控应用，包括：项目信息、融合监督、重大危险源、文明施工、人员管理、混凝土浇筑、质量检测、

图 3 广州 CIM 平台

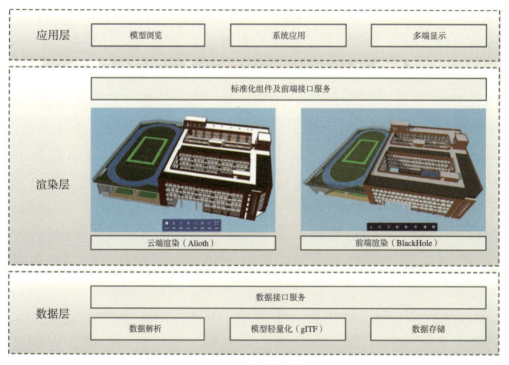

图 4 BIM 国产自主技术应用

工程进度等协同管控应用。实现单个工地精细化管控，推进基于CIM的智慧工地建设，实现"一屏管工地"。基于CIM平台开展项目安全网格化管理（图5），进行分区危险源清单化，安全生产责任到人，推行智慧代建"网格化、清单化、专业化、数字化"的安全管理新模式。

图5　安全网格化管理

三是智慧代建数字信息监管协同，实现"一次录入，数据共享"，在"智慧代建数字信息监管（数据采集）系统V1.0"的基础上进行升级迭代，构建"智慧代建数字信息监管（智慧巡检）系统V2.0"（图6）和相关智慧巡检业务流程（图7）。

（数据采集）系统支撑春节后项目复工复产情况信息采集统计，在建项目共45个（78个标段），共有68个标段填报，截至2023年3月底，统计到岗人数9936个，（智慧巡检）系统共上传巡查项目记录19个项目，累计巡查106次。

图 6　智慧代建数字信息监管系统界面

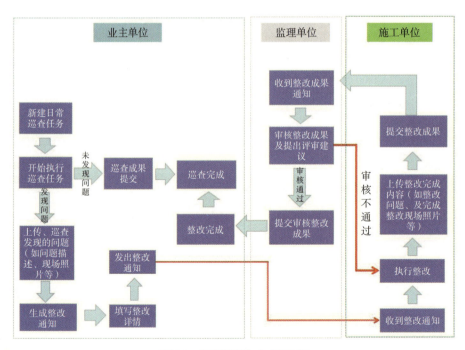

图 7　智慧巡检业务流程

四是打造了广州科教城综合应用示范，探索以围绕工程项目的"规、设、建、管、运"全生命周期的工程协同管理与应用模式。在规划环节，充分发挥三维可视化优势辅助审批，查看目标区域的用地性质，统计超高层建筑数量和分布情况；在设计环节，BIM施工图辅助审查系统可利用 AI 智能审查规范条文，覆盖建筑、结构、水、暖、电五大专业和消防、人防、节能三大专项。审查后施工图将被同步推送到 CIM 平台，既可以展示建成后视觉效果，也可以辅助专业人员开展方案比选；在建设环节，基于 CIM 平台打造智慧工地平台，实现在建工地的数字化和智能化管理，包含对起重机等重大危险源的实时监测、对扬尘、噪声等环境指标的实时监测和对人员、材料、执法、巡检等的线上管理，工程竣工 BIM 备案，档案资料模型关联，进行数字化交付，成果落图 CIM 平台；在运营环节，将道路、桥梁、管线、地铁等基础设施进行信息化，将水位、井盖、环境监测等物联传感数据、全息路口数据和基础设施数据接入 CIM 平台，建立交通预测模型、内涝模拟模型、设备运行维护管理等，加强平台实时监控、业务协调、紧急调度能力，探索智慧监管，提升园区安全智能运营水平。

五、CIM 的示范应用成果

（一）以国产 CIM 基础数字底座，推广 CIM+ 区域级工程建设项目协同管理，增强发展的安全性主动权，深化智慧代建应用场景

一是以国产 CIM 基础底座深化智慧代建应用，增强发展的安全性主动权。广州市科教城 CIM 底座是广州 CIM 基础平台，平台自 2019 年开始建设，于 2020 年底建成，平台软件方面均采用了国内厂商的产品，信息安全可靠性较高；目前，已开始启动平台国产硬件环境迁移和改造工作，预计 2024 年完成改造，进一步提升平台的信息安全可靠性和自主可控。平台由广州市住房和城乡建设局建设，并委托广州市住房城乡行业监测与研究中心运行维护，作为全市统一的三维数字底座，初步形成了资源共享、安全可控的基础支撑"底座"。本次开展基于自主可控的 CIM 平台的项目应用，丰富了 CIM+ 应用场景，发挥出 CIM 技术优势，为项目协同

管理提供全新的应用手段及管理模式。

二是试点 BIM 国产自主技术项目应用，构建可信 BIM 数据筑基智慧代建体系。

通过搭建自主可控的数据平台，实现不同建模软件设计成果多源异构的数据集成。数据平台将提供统一的接口，实现对各种建模软件输出的数据进行无缝集成。同时，BIM 数据平台支持多源数据解析、统一的 IFC 数据存储、模型拆合提取及关系计算等能力，有助于提高数据管理效率和项目执行质量。

通过搭建自主可控的审查平台，实现数据的合标性和合规性审查。审查平台将根据行业标准和法规要求，自动检测数据是否符合规定，从而确保数据的质量和合法性。

通过搭建自主可控的图形引擎，实现数据的可视化交互和应用。图形引擎将支持各种数据类型，使得复杂数据能够以直观的方式呈现给用户，提高数据分析的效率。

三是试点先行树立标杆，为各地提供可复制可推广的广州经验。基于 CIM 的区域级和项目级协同为广州市首次探索应用，通过基于广州 CIM 平台在工程项目管理领域的应用，形成了一定的示范效应，对于 CIM 平台的场景建设和应用方式提供了可复制推广的经验借鉴。同时对其他场景建设中起到了一定的标杆引领效应，有助于在城市更大范围推广应用。

（二）以 CIM 技术支撑，创新驱动 BIM 在"规、设、建、管、运"的全生命周期管理数字精细应用，丰富 CIM 内涵

一是广州市 CIM 基础平台的建设在一定程度上促进了广州市的 BIM 正向设计工作，自 2020 年 10 月，广州市要求三类项目必须使用 BIM 进行报建，包括：

政府投资单体建筑面积 2 万 m^2 以上的大型房屋建筑工程、大型桥梁（隧道）工程和城市轨道交通工程，建设规模标准详见《工程设计资质标准》（建市〔2007〕86 号）。

装配式建筑工程。

海珠区琶洲互联网创新集聚区，荔湾区白鹅潭中心商务区，天河区国际金融城、天河智慧城、天河智谷片区，黄埔区中新广州知识城，番禺区汽车城核心区，南沙区明珠湾起步区区块、南沙枢纽、庆盛枢纽区块，花都区中轴线及北站核心区等重点发展区域大型建设项目。

二是规范了 BIM 模型设计和 CIM 汇交成果，广州市组织有关单位和专家编制了《施工图三维数字化设计交付标准》和《三维数字化竣工验收模型交付标准》。这两本标准对 BIM 模型到 CIM 平台的汇交提出明确的要求，其中最重要的是要实现 BIM 模型空间坐标基准与 CIM 基础平台的统一，所有入 CIM 平台的 BIM 模型平面坐标系应采用广州 2000 大地坐标系，高程系统应采用 1985 国家高程基准。

三是以 CIM 应用技术创新，驱动项目时空表达方式及管理模式转变。推动了项目建设全过程管理实现由平面二维数字化底图向立体三维全景式、实现时空虚拟空间可视化展示；无缝接入物联网即时监测数据，实现项目级和区域级项目协同管理物联动态可视化感知；汇聚项目全周期协同管理数据，数模关联实体建设、交付，向实体建筑和数字建筑数字孪生"双交付"转变。

四是在满足城市 CIM 平台数据标准与 BIM 模型存储标准前提下，实现 BIM 数据在工程项目全生命周期各个阶段的持续应用。

通过 BIM 数据能力的建设，可以有效地促进 CIM 体系数据质量的提升。

城市各部门能够更高效地共享和协作，实现资源的优化配置。基于高质量数据的决策也有助于提升城市建设和管理的可持续性、可靠性和安全性。

深化智慧代建"区域级和项目级 CIM 协同"政企互联、产业互联协同管理平台应用（图 8）。

本项目创新地利用地方行政主管部门和各方责任主体协同的监管数据实现了政企互联。一方面，监管平台根据代建方、施工方、监理方等主体的特点和数据需求推送监管数据，各方主体根据自身管理需求对数据进行分析和统计，从而激发各主体对责任区内全部项目发挥更好的主体管理责任。另一方面，通过数据共享交换，"同屏"协管，推进工程项目管理数据的"共建、共享、共治"，共享经济效益，减少重复投资。

图 8 "区域级和项目级 CIM 协同"政企互联、产业互联协同管理平台

（三）通过打造 CIM 数字底座，引领数字化转型升级

统一数据标准，汇聚多元数据，促进数据共享，发挥数据要素价值，驱动数字化转型升级，推动产业数字化，数字产业化，发展数字经济。

在广州市 CIM 基础平台相关标准的基础上，统一数据采集及共享标准，充分发挥了数据要素价值，实现政企之间、工程参建各方的共建、共享、共治，构建区域级和项目级 CIM 协同应用标准，以工程项目为单位，组织各个参建企业建立数据共享接口，打通数据共享通路，提供数据对接服务，支撑产业互联、数据共享。探索智慧代建体系下面向各参建企业及上下游供应商的数据共享服务，有助于推动企业数字化转型升级，对引领产业数字化，数字产业化，发展数字经济有一定的推动作用。

广州市科教城 CIM 应用成果对接广州市工程建设监管平台，推进基于 CIM 的行业"共建、共享、共治"。

广州市科技城项目 CIM 应用成果已实现与行业监管系统对接，

包括施工图审查系统、CIM 智慧工地平台、竣工图三维数字化备案系统等应用，实现对科教城在建工程质量、安全施工、文明施工、日常执法等方面的智慧化管理。实现 12 个标段的 BIM 模型成果落图 CIM 平台，助力工程建设审批改革，支撑后续城市级 BIM 应用。

六、结语与展望

目前，CIM 平台作为"新城建"及智慧城市的基础底座，是支撑城市建设数字化转型发展重要应用系统的建设。本项目实施不仅对 CIM 基础平台应用场景建设的建设具有探索性意义，提高工程建设项目级和区域级协同管理水平，实现信息互通、共建共享，提高投入产出效益，提升了数字化应用水平。基于广州市 CIM 基础平台试点推进了 BIM 技术在工程建设项目全流程、全覆盖的应用。但是，基于 CIM 的城市数字化建设仍存在亟待解决的问题，如国产化应用的大规模推广，建筑产业互联网协同生态圈构建等问题，都是系统工程，需要政府、产业共同参与，协同共建，合力推进建筑产业高质量发展，进而助推中国城市建设数字化转型发展！

未来，中心将加大在全市重点公建项目中的推广应用，进一步扩充和完善现有数据、标准体系，巩固和提升基于 CIM 基础平台的应用效果，深入推进 BIM "一模到底"应用，不断总结经验，形成可复制的智慧代建"区域级和项目级 CIM 协同"政企互联"广州模式"，向全省及全国进行推广应用。

（参与本报告研究的还有广州市重点公共建设项目管理中心 陈嘉乐、陈文君、罗慧英，广州住房城乡建设行业监测与研究中心 王洋、娄东军、吴元欣，中国建筑科学技术研究院有限公司 郑伟锋，广州市建筑科学研究院集团有限公司 胡贺松、陈航，元知智慧建设科技有限公司 徐磊、王勇，广州城投智慧城市科技有限公司 李慧峰、何勇波，奥格科技股份有限公司 石俊卫）

方 明：关于上海市杨浦区 CIM+ 数字孪生赋能城区数字运维的应用与探索

一、数字孪生城市建设的重要性日益凸显

基于 CIM 平台的数字孪生城市（Digital Twin City）作为新型智慧城市的数字化底座，已成为我国城市发展中必须提前谋划、综合部署、扎实建设的一项系统工程。相比过去依靠基于地图的信息系统进行管理，基于三维高精度建模的数字孪生城市在精准性、可读性、拓展性、工程性等方面具有更加有优越的表现，因此逐步在城市规划、建设、运营过程中发挥关键作用。

二、城市核心区数字孪生的"鲁班实践"

城市核心区通常也是也是人口最为稠密、建设最为集中、设施最为复杂的地区，因此更加迫切需要依靠 CIM 平台实现信息化和智能化的管理。借助 CIM 平台能够有效地反映城市运营信息，并即时诊断、预测，进而预警可能发生的危险，为城市高效运维和安全管理提供保障。鲁班软件股份有限公司（简称"鲁班软件"）作为国内最早从 BIM 拓展到 CIM 的信息化企业之一，一直致力于探索在城市核心地区建设数字孪生的关键平台和技术研发，先后在北京、上海、青岛等全国多个大都市地区落地了数字孪生建设项目。以上海市杨浦滨江为例，作为中国智慧城市发展的领军城市，上海在全市层面积极部署大数据、人工智能等新兴技术的创新应用和产业布局，统筹数据资源，激发市场活力，构建数据产业创新生态。

杨浦滨江作为上海市的东部门户，将要建设成为智慧型、创新

型、开放型、服务型的核心区域。杨浦滨江总面积 12.93km^2,核心区 10.03km^2,协调区 2.9km^2,拥有 15.5km 长的滨江岸线,定位为"滨江现代服务业发展带"功能区和杨浦区东部战略区,注重营造历史感、智慧型、生态性、生活化的特色。

该区域的 CIM 数字孪生平台项目由鲁班软件承担开发,建设试点范围拟为杨浦区滨江区域从丹东路至杨浦大桥,面积为 2.8km^2 的区域。运用 CIM 平台实现了杨浦滨江项目从规划设计阶段到建设施工阶段再到运维管理阶段的全生命周期服务(图1),形成更强大的智慧反馈能力,将已建成、建设中、待建的项目都集成到一个平台进行协同管理。

图 1　杨浦滨江 CIM 平台场景渲染界面

(一)精准捕捉智慧城市建设痛点

如何对这一区域进行综合管理,如何借助现代信息技术对滨江区域内资产进行管理,如何对安防系统进行升级,如何对人流和车流进行合理的引导,已经成为一个重要的问题。同时,为打造这样一个智慧、多功能、安全的城市新城区,需要建设大量信息系统,如视频安防系统、停车系统、资产管理系统、能源系统等各类子系统。如何打破系统间的信息孤岛，让数据共融共荣，各系统协同工作也是建设智慧城市的重要命题。

（二）研发自主开放的数字孪生平台

杨浦滨江的 CIM 底座基于鲁班软件完全自主研发的 Motor 底层引擎平台，具有自主可控、高效运行、易于维护的特点。同时，该底层引擎平台也具备高度的开放性和可扩展性，能够灵活适应不同城市的需求。

杨浦滨江区作为开放式园区，具有建筑业态多样、建筑功能多、人流车流量大的管理问题。传统指挥室管理大厅只能提供视频大屏的单一管理功能，无法满足智慧城区复杂的运营管理需求。对突发事件无法做到系统联动、快速调取建筑、道路信息，了解现场实际情况，应急指挥能力急需提高。CIM 系统平台也是能解决这种复杂管理需求的一套城市运管系统平台。

基于鲁班软件完全自主研发的 Motor 底层引擎平台，打造可融合多源异构数据的城市级 CIM 基础平台，以规模产业城市为研究落脚点，有机耦合"BIM（建筑信息模型）+ GSD（地球空间数据）+ IoT（物联网）"三大技术数据源，连接外部行业领域数据库，以数据的集成应用驱动创新。通过整合物联网、云计算、大数据和人工智能众多先进技术，以海量数据承载和处理能力实现系统架构级的融会贯通，以此支撑杨浦滨江区域的全要素数字化和虚拟化、状态实时化和可视化、管理决策协同化和智能化。通过开展 CIM 基础平台建设，利用 CIM 数字化、信息化、智能化手段，面向城区数字孪生的"规、建、管"全生命周期，从规划、建设着手，基于数字化模型，辅助开发建设管理；通过数字孪生杨浦滨江建设，不断积累数据资产，为杨浦滨江后续长期运营提供数字孪生底座支撑。

杨浦滨江的 CIM 平台具有多个核心模块，包括数据管理模块、模型管理模块、模型计算模块、模型可视化模块、模型共享模块等。

其中，数据管理模块可以实现城市数据的采集、存储、处理、分析和可视化；模型管理模块可以实现数字孪生建模和精细化管理；模型计算模块可以实现城区问题的数字化建模和分析，以及城区智慧化和城市数字化管理的建设；模型可视化模块可以实现城区数据的可视化展示和分析；模型共享模块可以实现城区数据的共享和交互。这些模块相互协作，构建了一个完整的杨浦滨江信息模型，为杨浦滨江数字化、信息化、智能化建设提供了全面的支撑和保障。

针对杨浦滨江的特殊管理需求，除基础管理模块外，鲁班软件提出了基于 CIM 的"智慧停车""智慧安防"解决方案。通过数字孪生建模、物联网、大数据、人工智能等先进技术手段，实现停车管理和安防管理的智能化和精细化管理。具体实现方式包括停车位管理、车辆导航、安防设备管理和视频监控等。鲁班软件的杨浦滨江 CIM 方案具备可扩展性和可升级性，可以逐步扩展到园区内其他智慧管理子系统，如智慧照明、智慧环保等，实现城市数字化、信息化、智能化建设的全面支撑和保障。

（三）突破 BIM 数据集成的技术难点

CIM 基础数据库的建设需要收集整合挂接城市内建设项目全生命周期的所有 BIM 模型数据，包括规划报建 BIM 模型、建筑设计方案 BIM 模型、施工图 BIM 模型、竣工验收 BIM 模型等，还有与这些模型关联的工程文档、报表、多媒体信息等。在为试点区域建设 CIM 平台时，首要步骤即是在平台内构建基础模型信息：区域内的新建建筑按照所需精细度进行 BIM 建模，并将重点建筑的 BIM 模型数据导入 CIM 平台。针对现有公共建筑第三方 BIM 模型数据（如烟草仓库、永安站等），逐步导入 CIM 平台。帮助各单位的 BIM 建模接入 CIM 平台，并提高 CIM 平台对各类 BIM 模型兼容性。

规划报建 BIM 模型库： 接入立项用地规划许可阶段和工程建设许可阶段的 BIM 模型，包括建筑 BIM 模型和市政道路 BIM 模型。

施工图 BIM 模型库：对施工许可阶段的施工图 BIM 模型建库。

竣工验收 BIM 模型库：对竣工验收阶段的竣工验收 BIM 模型整理建库。

在杨浦滨江示范案例中可以看出 CIM 平台具备源自 BIM 的多种数据叠加计算的能力，再结合平台自身高细度建筑设施动态数据库、高精度空间数据库以及其他接入的多种数据，以实现当前对运营管理中更快、更准、更全、更便捷的数据计算要求。BIM 作为一种数字化建造的工具，可以实现建筑物在不同阶段的数字化管理和协同设计。CIM 的建立对 BIM 技术在数据标准化、数据共享、模型精度、数据开放性和模型可视化等方面有一定要求，以满足 CIM 平台的数据融合和应用。同时，需要注重 BIM 模型的可操作性和可维护性，保证 BIM 模型的数据质量和准确性。

在杨浦滨江案例中，鲁班软件结合 CIM 平台建设对 BIM 模型数据采用了统一的标准进行加载和运行，包括：

数据标准化：BIM 模型的数据要标准化，包括数据格式、数据结构、数据属性等，以便于 CIM 平台的数据融合和应用。

数据共享：BIM 模型的数据要实现共享，包括模型数据、模型属性、模型关联信息等，以便于 CIM 平台的数据融合和共享。

模型精度：BIM 模型的精度要满足 CIM 平台的要求，包括模型的空间精度、时间精度、属性精度等，以便 CIM 平台的数字孪生建模和精细化管理。

数据开放性：BIM 模型的数据要具有开放性，包括开放数据格式、开放数据接口、开放数据共享平台等，以便其他系统和平台的数据集成和应用。

模型可视化：BIM 模型的数据要实现可视化，包括模型的三维可视化、数据的可视化展示、数据的可视化分析等，以便 CIM 平台的数据可视化和问题分析。

结合上述标准化的过程，BIM 数据得以适应 CIM 的要求进行改进，系统性地解决了行业的技术痛点问题。例如，BIM 数据在满足 IFC 等通用标准格式之外,需要具备足够的精度和实时性,以满足数字孪生的建模和分析需求。此外,BIM 也需要和其他数据源进行互通兼容,以实现数据的集成和应用。

(四)汇聚五大核心技术优势

优势之一,高效数据融合和应用能力,建立核心数据库,形成数据大脑。鲁班软件杨浦滨江 CIM 平台可以实现多源异构数据的集成和应用,包括 BIM、GSD、IoT 等数据源的集成,以及外部行业领域数据库的连接,以数据的集成应用驱动创新。支持多种数据格式和协议,具有高效的数据融合和应用能力。通过大数据分析和人工智能技术,加之平台的海量数据承载和处理能力,实现数据运用,挖掘数据价值。

优势之二,数字孪生建模和精细化管理能力。鲁班软件 CIM 平台可以实现城市全要素数字化和虚拟化,通过数字孪生建模,将杨浦滨江现实世界的各种数据模型化、数字化,形成数字孪生模型,因有 BIM 技术,模型细度可达构件级。同时,杨浦滨江 CIM 平台利用内外数据库实现城市问题的数字化建模和分析,支持城市智慧化和城市数字化管理的建设,提高城市管理效率和精细化水平,优化城市管理流程并实现可视化呈现。

优势之三,高精度的空间数据管理和计算能力。鲁班软件杨浦滨江 CIM 平台具有高精度的空间数据管理和计算能力,可以实现精细化的城市规划、建设和管理。CIM 平台实现城市空间数据的采集、存储、处理、分析和可视化,以及城市空间信息的综合分析和决策支持,具有高精度的空间数据管理和计算能力。

优势之四,开放性和可扩展性。鲁班软件杨浦滨江 CIM 平台,基于 Motor 底座的开放性和可扩展性,可与其他系统和平台进行数据集成和应用。支持多种数据格式和协议,可以与其他系统和平台进行数据共享和交互,也可以根据杨浦滨江后续建设和管理需求进行定制化开发和应用。

优势之五，数据的高安全性和稳定性。鲁班软件在建设杨浦滨江 CIM 平台时，注重多重安全防护措施，包括数据加密、用户认证、访问控制等，可以保证城市数据的安全。

三、面向未来的五位一体 CIM 建设模式

城市核心区的 CIM 数字孪生建设，相比于一般性地区的建设更有挑战性，通过杨浦滨江的案例，总结 CIM 在城区数字运维管理方面的重要价值，将其称为五位一体的"鲁班模式"，包括以下方面：

数字化建模：CIM+ 数字孪生可以实现城市全要素数字化和虚拟化，通过数字孪生构件级建模，将城市现实世界的各种数据模型化、数字化，形成数字孪生城市模型。这种模型可以辅助城市规划设计和决策，提高城市规划的科学性和准确性。因杨浦滨江的案例引入 BIM 模型，利用其构件级的模型精细度，提高数据潜在价值，从而提高管理的精细度，为城区未来的规划、建设、管理提供宝贵的数据基础。

精细化管理：CIM+ 数字孪生可以实现城市问题的数字化建模和分析，以及城市智慧化和城市数字化管理的建设。通过数字孪生建模，实现城市资产的可视化和精细化管理，提高城市管理效率和精细化水平，优化城市管理流程。利用各个管理子系统以及内外数据库，整合数据，统一分析，从而支持智能化决策。

多维度协同：CIM+ 数字孪生可以实现城市各个领域的多维度协同，包括城市规划、建筑设计、交通规划、环境保护、公共安全等。通过数字孪生建模，可以实现不同领域数据的集成和应用，促进城市各领域之间的协同发展。

可视化决策：CIM+ 数字孪生可以实现城市问题的可视化建模和分析，以及城市问题的可视化决策。基于数字孪生信息模型，可以将城市问题以可视化的形式展现出来，帮助决策者更好地理解

城市问题和规划,提高决策的科学性和准确性。

智慧化应用: CIM+数字孪生可以实现城市智慧化建设,包括智慧交通、智慧能源、智慧环保、智慧公共服务等。通过数字孪生建模,实现不同智慧领域数据的集成和应用,提高城市智慧化水平,促进城市可持续发展。基于开放性的平台架构以及标准的数据接口,支持后续多个子系统的二次开发与扩展,以适配未来可能的管理需求。

四、结语

基于杨浦滨江项目的成功实施,为城市数字化管理、城市数字化转型提供新思路。利用CIM平台为众多智慧城市应用提供集城市规划、建设、管理全周期的"数字底板"服务,以数据"管家"和运营"中枢"的身份成为智慧城市不可或缺的基础设施。

从城市核心区管理经验可以逐步扩向城市的数字化管理。通过杨浦滨江CIM平台建设,可以帮助城市提高运营效率和服务水平,促进城市可持续发展。CIM数字孪生的建设,将有助于智慧城市的实现、促进城市可持续发展、打造数字经济发展新引擎,以及推动产业转型升级。通过基于CIM平台构筑数字孪生城市的智能运维管理新模式,进而推动城市数字化、信息化、智能化的中枢建设,提高城市感知、运营效率和服务水平,最终实现城市社会、经济、生态的生命永续。

冯大阔：关于郑州市滨河国际新城智慧管理CIM应用实践与创新

　　智慧城市是城市数字化、工业化与城镇化深度融合的高级形态，是以数字孪生城市为基础进行智慧决策的城市管理模式，是实现城市精细化和动态管理、提升城市管理成效、提高城镇化质量的重要途径。自2017年"数字孪生城市"理念提出以来，各地政府和产业界加紧布局，国内科研机构也深入开展智慧城市研究和探索。通过"数字孪生"科技手段，对应物理空间的城市，在数字空间再造一个匹配的"数字孪生城市"，包含地上、地面、地下，过去、现在、将来的全时空信息的城市全尺度数字化表达；从而在城市规划、设计、建设与运营等管理过程中，通过物联网、云计算、大数据、空间地理信息集成等智能技术，使城市管理和服务更互联、高效和智能，从而为人们提供更美好的生活和工作条件、为企业创造更有利的商业发展环境、为政府赋能更高效的管理水平；打开了未来城市建设、生产、生活的新空间、新管理、新模式、新业态。

　　党的二十大报告提出，实施城市更新行动，加强城市基础设施建设，打造宜居、韧性、智慧城市。这是党中央站在全面建设社会主义现代化国家、实现中华民族伟大复兴中国梦的战略高度，对进一步提升城市发展质量作出的重大决策部署。中共中央、国务院印发的《数字中国建设整体布局规划》指出，要普及数字生活智能化，打造智慧便民生活圈，倡导绿色智慧生活方式。《国务院关于加强数字政府建设的指导意见》明确，推进智慧城市建设，探索城市信息模型、数字孪生等新技术运用，提升城市管理科学化、精细化、智能化水平。住房和城乡建设部等7部门发布的《关于加快推进新型城市基础设施建设的指导意见》指出，加快新型城市基础设施建设，推进城市智慧化转型发展，全面推进 CIM 平台建设，加快形成国家、省、城市三级 CIM 平台体系。各省市、各部门也相继发布有关智慧城市建设的政策文件。智慧城市已成为我国城市建设、管理、发展的必然趋势和必经之路。

2012 年，中国建筑第七工程局有限公司（中建七局）与郑州市经济技术开发区签署了共同开发滨河国际新城的政企合作协议，负责新城 16.77km² 的城市开发和运营（图 1），目前已完工项目 93 个，在建项目 11 个。城市开发业务主要包括土地整理、项目整体开发、基础设施建设等。城市运营业务主要负责区域内道路维护管养、环卫保洁，绿化亮化工程管养维护，河道、水域维护，综合管廊运营维护，智慧城市数据采集、管理服务等，为城市智能建设

图 1　滨河国际新城区域规划图

和智慧运营提供了有利条件。中建七局依托滨河国际新城,从企业需求侧出发开发了基于 CIM 的智慧城市管理平台,积极探索智慧监控、智慧管廊、智慧交通、智慧市政、智慧绿地、智慧环卫等应用场景,深入开展滨河国际新城智慧管理的 CIM 应用探索与实践,打造政企合作的新型城镇化典范,实现政府主导、企业运作、社会广泛参与的新型城市智慧管理生态圈。

一、基于 CIM 的滨河国际新城智慧管理目标

总体目标:滨河国际新城智慧管理以统一管理平台建设、新型信息基础设施建设及各领域创新应用为主线,建成全区域统一、横向多维协同、纵向垂直贯通的市域一体化三维空间 CIM 基础数据平台,汇集全区域多维空间地理信息。能够支持城市规划设计、建设、运行等方案模拟与发展推演,实现人口空间、公共设施布局、基础设施建设、城市管理服务等分析,优化城市空间布局,支撑城市科学规划、高效建设、精细化管理,确保城市安全、有序、高效运行,将城市管理提升到"细胞级"精细化水平,实现规建管服一体化的业务融合和数据动态融通。加强部门专题数据空间化和数据集成,实现全区域各类空间地理数据的共建共享,建成以企业需求侧为主的基于 CIM 的新城智慧管理平台,实现政府管理与企业运营模式的高度融合,形成智慧新城建设与城市管理、经济社会各方面深度融合的管理体系,打造成智慧新城标杆,助推"数字政府"和"智慧城市"建设提速。

具体目标包括以下四个方面:

实现常规线下业务管理信息化运行。在国土空间基础信息平台基础上,建设自然资源和规划行业中台,提供统一的数据和应用服务,全面深化云应用,建立健全"全域自然资源和规划云"。落实转变政府职能和深化行政审批制度改革的要求,建立高效规范的网上审批机制,以"全区域自然资源和规划云"环境及自然资源

和规划行业中台为支撑,实现自然资源和规划内部管理、业务管理、公众服务等全业务云上无缝衔接。

实现基础数据集成融合管理。将数据按照相关标准规定进行处理,接入 CIM 平台,实现面向不同部门和不同业务需求的数据应用、交换和共享,综合利用城市各部门各行业的数据成果,构建城市级数据闭环,为城市精细化协同管理提供时空、资源调查与登记、规划管控、工程建设、公共专题、物联网感知等数据基础,同时对 GIS、BIM 基础数据进行规范化管理。

实现基于三维多场景业务功能应用。建成统一三维基础应用场景,促进城市规划、建设、管理和公共服务精确化、智能化、便捷化和高效率,合理有序拓展资源规划、住房建设、智慧招商、城市管理、智能交通、智慧水务、林业园林、生态环境、城市安全与应急保障等领域应用场景。面向企业和社会服务,为重点区域、产业园区、关键企业的智能化管理提供互联、统一、权威的全要素空间基础信息支撑。

搭建规建管服一体化时空智慧管理系统。借助 CIM 基础平台逐步拓展成为立足平台融合的多元空间大数据与建筑模型资源,汇聚各部门各专业的数据落到空间上,利用空间分析与数据挖掘技术进行大数据分析和展示应用,如城市人口、城市交通、设施分析、能源分析等,为智慧城市管理提供多维分析工具,为上层决策提供数字化支撑。

二、基于 CIM 的滨河国际新城智慧管理平台建设

CIM 作为城市数字空间基础设施,是实现智慧城市的时空载体,本质上是为城市动态运行服务提供模拟仿真的信息支撑骨架,揭示城市运行的多维度、多尺度、多粒度的现象、问题与规律,辅助真实城市运行的及时响应、高效管理、协同处置。依据住房和城乡建设部等部门联合印发的《关于开展城市信息模型(CIM)基

础平台建设的指导意见》(建科〔2020〕59号)的相关要求,结合滨河国际新城区域发展目标和智慧建设、运营管理目标,成立了滨河国际新城智慧管理平台建设工作组,构建了基于CIM的滨河国际新城智慧管理平台架构(图2),开发了基于CIM的滨河国际新城智慧管理平台。

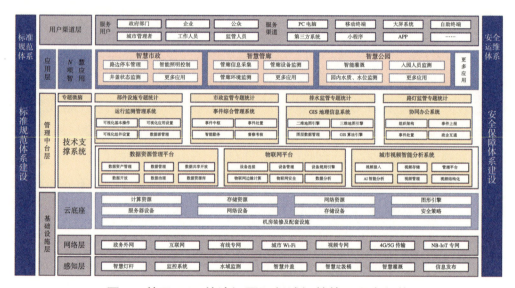

图2 基于CIM的滨河国际新城智慧管理平台架构

基于CIM的滨河国际新城智慧管理平台,在标准规范体系和安全保障体系的基础上,包括基础设施层、管理中台层、应用层和用户渠道层。平台底座选用国产的引擎、软件和设备,具有自主知识产权,完全自主可控。

基础设施层包括感知层、网络层和云底座,用于数据采集、传输和初步分析,通过与社会设施的融合进行建设,提供统一的计算资源、存储资源、网络资源、安全服务资源等服务,持续满足滨河国际新城的业务数据存储、处理和交换需求。对于无BIM模型的已建建(构)筑物,主要采用无人机倾斜摄影等技术按实况或以"白模"形式概要表达,数据要符合CIM平台的统一标准。对于有BIM模型的已建或新建建(构)筑物,鼓励以统一标准的

BIM模型汇入CIM平台；BIM模型需采用常用建模软件和通用、兼容的格式，保证数据收集、传输、应用的统一性和便利性，并符合CIM平台的统一建模和数据标准。CIM平台可实现对BIM的自动转化和轻量化处理，体现了CIM平台对BIM模型的强大兼容性。

管理中台层包括七个技术支撑系统及多个专题微脑建设，用于对新城的各个业务领域进行管理，作为未来滨河国际新城的总控中枢和平台底座。其中，物联网平台采用可连通规划、设计、施工、运维和城市管理等全产业链数据的统一物联标准体系和物联网平台，打破数据孤岛，使各阶段间的数据得以有效传输、存储和积累。

应用层主要包括3阶段15大模块应用功能，采用"系统规划、分步实施"的原则进行建设。一期主要包括智慧市政、智慧停车、智慧管廊、智慧绿地、智慧环卫、公共安全、智慧楼宇等应用场景的建设；目前已基本建设完成，并通过CIM平台对接入业务进行在线管理。

用户服务层主要通过大屏系统、电脑端、移动终端等方式服务于滨河新城管理人员、入驻企业、居民，并可接入政府监管系统和服务系统。但由于郑州市CIM平台尚未完全建成，滨河国际新城智慧管理平台尚未接入政府监管系统。

三、基于CIM的滨河国际新城智慧管理平台主要功能

按照滨河国际新城智慧管理目标，详细分析新城建设、运营业态需求，形成了数据汇聚融合、数据共享应用、数据挖掘分析以及应用示范于一体的基于CIM的滨河国际新城智慧管理平台和应用服务体系，实现了城市规划、建设、管理3阶段15大模块应用功能（图3）。下面重点介绍几个主要的应用模块。

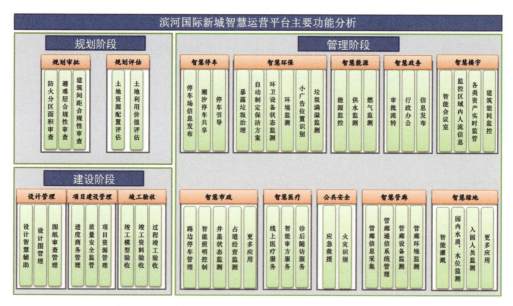

图 3 基于 CIM 的滨河国际新城智慧管理平台主要功能模块

　　智慧市政模块，包括路边停车管理、智能照明控制、违规施工监测、占道经营监测、路面积水监测、雨污水管监测、井盖监管、桥梁监测等功能。路边停车管理功能通过地磁传感器判断车位是否有车，并进行管理。智能照明控制功能根据交通量设置路灯照明时间，在车流量和人流量较少的街区智能控制路灯照明。违规施工监测功能利用视频监控等方式，对违规施工进行监测并及时将相关信息发送相关部门。占道经营监测功能利用视频监控等方式定位占道经营并及时将相关信息发送相关部门，对占道经营及时处置。路面积水监测功能通过液位监测仪采集液位数据，进行实时监测。雨污水管监测功能通过雨污水管关键节点放置的水位监测器，实时监测雨污水管。井盖监管功能可实现井盖资产管理，记录井盖编号、位置等基本信息；实时监测井盖是否翻开、井盖位置是否正常等信息；异常情况自动报警。桥梁监测功能可实现既有市政桥梁日常维护、健康监测。

　　智慧管廊模块，包括管廊视频监控、设备监控、环境监测等功能。管廊视频监控功能利用数字化高清编解码技术、高清网络存储及自动化报警联动技术,实现了综合管廊的高清视频监控、数字化录像存储、检索、备份、报警联动等系统的整合,形成一个全方位、立体化、智能化的视频监控系统平台。管廊设备监测功能利用环境监测、线型火灾探测器、光纤测温探测器等设备,对电力管道仓中环境参数、电缆和各类电气设备温度及状态进行实时采集和数据分析,实现对电力管道仓的运行状态、电力电气设备的运行及报警信息的展示和分析。管廊环境监测功能利用"智慧线+机器人"智能巡检设备以及可燃气体浓度监测器、测温光纤等设备,实现对管廊内可燃气体浓度、温度、湿度等的实时监测、分析预警及报警处理功能。基于CIM的滨河国际新城智慧管理平台依据参数设定可实时发出可燃气体浓度超标报警和火灾报警等。

智慧绿地模块,包括公园环境监测、智能灌溉、水质水位监测、公园信息导览、入园人员监测统计等功能。公园环境监测功能可对公园空气质量、湿度温度进行自动监控。智能灌溉功能可检测土壤元素及水分,根据植物特性自动分配肥料,采用智能喷头或环卫巡逻绿化一体化智能车进行自动浇水,实现按需灌溉、智慧灌溉,节约用水15%~25%,使园林养护精细化、管理可视化、决策智能化。水质水位监测功能可对园内的水质进行监测,对水位监测并设置预警。公园信息导览功能集成景区资源,整合景区周边"食住行游购娱"旅游六大要素海量信息,为游客提供随身、随地、随时的移动信息化服务。入园人员监测统计功能利用电子围栏监测入园和出园人员,统计园内人员信息,在危险区域设置预警装置,提醒游客注意安全防范。

智慧环卫模块,包括暴露垃圾治理、环卫保洁方案制定、设备状态监测、环境监测、垃圾满溢监测等功能。暴露垃圾治理功能汇集滨河国际新城智能移动巡逻车以及各个角落监控视频,分析挖掘视频图像数据,巡查区域内存在的暴露垃圾,预警管理者,采用人工或无人驾驶道路清扫车及时清理。环卫保洁方案制定功能通过对道路检测情况进行分析,自动制定环卫机械作业方案和人工作业方案。设备状态监测功能可对环卫机械进行检测、定位、路线监控、车辆及人员状态检测,保证行车安全,优化环卫工作调度。环境监测功能可实现水质的自动检测、空气质量的自动检测、废水污染源监测、污染事故预警等。垃圾满溢监测通过在垃圾桶内设置监控终端,实现对垃圾桶满溢程度、垃圾桶温度及可燃气体的监测,提升环卫效率及城市环境卫生安全。

基于 CIM 的滨河国际新城智慧管理平台,以时空基础数据为载体,结合物联感知和业务模型数据,构建全域全要素全链条可视、可管、可控的一张底图城市建设与运营应用,打通规划、设计、建设、运营等业务数据,打造一体化智慧管理指挥中心系统。以城市高质量可持续发展为方向,高效进行建设运营状态实时数据、事件类型区域分布、业务资产和成本等分析,动态呈现发展态势,统筹管理业务调度。实现了信息化、工业化与城镇化深度融合,为城市管理提供精准科学决策和高效管理手段,推进城市管理与服务科学化、精细化、智能化、便利化。

四、结语

智慧城市是实现城市管理精准管控、提升城市运营成效、提高城镇化质量的重要手段,是国家大力倡导的城市建设方向。基于 CIM 的滨河国际新城智慧管理平台,包括基础设施层、管理中台层、应用层和用户渠道层;采用统一的物联网平台打破了规划、设计、建设、运营业务数据孤岛,建立了 3 阶段 15 大模块应用功能;把物理城市的数据快速传递到数字孪生城市,实现城市精细化和动态管理,推进城市管理与服务科学化、精细化、智能化、便利化。随着智慧城市管理平台在更多城市、更大范围推广应用,必将不断加强城市管理和服务体系智能化建设,提升城市管理成效和改善人民生活品质,满足人民日益增长的美好生活需要。

邓明胜：关于南京"南部新城"及"幕府创新区"需求驱动的 CIM 创新应用模式研究

2005 年，伴随着 BIM 技术在上海世博园场馆建设中的突出贡献，在总规划师吴志强教授的带动下，以 Campus Information Modeling 为核心的 CIM 概念逐渐浮出水面；2011 年，世博会结束后 CIM 概念正式升华为 City Information Modeling。国家及各地建设行政主管部门也相继出台了一系列推进 BIM 和 CIM 技术应用的政策，并得到了广泛的响应：围绕着"CIM+"先后涌现出"+数字孪生""+供应链""+区块链""+AI""+元宇宙"以及"+双碳"等方面的探索性应用成果。这之中，在"数字中国"战略推动下，自上而下的政府、政策驱动是主流，各领域、各区域踊跃参加，需求驱动以及各 CIM 技术软硬件行业技术驱动协同发展。2018 年，住房和城乡建设部致函南京市人民政府，将南京市与北京市和雄安新区一道纳入"开展运用建筑信息模型（BIM）系统进行工程建设建设项目审查审批和城市信息模型（CIM）平台建设试点工作"计划之中。

一、南京"南部新城"政府驱动 CIM 创新运用模式

（一）项目概况

南京"南部新城"是空军大校场机场搬迁释放、主城唯一可供成片开发的宝贵空间，位于主城东南部、毗邻南京南站，规划面积 19.8km^2，其中：核心区约占 10km^2（图 1）；是住房和城乡建设部 BIM/CIM 双试点片区、中芬低碳生态示范城市、江苏省绿色建筑和生态城区区域集成示范城区、江苏省综合管廊试点等示范片

区。其发展定位为：长三角中央活力区、都市圈总部集聚区、现代化主城新中心（图2）。建成后将成为与新街口、河西新城三足鼎立的城市新中心。

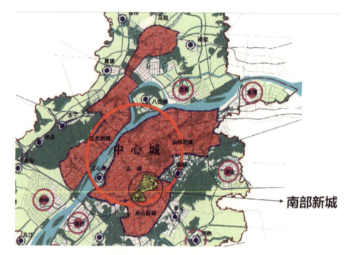

图1 南部新城区位图

图2 南部新城总体规划图

新城设立之初即明确以"创新的模式、开放的体系、精准的服务"为导向，依照"数据刻画新城、可视管理新城、智能驱动新城"的理念，以"一网统管"为引领、以CIM为核心，围绕城市"规划、建设、运管"三个阶段打造领先运用标杆，带动数字产业聚集，实现一张蓝图绘到底！一张蓝图干到底！一张蓝图管到底！高起点规划、建设和管理（智慧）城市。目前，已建成（既有）项目46个（图3）、在建（新建）项目44个（图4）。

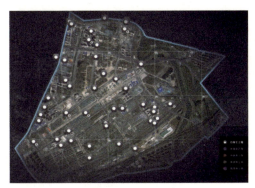

图3　南部新城已建（既有）项目　　图4　南部新城在建（新建）项目

任务设置之初，各参与方面对城市发展规划总体要求，广纳各方人才，认真学习借鉴BIM等与CIM相关的各类新技术，借鉴其运用成果，集思广益，创新提出了政府购买服务新模式，形成以政府为主导、以总（CIM）集成单位为建设运营主体，相关BIM、CIM软硬件开发单位及建造实施和运管单位积极参与，政府柔性定制、按需购买的智慧城市建设路径。

（二）CIM技术运用模式研究及其成果

任务启动后，在"新城"管委会的领导下，委托"联通物联网有限责任公司"作为集成单位，引进优质第三方单位作为实施主体，以购买服务为主线的模式建设智慧城市（图5），并印发《南部新城智慧城市建设服务管理办法》具体指导实际工作开展。

以奥格CIM为基础，创建了南部新城CIM平台，以"一套标准""一张感知网络""一个数字底座"支撑智慧规划、智慧建造和智慧运管"三方面运用"（即1113模式），实现"数字虚拟城市"与"物理实体城市"基于CIM的数字孪生，可与市规资局对接，在获取相关数据的同时也通过无人机航拍等技术手段持续补充完善。

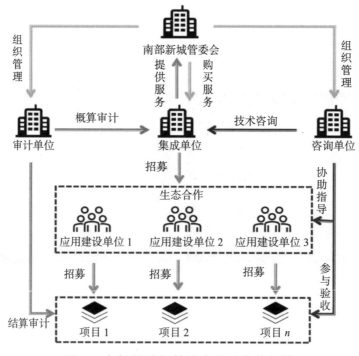

图 5　南部新城智慧城市建设主体架构

一套标准：参考国家、省（江苏）、市（南京）、行业相关标准规范，结合南部新城特点，研究制定一套智慧城市建设标准体系和网络信息安全体系。

一张感知网络：打造包含水质检测、无人遥感、智能垃圾收集、智能视频探头和井盖、灯杆等在内的新一代城市基础设施，建设物联感知一张网。

一个数字底座：以 CIM 平台为核心，构建新城数字底座，包括涵盖数据中台、视频平台、AI 中台、设备管理平台和数据中心在内的 CIM 基础平台数字孪生系统。

三方面运用：围绕新城"规划设计""施工建造""运营管理"三个阶段，打造多个智慧化场景应用，支撑智慧南部新城全生命周期管理，构建精准高效现代化治理体系，包括：智慧规划（规划展示城市生长全程演化）、智慧建造（环保监控、土方管理、人员管控等）、智慧运管（智慧管养、智慧灯杆、智慧水务等）。

根据住房和城乡建设部 BIM 及 CIM 试点要求，结合南部新城的实际情况，进一步梳理智慧城市总体架构（图6），形成从物联感知终端到智慧城市数字底座、再到智慧城市运营管理的三层架构。通过物联感知终端为南部新城高效运行提供完备的基础运行信息，通过数字底座为智慧城市建设提供统一的数字孪生技术支撑，通过运营管理形成跨系统、跨部门、跨业务的智慧赋能平台。

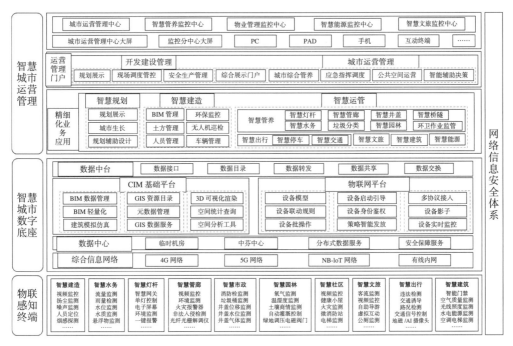

图6　南部新城智慧城市总体架构

智慧城市建设突出应用先行，强调"实用为王、管用为要、好用为基"的建设原则。基于 CIM 标准规范开展 CIM 基础平台建设，率先打造智慧"规、建、运、管"示范应用。

智慧规划面向"一张蓝图绘到底"：数字化成果展示辅助规划设计，依托建（构）筑物的生长演变、动态漫游等功能构建虚实映射共生的现代城市新形象；

智慧建造紧扣"一张蓝图干到底"：统管全区数十余在建项目，无人机巡查、渣土车管控、土方倾斜摄影、疫情防控等服务，结合网格化保障施工安全、环保闭环管理，围绕"人、机、料、法、环"五大要素实现工地智慧化、精细化管理，利用 BIM 信息集成优势实现项目建设前期的模拟仿真、关键工序优化、建设过程中的形象进度展示、安全管理；

智慧管养落地"一张蓝图管到底"：统筹市政设施、市容环境、河道水务、综合管廊、园林绿化等领先运用信息，实现井盖（智慧井盖）、灯杆（智慧灯杆）等市政管养资产数字化管理，环卫作业质量可视化监管，水环境、水安全智能化调度、区域空气质量高精准溯源、综合管廊管线高效运维等服务，并通过建设事件管理系统落地"实战管用、闭环管理"。

结合当前南部新城智慧城市的建设思路，数字孪生以虚拟与现实融合为基础，CIM 为当前业务系统提供底图支撑、各设备（传感器、摄像头等）的点位支撑、各物体的静态数据（树木树种，控规属性等），便于更好地结合动态设施（传感器等）进行把控。例如任意一根管件管线出现问题，可通过 CIM 进行定位，因此 CIM 一方面提供基本静态信息，另一方面还可以通过静态信息开展对应的筛选活动，并可运用各类设备做到动静结合，相互把控；与之对应的则是对 BIM 模型创建等基础数据有更明确的要求。

在自主知识产权控制方面，根据现有合同约定，"后向"知识产权归属南部新城管委会；但"前向"知识产品（产权）仍然归属合作伙伴，目前还不能完全做到自主可控。计划在项目的二期、三期再逐步实现。

目前的 CIM 运用已经接入当前所有业务系统、服务系统和监管系统，例如通过对接传感器，对现场环保扬尘等进行监管、运用 AI 设备对现场车流量情况进行监管，包括各类井盖、流量计等均通过 CIM 应用进行对接。

南京中建八局智慧科技有限公司等多家单位为优质第三方，根据 CIM 工作推动进程实时引入具体参与到各项活动中，较好地发挥了各单位现行优势，较好地整合进现有 CIM 平台，比如"中建八局"承揽新城施工任务中的 BIM 成果、八局智科现行智慧运维成果、智慧工地成果等,有力支撑了"一张蓝图绘到底""一张蓝图干到底"和"一张蓝图管到底"方面的工作;目前,相关工作还在继续深化完善中。未来,"南部新城"CIM 平台还将结合跑道公园、活力水环、地下空间等建设深入智慧规建管探索,并打造智慧楼宇、智慧出行、智慧能源等更多场景,为城市治理与民生服务赋能,不断提高市民的获得感和幸福感。

(三)政府驱动 CIM 运用创新模式体会

南部新城的 CIM 技术创新应用是一个典型的"政府"驱动模式。面对"数字中国"国家战略,各级政府主管部门是当然的践行者和推动者,在工作开展之初,各方面可供借鉴的案例稀缺,CIM 可供依赖的技术和装备尚在不断更新完善之中,如果一味地"等""靠""要",工作必将永远起不了步!只有积极响应、找准切入点、瞄准突破口、勇敢地迈出第一步,并广泛吸纳社会各方力量、众志成城,才能所向披靡!

★政府主导,依照"规、建、运、管"主线,有利于找到工作切入点,令基于 BIM 的 CIM 工作快速启动。

★结合城市(新城、园区)发展规划,在选择当期 CIM 切入点及工作方向时,兼顾后续各系统的发展动向,以便新的系统(技术)能够有序、有机地接入到当前系统。

★在主管部门 CIM 技术专业支撑能力不足的情况下快速启动相关工作,委托一个相对专业的"CIM 总集成单位"作为建设运营的主体,并由该集成单位根据政府主管部门工作部署和 CIM 技术发展进程,分步骤、有序整合社会力量,可较好地满足 CIM 技术推进工作。

★密切关注城市(新城、园区)建设各方,尤其是勘察、设计、施工及监理等直接相关单位和 CIM 技术专业单位的 BIM 和 CIM 技术动态,充分调动其积极性。

二、南京"幕府创新区"市场驱动 CIM 创新应用模式

（一）项目概况

"幕府创新区"位于南京市鼓楼区北部，北起幕府山鼓楼区界、南沿京浦铁路、西起大桥南路、东至鼓楼与栖霞和玄武区界，总规划面积约 13.8km^2；是全国首个在准一线城市中心布局的"片区整体城市更新"PPP 项目。"新区"开发以"政府主导、市场运作"为原则，聚焦城市核心区的城市更新与产业升级，采取统一规划、整体设计、重点打造、分步实施；包括：总体规划、土地整理、基础设施建设、环境打造、城市片区更新、产业发展，以及后期业态培育、资产运营和公共服务等内容（图7）。项目由"中建八局"与南京市鼓楼区政府签订合作框架协议，并以幕府创新小镇为试点，采用 BOT 模式率先启动共同推进"城中村"改造更新及产业发展项目（图8）。

"幕府创新区"建设基于完整、系统的基础调研和现状调研，采取多种形式广泛征求各方意见，制定形成了统一的顶层设计和实施方案，以 CIM 作为重要手段贯穿新城建设全生命周期始终，在基础网络、物联网平台、综合机房等信息基础设施和数据平台、CIM 平台的支撑下，按照涵盖智慧招商、智慧出行（停车）、智慧能源、智慧运营管理中心和智慧多功能杆等载体的智慧小镇（幕府创新小镇）示范工程和包含"金陵船厂"等智慧场馆，小市、五塘等智慧商圈，人才公寓、保障房等智慧小区构成的智慧（文化、商业、生活）街区示范工程，分期、分批实施智慧城市建设工作。

目前，1km^2 的幕府创新示范小镇建设工作已全面启动，除了 6 个占地 8 万 m^2 的既有建筑物被作为科研用地建筑全部保留外，其余新建项目包括科研设计用地、科研设计/商办混合用地、商办混合用地及居住用地等 14 个地块（图9）；BIM 和 CIM 工作部署首先在创新小镇各地块建设中有序推进，力求达成示范引领效果。

主题一：关于中国城市建设之 CIM 发展 ◆

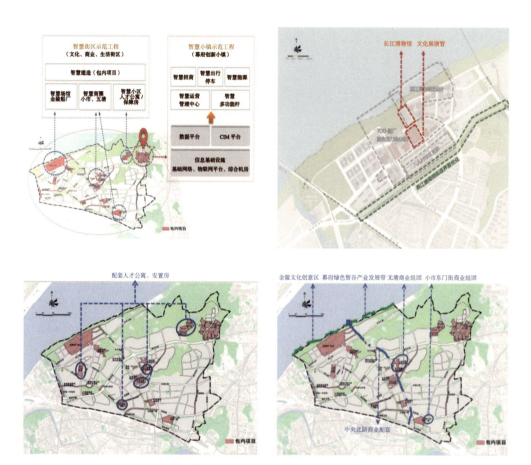

图 7　幕府创新区各区域规划分布示意

图 8　幕府创新区与幕府创新小镇

其余地块的规划整理工作，将根据该示范小镇的工作效果，在总体规划指引下，有序推进。

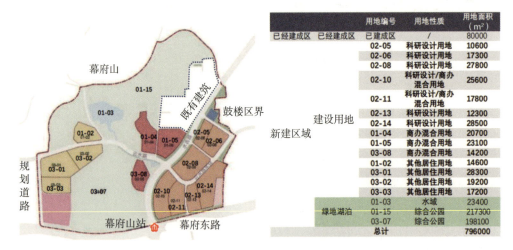

图 9 幕府创新小镇建设规划示意图

（二）CIM 技术运用模式研究及其成果

由"中建八局联合体"等组成的"幕府创新区"智慧城市建设 PPP 项目公司，在项目启动之初，即引进"国家信息中心"等专业团队作为"智慧大脑"高起点、高标准地完成了"智慧幕府建设顶层设计"和"智慧幕府建设实施方案"等研究与制定工作（图10），2022 年 2 月通过专家评审验收、2022 年 6 月通过政府审查并付诸实施，为新区建设工作指航定向。

顶层设计：根据省市区关于智慧城市建设等相关要求，在全面梳理幕府创新区城市建设现状、发展形式和主要需求基础上，紧扣其城中村改造更新和产业发展需求，从全局角度设计了新区"十四五"期间开展智慧城市建设的发展定位和目标要求，提出了"1234"总体推进思路（1 条主线，即：数字化推动城市更新、提升城市品质；2 个重点，即：数据流全面融通、运营生态链全面构建；3 大任务，即：物理空间更新、人类社会空间更新和信息空间更新；4 个目标，即：数字经济创新引领区、数字孪生建设示范区、智慧

主题一：关于中国城市建设之 CIM 发展 ◆

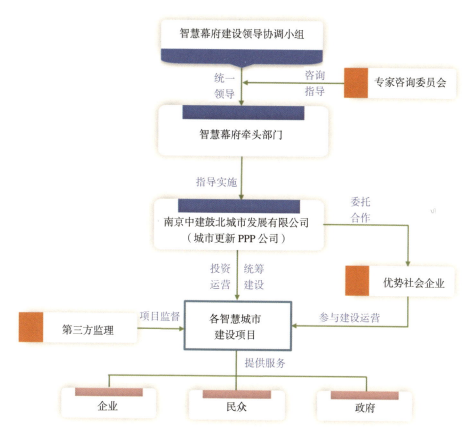

图 10　幕府创新小区智慧城市建设主体架构

城市更新标杆区和长效运营样板区）；明确了总体架构、数据架构、基础设施架构和安全架构，设计了"三元空间"（物理空间、信息空间、人类社会空间）智慧应用任务。

实施方案：从可操作角度梳理了重点工程实施方案，明确了各工程建设范围、目标和内容，并提出了投资匡算、建设运营、推进步骤和实施保障建议。

基于 BIM 等技术的 CIM 平台建设工作已在"幕府创新小镇"示范项目建设中率先全面启动、系统推进，主要工作在"项目公司"的领导下由中建八局所属"八局三公司"和"智科公司"等子分公司负责完成，其总体技术构架详见图 11。

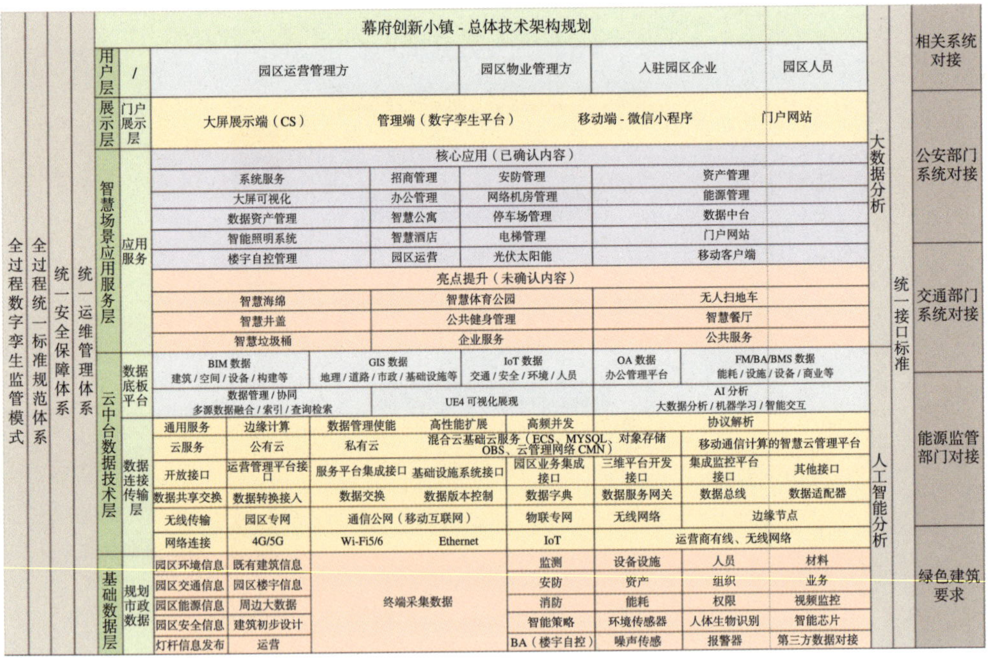

图 11　幕府创新小镇 CIM 技术运用总体技术构架

目前幕府小镇项目 CIM 平台整体方案功能清单已确认完毕，按分地块方式进行建设，第一个地块（02-08 地块）平台搭建及数据对接工作已经开始，预计 2023 年 9 月在线测试，主要包括：园区展示大屏端、数字孪生平台（管理端）、移动端和门户网站 4 类 20 余个核心应用点。

园区大屏看板：通过园区 GIS 地理信息 +BIM 建筑信息，建立园区可视化综管大屏，汇总整个园区运营、运维数据，包括领导驾驶舱、园区告警数据分析、园区智慧安防数据以及产业链地图、智慧楼宇管理、极端天气预警、电梯管理可视化、智慧能源看板等功能；

园区管理平台：BIM+ 物联网 + 大数据分析 + 移动互联，实施智能策略控制，保障智慧楼宇安全运行，包括：实物资产管理、园区管理、办公管理、安防管理、智能照明管理、数据资产管理、停车场管理、能源管理、楼宇信息展示、楼宇自控管理、电梯管理等功能；

移动端：联动系统平台实时掌控幕府创新小镇运维态势、运营数据、各类报事报修、应急事件处置，为日常运维以及管理提供实时移动化手段，有效提升工作效率；

门户网站：园区宣传、信息共享、企业咨询、交流、服务，意见征集。

所搭建的 CIM 平台采用"GIS+BIM+UE4"为底座，首先通过无人机获取幕府相关 GIS 地理环境信息，再利用 BIM 对相关主体建筑进行精细化建模，最后在 UE4 平台上对环境设备进行整合渲染使用开发；全部数据均由实施单位自主采集获取，CIM 平台所有内容全部自主可控。在此基础上，下一步还将开展海绵城市、市政井盖、环卫垃圾、体育公园、公共健身、企业服务、公共服务以及智慧餐厅、无人扫地车等方面的智慧管控亮点提升工作。

实施过程中，根据 CIM 的相关需求，还对 BIM 及其他兼容系统提出了具体要求：一是项目场景环境开发需贴近真实；二是 BIM 模型需坐标准确，楼层分界明确；三是系统需考虑适配 GIS 地理信息，周边环境。

同时，根据开发需求会在应用上对接监管系统和服务系统。CIM 可以作为服务系统和监管系统中的信息模型规范，确保不同系统中的数据结构和语义的一致性，从而提高数据的质量和可靠性。因此，CIM 可以与监管系统和服务系统进行接入和对接，以实现更加高效、便捷和协同的信息管理和业务运作。主要功能有安防、能源、告警等数据统计，后续也会根据业主需求对功能进行扩展升级。

（三）市场驱动 CIM 运用创新模式体会

"幕府创新区"的 CIM 技术创新应用是一个典型的"市场"驱动模式。中建八局以 PPP 和 BOT 模式赢得该地块的建设任务后，主动响应政府关于"数字中国"和"智慧城市"的建设动议，在城市规划大原则下，以 BIM 为基础、CIM 为切入点，将自身既有数字建造技术积累的经验全面融入"规""建""运管"全生命周期各项活动中，较好地推动了智慧城市建设工作。

★充分调动企业社会资源，选聘业界优秀团队和专家，编制完成"新区"智慧城市顶层设计及实施方案，较好地满足了所在城市的发展要求，并优选纳入政府CIM示范领域。

★中建八局作为业界领军企业，拥有较强的技术和科研实力，其在基于BIM的数字建造、智慧工地等方面有较多喜人业绩，在新区的开发与建设、运管活动中，植入其核心技术，有利于整体推动城市（新区）CIM工作进程。

★中建八局旗下"智科公司"，作为数字建造领域的专业子公司，有幸参与了包括本项目和南部新城CIM示范工作在内的多个BIM咨询、智慧工地、智慧运维工作，工作中可较好地汇集各项目包括BIM和CIM在内的数字建造经验，结合各项目CIM系统特点，有机植入VR、AR、MR以及物联网、数字孪生等技术，纵横联动、协同推进，联合CIM工作各参与方，将约定工作做深、做实，在运用中谋求发展、在发展中推进运用。

三、需求驱动CIM创新运用模式探索成果与体会

（一）政府管控需求驱动CIM创新运用

总体看，城市发展进程中无论新建、改建还是扩建，政府方都占有主导。围绕着城市综合治理及规、建、运管活动的有序开展，各级政府主管部门（尤其是具体经办人员）最具发言权。在CIM技术推动之初，可供各方学习、借鉴的参考案例稀缺，技术支撑手段尚不完善；从政务业务监管与服务等多口径、多系统切入，是避免徘徊、观望，快速启动、推进CIM工作的有效途径。找准切入点，首先从找准需求点着手。

★建设行政监管与服务需求是主线，监控守底线、服务提质量，便于监管、利于服务并能纳入CIM以及可经CIM辅助推动与之相

应的工作即为此类需求，比如：能有效监控、能快速准确监控、能自动抓取监控数据、能智能评判数据优劣并反馈指导实际工作等；此类需求，可较好地在房屋建筑、道路交通、水务环境等各项实体建设活动中率先启动。

★公安、交通、城市监管与服务需求也是主线，将城市公共安全、交通出行、环境保护等工作需求纳入（融入）各类建设实体建造活动中同步完成，少则可以避免大量重复建设、降低城市建管运成本，多则可以避免三天两头的"开肠破肚"街头乱象。

★工商、教育、医疗卫生等监管服务需求还是主线，仍可系统梳理、有机提炼后融入各类建设实体的规建运管活动中。

找出这些需求是第一步，分析研判确认这些需求是抓住、抓准的第二步，基于确认的需求结合相关技术水平融入CIM平台建设过程中是抓牢、抓好的第三步，一步一个脚印、一环一环紧密衔接，数据源会源源不断地开发，信息孤岛会逐渐、逐步缩小，信息安全机制、手段等既是需求，其有效解决也是上述需求得以有效落实的基本保障，应同步建设并有效运行。

（二）城市运营需求驱动 CIM 创新运用

城市（建筑）运营者作为直接与各类建筑设施及其关联活动打交道的人，对其"好"与"坏"的感受以及如何让其更好地发挥作用，他们更有发言权。汇集这些运营问题（包括正反两方面的意见和建议），亦可较好地转化为驱动CIM创新运用的需求点，所有这些需求点均可汇入CIM工作"市场驱动"的数据库，供主导CIM技术应用的政府主管部门和CIM技术软硬件开发人员决策参考。相关需求点包括：

★各类建筑设施运维活动中与CIM技术及其装备相关联的方法、流程及所需信息（数据）；

★现有（已配置）CIM技术及其装备，在实际运行活动中的顺序、流程及其可选"优先级"；

★尚未纳入 CIM 技术管控活动的各类建筑设施、装备，其与 CIM 管控流程的关联性及可有序整合（纳入）的方式、方法等建设性意见。

（三）民众生活需求驱动 CIM 创新运用

民众作为各类建筑设施及其运行效果的具体受益者，对政府（政策）管控、运营者操控效果及设备设施本身性能的好坏等，最具发言权。这类意见和建议，有广大的社会基础，能较好地汇入并促进 CIM 工作"市场驱动"。

★对建筑设施、公共空间，尤其是公共设施（比如：医疗、教育、商业等），不同社区构成中不同人群的喜好，尤其是趋同性喜好？

★对于公园、花园，包括口袋公园、步道公园、健身设施、交友空间等，不同社区构成中不同人群的喜好，尤其是趋同性喜好？

★对发展的、潜在的，更新、创新需求。

CIM 是好技术，好技术要尽快用起来才能发挥好作用。政府主导用、专家推动用、社会支持用，美好的城市生活空间，将在一个个 CIM 平台的支持下，迅速绽放光彩！

（参与本报告研究的还有南京市南部新城管委会智慧城市推进组 何勇，联通物联网有限责任公司 周臻昊，南京中建鼓北城市发展有限公司 杨驰，南京中建八局智慧科技有限公司 叶嵩、王璟）

陈 劲：关于北京经开区国家信创园 CIM 应用规划方案

根据国务院发布的《"十四五"数字经济发展规划》（国发〔2020〕29号），中航建设集团（以下简称"中航建设"）响应产业园数字化转型和加快数字基础设施建设的工作部署要求，通过数字化、智能化技术赋能建筑业高质量发展，主动参与"中国智能建造2035"重大项目研究工作。受北京经开区国家信创园业主方（北京通明湖信息城发展有限公司）委托，中航建设依托其所承担的北京经开区国家信创园项目实践，启动基于CIM的城市建设数字化管理提升应用示范，围绕园区级CIM应用中的关键技术问题，实现工程建造与城市规划、建设、管理的系统性数字化应用开展示范研究。双方认为，在国家信创园CIM建设中率先应用自主可控底座更具有示范意义。北京市经开区信创园CIM数字化管理平台已完成第一阶段基础性工作，即在实现BIM+智慧工地基础上进一步实现信创园园区级CIM平台建设，再进一步还要实现CIM+园区政务监管与服务，现已启动协同研究。

一、项目概况

国家信创园（图1）是由工信部和北京市政府联合部署建设的唯一的国家级信创园区和国家信息技术应用创新基地，承担建立信创生态体系，保障网络强国战略的职责使命。项目占地面积约600亩，紧邻通明湖环湖区域。涵盖办公、居住、商业、酒店、会展、公共技术平台等多元化功能。规划核心器件创新区、高端芯片创新区、基础软件创新区和集成服务创新区四大功能板块，依托湖区稀缺资源打造良好的科研服务环境，为信创企业提供符合研发试验工艺特点的定制空间保障。

图 1　北京经开区国家信创园鸟瞰图

目前信创园西北侧地块的 19 栋单体建筑已建成并投入使用，已有众多产业相继入驻园区；此外，园区内其他 5 个地块（G7F-2、G7F-3、G6F-1、G6F-5、G7F-1）均为在建过程，新建的单体建筑合计有 30 栋。园区产业涵盖集成电路、网络安全、软件应用、数据产业、新型通信和新型计算六大板块，形成链条完整、生态完善、体系完备的通明湖特色信创生态园区。

二、园区级 CIM 规划方案

（一）率先实现 BIM+ 智慧工地

中航建设作为国内首批率先应用自主可控 BIM 软件的建筑企业，凭借近年来扎实的项目实践和 BIM 应用探索，参编了多项国家及省市级 BIM 相关标准，在 BIM 应用技术上积累较丰富的经验。2020 年，中航建设与广联达科技股份有限公司（以下简称"广联达"）全方位合作，在北京怀柔国家科学城"中科院脑认知功能图谱与类脑智能交叉平台项目",第一个试点应用了基于自主引擎和自主知识产权的 BIM 三维建模平台,取得了很好效果。

通过在过往项目上的应用实践,中航建设以 BIM 技术辅助智慧工地建设,对其在建筑模型创建、管线碰撞检查、钢筋节点深化、精确配模、模型算量等方面重点研究,并对施工和模型轻量化等其他应用进行优化分析。促使 BIM 三维建模平台即 BIMMAKE 软件的不断迭代更新,优化用户体验,提升软件的性能。目前,该应用技术表现出建模效率高,易用性好,安全性高的特点,支持快速建模、快速生成场地布置模型、自动导出工程量和钢筋下料单、管理人员可现场快速浏览施工模型。表现出技术路线正确,符合土建施工业务需求等诸多优势。

中航建设在坚持应用自主可控的 BIM 技术发展上取得了较丰富的经验并具有明显优势。2022 年,作为信创园区内 G6F-5 地块的承建单位,中航建设在工程施工管理过程中,采用自主可控的图形平台即 BIMMAKE 软件结合过往 BIM 技术经验,为 G6F-5 地块内的 4 栋 10 ~ 13 层高层办公楼、1 栋 4 层多层商业楼、地下 3 层车库及配套设施,搭建了总建筑面积约 20 万 m^2 的全过程、全生命周期、基于北斗系统的毫米级高精度建筑信息模型;并在 BIM 基础上,配备项目智慧管建信息系统,搭建智慧工地展示中心,为后续信创园自主可控 CIM 数字化管理平台建设打下了坚实的数据基础。

(二)从项目级 BIM 到园区级 CIM

基于在 BIM 技术应用领域的积累与沉淀,结合国家信创园对全生命周期的智慧运营服务需求,2023 年初,中航建设所属中航科技发展公司具体承担北京市经开区信创园园区级 CIM 数字化管理平台的建设工作。

中航科技发展公司拟再次与广联达合作,联合打造园区级自主可控 CIM 底座。双方将坚持核心技术的自主研究和开发应用，积极发挥在 BIM 领域的技术优势，从完全自主可控的图形引擎，到自主知识产权的 BIM 软件，再到基于自主引擎的 CIM 底座，最终筑成自主可控的信创园 CIM 数字化管理平台，实现从项目级 BIM 扩展到园区级 CIM 的数字集成平台。

此外，中航科技发展公司将根据国家信创园智慧管理需求进行平台层面的二次开发，以持续集成系统的模式搭建 CIM 数字化管理平台。在此过程中，中航科技发展公司与多个高校、研究院所进行精准对接，选聘业内优秀团队及相关领域的专家，成立咨询委员会，助力构建自主可控的 CIM 数字化管理平台。

（三）园区级 CIM 指导项目级 BIM

在 CIM 平台搭建过程中，中航科技发展公司将与业主方共同研究编制《经开区国家信创园智慧园区建设服务指导办法》《经开区国家信创园智慧园区建设项目执行计划》，指导平台搭建工作的有序开展，也为园区新建项目提供 BIM 数据标准，以实现从数个单体 BIM 到园区级 CIM 的信创园智慧园区的运营管理目标。

《经开区国家信创园智慧园区建设服务指导办法》将具体指导 CIM 数字化管理平台搭建工作的开展，确保此 CIM 数字化管理平台具有兼容自主可控 BIM 模型和其他三维模型的能力，提高平台资源和服务能力，充分预留了从模拟仿真建筑单体、社区到城市级等多场景应用的发展空间。《经开区国家信创园智慧园区建设项目执行计划》拟以中航建设承担的 G6F-5 地块的建筑信息模型为基准，为今后信创园内的新建工程项目提供数据标准，明确加入 CIM 平台的执行流程，通过定义数据库对象及数据操作语言，指导园区内各单体项目的 BIM 大数据都能准确地汇集到 CIM 底座，以确保信创园内所有单体项目都能集成到 CIM 数字化管理平台。

同时，中航科技发展公司拟建议业主方对 CIM 平台范围内的全部楼宇推广应用"BIM+智慧工地",促使园区各单体项目通过智慧应用进行智慧建造,进一步提高建设项目的监管水平。

(四)园区级 CIM+ 创新

中航科技发展公司的研发团队以智慧园区管理需求为导向,计划将"数字孪生""区块链""双碳"等新一代信息技术加入 CIM 平台的技术支撑体系。在园区级 CIM 的基础上,对多类信息技术进行集成融合和创新应用,助力构建智慧、高效、绿色、低碳的信创园智慧园区。

一是 CIM+ 数字孪生。规划拟对信创园区内的新建项目实现全过程、全生命周期的数字孪生,对既有项目也要完成数字孪生。通过对在建项目的 BIM 数据接入、既有建筑的激光点云扫描、园区内的实景航拍、结合部分人工三维模型搭建,对信创园区进行数字孪生。再接入相应的业务系统、监管系统和服务系统,构建园区内多元信息融合,全面实现数字孪生园区与现实园区的平行管理,推动构建出物理维度上的实体园区和信息维度上的数字空间共生模式。

二是 CIM+ 区块链。CIM 平台拟提供基于"CIM+ 区块链"技术的数据足迹管理方案,根据信创园区各单位、部门的职责分配,依托"区块链"技术将部门间的共享关系和流程上链锁定,建构起数据共享的新规则,解决数据流转随意、业务协同无序等问题。计划以信创园园区招商及入驻流程作为区块链创新应用试点,配备区块链电子合同平台。提供线上签约全生命周期的专业服务,包含实名认证、在线签署、意愿验证、线上合约、活动链上记录确权等平台功能。

三是 CIM+"双碳"。推动引入"双碳"算法和功能,围绕超低能耗建筑及近零能耗建筑的"保温、隔热、新风、光伏"四大技术板块,提供智慧园区的"双碳"解决方案,确保智慧园区可减碳和低碳运行,实现园区的节能减排目标。针对园区内所有新建建筑应提出超低能耗及近零能耗优化方案建议，对既有建筑提出建筑运行减碳改造方案，引入自动化控制技术、空调精密控制、智能照明组合策略等智能化应用，实现人走灯关、供暖时关窗等节能举措；对园区内的在建建筑进行建造减碳方案提升，运用 BIM 技术进行提前模拟施工，提前发现问题节约施工成本，精确物料用量以减少建筑垃圾。计划园区内所有新建项目可达标超低能耗建筑，对有条件的项目要在超低能耗建筑基础上加光伏技术，探索实现近零能耗目标。

三、园区级 CIM 的应用价值分析

经与业主方共同研究，CIM 底座将接入园区规划的综合指挥调度、产业布局规划、智慧运营管理、政务公共服务四大平台，充分发挥园区级 CIM 应用的价值。CIM 平台将以信创业务需求为出发点，围绕信创园的管理体系，向信创园区提供调控、辅助、决策、分析等服务，助力合理利用资源，实现效益最大化。

（一）CIM+ 综合指挥平台

综合指挥平台将依托 CIM 底座实时提取园区信息，大数据看板可动态显示园区设备、卡口、人员、服务等实时数据，对突发异常事件的布防管控，异常情况上报。综合指挥平台将园区的各种数据进行高度整合，实现园区级的综合指挥调度。重大紧急事件突发时，管理人员可通过综合指挥平台的"领导驾驶舱"线上到达现场，通过统一指挥中心系统，可以给管理人员最精确的一线数据，为指挥决策提供有力支撑。

（二）CIM+ 运营管理平台

通过对园区内交通路网、地下管网、消防系统等城市构件进行多要素的智能检测和动态感知，运营管理平台可实现对园区内

全量设施设备及人车路环境的实时信息检测及历史回放。以 CIM 大数据库为基础，运营管理平台拟提供包括智慧安防、智慧消防、智慧交通、智慧能源、智慧物业等多项服务，推动包括水体淹没跟踪、气体扩散跟踪、人群疏散推演等场景的应用。

（三）CIM+ 产业经济平台

产业经济平台拟配合远程实景共享，提供网上看地、云上选地、线上签约等智慧服务。通过大数据看板展示信创园内产业板块布局、科技人才分布概况、产业链供需数据库等，使企业快速了解园区产业特色，提升园区招商展示能力。计划将企业新闻舆情、信创产业创新性报告、信创人才信息、前瞻性行业报告、内部报告、企业走访等数据进行全面汇聚，围绕企业、人员、技术构建产业知识图谱，成立产业发展智库。通过推进技术、业务、数据的融合，整合应用资源，打造智能化、协同化和精细化的信创产业园区管理模式。

（四）CIM+ 公共服务平台

公共服务平台拟申请接入政府相关网站的企业服务端口，通过整合各部门管理运行和服务数据，对相关部门进行业务协调，打造面向政府决策、部门管理和社会服务的多元化综合应用，实现园区运营的"一网通 - 管理"政务服务。平台线上提供知识产权保护、就业用工、税收优惠、市场监管、楼宇经济奖励、项目申报 / 奖补申请、资质许可办理等政务服务，有效满足企业多元化需求，提升企业用户满意度，为园区优化营商环境蓄积动能。

四、结语

北京经开区国家信创园 CIM 数字化管理平台，以"应用拉动市场、市场引导投入、投入促进创新、创新繁荣产业"为发展路径。

随着城市化进程的加速和核心技术的不断完善,CIM 底座所需的支撑技术将逐步成熟。未来将按照信创园 CIM 的应用规划轨迹,继续围绕信创园区的需求,对"元宇宙""供应链""AI"等数字化领域的先进技术进行"CIM+"应用研究。丰富 CIM 底座支撑技术,继续推动 CIM 数字化管理平台向前发展。

国家信创园一期项目的 CIM 数字化管理平台作为示范点,中航科技发展公司正稳步推进平台搭建工作有序开展。注重积累在产业创新驱动和产业升级方面的应用经验,计划通过"复制—总结—改进"的循环模式,逐步摸索提炼出符合信创(科创)产业实际的 CIM 数字化管理平台模式,推广延伸到科创(信创)产业园全领域。

(参与本报告研究的还有中航建设集团科技发展有限公司 王耀萱)

主题二：
关于 CIM+ 数字孪生技术应用

徐 鹏 / 牛海龙：关于 CIM+ 构建 CBD 数字空间的应用研究

一、CBD 是众多优质资源高度聚集的城市区域

CBD（中央商务区）是指一个城市里主要商务活动进行的地区，其概念最早产生于 1923 年的美国，当时定义为"商业会聚之处"。当前全球的各个中央商务区不仅聚集了商业资源，也高度集中了所在区域的经济、科技和文化力量，并日益成为所在城市乃至国家的经济密度最高区域。

CBD 的资源聚集特点主要体现在以下几个方面：

（一）CBD 汇集了文化、商业和产业等众多高端资源

众多科技服务、金融保险、商务服务和文化传媒等产业机构集中在 CBD 区域，而且控制着规模巨大的资金流、信息流、人才流和商品流，这对于城市和区域的经济影响巨大。同时，这些机构中很多是国际化企业的总部或分支机构，它们不仅推动全球高端资源集聚在 CBD，而且深度参与全球资源的配置。

（二）CBD 多元化的国际交流，引领国际消费时尚

CBD 对国际化资源的聚集，也推动了高端商务、科技创新、文化时尚等国际交流，使得 CBD 成为国际化人才商务办公、居住生活的承载空间。国际化人群所开展的多元文化交流，将不断推动 CBD 塑造全球性营商环境，吸引全球优质市场主体、优质商品及高端服务，形成对国际时尚消费的引领。

(三)CBD 产业和营商环境与国际接轨,贸易链接国内外市场

CBD 内有众多的跨国公司,其主要从事生产性服务业,开展广泛而密集的服务贸易。在数字经济时代,数字技术帮助这些跨国公司更加高效配置资源和更加便捷地连接国内外贸易,从而更加深入地影响着规模庞大的国际贸易流向。

综上所述,CBD 不仅聚集了区域内众多高级生产要素,而且也在很大程度上发挥着对各类生产要素优化配置的重要作用,从而引领一个国家乃至世界产业升级和创新活动的发展方向。

二、CBD 目前发展面临的挑战

当前国内外政治经济形势变化和 CBD 的地理区位特性,也对我国 CBD 的发展带来了新的挑战。

(一)土地资源紧缺,物理空间发展受限

空间是 CBD 生产和消费活动的载体,只有配备足量的物理场所,才能满足生产生活的需求。但是,CBD 多位于城市的核心区域,区域内土地资源紧缺,可提供新增开发建设的空间有限。

CBD 土地资源的紧缺和物理空间的限制,越来越制约其高质量发展。

(二)数据孤岛,带来创新资源整合的挑战

受制于现行管理体制,我国 CBD 普遍存在着行政执法地位尴尬、行政权限不足、条块管理矛盾多等问题,这带来了城市数据共建共享的困难。当数据资源无法有效流通,CBD 就难以提高区域的治理水平,这也造成了 CBD 难以有效整合区域内丰富的国内外创新资源。

三、数字空间带来 CBD 高质量发展的新模式

在全球经济高速发展和科技飞速进步的大趋势下，城市信息模型（CIM）及相应的数字空间建设为 CBD 破解当前瓶颈提供了全新的思路。以下分别从产业、人力和城市三个层面进行分析：

（一）数字空间解决生产服务业产业链衔接问题

CBD 受所在中央城区土地资源的限制，造成了生产服务性企业与制造企业在物理空间上不能紧密聚集。

这种挑战，在近年的全球服务业数字化转型快速发展中有了新思路。生产性服务业的数字化转型显著降低了服务业的贸易成本，原本需要面对面完成的生产与服务过程，借助于数字技术，服务供需双方可以突破地理空间的限制，突破不同行政区域的限制，随时随地实现生产与服务在空间和时间上的分离与重新匹配。数字技术使得以生产性服务业企业不再需要与生产制造企业近距离协同式集聚，而是可以根据自身产业和企业的特点以及不同区域的优势以更加经济的方式选址和布局。因此，产业上下游的企业由传统的相邻物理空间集聚转向线上数字空间集聚。由于对制度和营商环境的敏感性，各类生产性服务业以及企业总部更加趋向于大城市的 CBD，这样更有利于发挥生产性服务业对资金流、信息流、人才流和技术流等的支配和服务功能；相对而言，制造业往往需要更多的土地和环境资源。产业数字化可以帮助生产性服务业向 CBD 集聚的同时，驱使制造业为寻求更低的生产成本而向远离 CBD 的地区集聚，这就形成生产性服务业与制造业的"分离式集聚"[1]。这种产业和环节上的分离推动在不同物理空间和行政区域的企业间加强合作，这种在数字空间的聚集从技术上促进了区域经济一体化发展，同时也为 CBD 的现代服务业和总部企业提供更为广阔的市场。

（二）构建开放创新生态，链接全球人才

CBD 的高质量发展离不开人才，特别是对国际化创新人才的吸引是 CBD 国际化发展的重要支撑。CBD 需要搭建数据要素驱动的开放创新平台，推动区域内企业创新协作共享，加强区域内科技创新统筹协调，构建有机互动、协同高效的产业创新体系。CBD 建立数字空间，提供创新创业的孵化服务，开放 CBD 内投融资、国际贸易等要素资源，并吸引全球的数字游民在 CBD 数字空间创业；在数字空间中提供创新成果确权和交易的数字化管理，为企业提供需求发布挂榜，创新者揭榜挂帅的开放创新服务，形成开放创新的生态环境。以数字化驱动的创新创业生态培育，为 CBD 建立起"知识要素的新高地"。

（三）以数据流通标准和数字治理体系支撑数字 CBD 建设

首先，数字化转型促进企业快速发展，也产生了大量的数据资源。CBD 内众多的服务形成了科技创新的"数据富矿区"[1]，并将吸引更多科创企业和金融服务业入驻 CBD。这个过程将加速创新研发步伐，形成数字技术推动产业升级，产业升级进一步促进科技进步的良性循环。因此，CBD 要积极制订信息安全、数据隐私、数据流通等规则，探索数据确权、数据服务、数据资产等交易标准及相关服务体系，规范数据要素流通和交易行为[2]。

其次，在消费市场方面，CBD 利用 5G、大数据、人工智能等新一代数字技术，将推进 CBD 商圈核心业务的在线化、运营管理数字化和消费场景智慧化，以数据要素驱动提高商业服务的运转效率。

最后，CBD 要积极应用区块链技术整合相关企业信息和信用数据，规范相关贸易行为，打造数字贸易合作机制，探索建立对新业态、新模式的监管机制。依托 CBD 连接国内外市场的贸易优势，探索和发展数字 CBD 的基础设施、经济规则、治理体系，在国际

上实现我国 CBD 的跨越式发展。

在以上人—产—城的发展构架中，CIM 将发挥重要作用。一方面，CIM 通过融合多种数字化技术，打造城市数字孪生体的时空载体，融合 CBD 地上地下、室内室外、历史现状与未来等多维度和多尺度信息模型数据及城市感知数据，构建起 CBD 数字空间的城市信息有机综合体。另一方面，CIM 不仅是融合的技术平台，其所支撑的数字空间更是数字生产力的载体，为政府治理、社会民生和产业发展等各个方面提供数据决策依据，支撑城市数实融合场景的探索，使 CBD 的城市生命体更加智能。

四、北京 CBD 在数字空间的探索和经验

随着数字经济与实体经济的深度融合，数字空间逐渐拓展到了传统产业和政府部门，企业级和政府级的数字空间成为数字经济发展的新市场。以北京市为代表，城市数字空间的开发利用正在成为城市数字经济发展的新领域[3]。

在北京建设全球数字经济标杆城市的重要时期，北京 CBD 作为全球领先商务区、朝阳区数字经济发展先锋区，一直以来积极探索数字经济发展新模式，实践数字空间建设和数字 CBD 发展蓝图，作了一系列创新探索和实践。

（一）完善数字空间基础平台搭建

北京 CBD 建成国内首个 L4 级别高精度城市级数字孪生平台，实现了北京 CBD 的 1∶1 全要素、高拟真还原，打造了真实的北京 CBD 数字空间，实现了时空和天气的真实化模拟，北京 CBD 综合经济、土地规划、楼宇经济等可视化展示，同时探索视频融合、地下管廊、BIM 场景展现等功能。高精度的城市信息模型体系，不仅为 CBD 的城市管理构筑了坚实的技术底座，也为数字经济场景创新打造了基础，形成了北京 CBD 版的"数字新基建"[4]。

（二）数字场景汇聚创新创业资源

基于以上的数字新基建，2022年5月，北京CBD发布了全球首个基于真实场景的数字会客厅，全面复刻了北京CBD高楼耸立城市景观。数字会客厅可实现合影、PPT播放、烟花、彩蛋等功能，可选择塑造个性化数字人物形象，还可以多种语言、文字以及鼓掌、举手等动作交流，高度还原CBD线下开会场景，带给人独特的三维会议体验。会客厅未来将从数字化招商、办公服务及商务拓展与推广三方面，帮助企业实现线上办公和真实场景的商务洽谈。同时导入更多媒体资源，帮助区域企业通过数字会客厅进行宣传[5]。

同期，北京CBD还发布了北京CBD全球创新创业云中心，在数字空间中打造了一个4000m^2的创新创业基地。该云中心集合了创业辅导培训、创业路演、产品发布、投融资对接、孵化加速、政务服务、人才服务、党员报到等功能，构建创业团队从0到1发展的一站式服务平台，全方位助力企业创新创业和人才成长，营造了北京CBD区域创新创业发展的生态环境[5]。

（三）释放传统文化的新活力

2022北京CBD音乐季创造了音乐与社会、文化与商业多方交融的"音乐新生活"——在数字空间举办音乐会。音乐会通过北京CBD全球数字会客厅的同步直播，邀请观众以数字人的身份齐聚数字孪生会客厅观看体验。这不仅实现了北京CBD在数字音乐会场景的首次尝试，也是国内古典音乐内容在数字空间的初体验[6]。

（四）激活数据要素价值

2022年6月，北京CBD产业链供应链数字服务平台发布，北京CBD携手区域重点产业链、科技平台企业和金融机构等形成政、企、银合作，并立足于自贸试验区朝阳组团，服务于全国各行业、各产业，为企业提供政策、市场、金融、数据等方面的综合性服务。

2022 年 7 月，北京 CBD 联合北京国际大数据交易所共同打造的"北京 CBD 跨国企业数据流通服务中心"成立。该中心结合北京 CBD 在产业方面的资源优势和"北数所"在数据交易方面的专业优势，致力于提供全国领先的数据跨境咨询服务，切实解决企业数据跨境流通过程中的痛点问题[5]。

北京 CBD 的一系列创新实践，彰显了 CIM+ 数字空间发展的无限潜能，探索出了全球数字 CBD 发展的新模式。这也为国内 CBD 发展提供了一个全新发展路径，CBD 能够以数据要素运营为主线，不断完善数字新基建，形成数字生产力；搭建数字空间新场景，整合原有产业形态与数字新业态相互促进，丰富数字经济新生态；在数字空间打造开放创新平台，吸引全球人才，实现群体智能；引导传统企业进行数字化转型升级，推动实体经济和数字经济高质量融合发展，以数字化赋能和数据价值化升级。以此构建的 CIM+ 数字空间体系，帮助 CBD 实现在人才吸引、产业赋能和城市数字化治理方面的全方位高质量发展。

五、数字 CBD 进一步探索的思考

CBD 的 CIM+ 数字空间建设和发展可以总结为三个阶段。

第一阶段是数字孪生等数字技术底座的建设，将 CBD 的物理世界镜像到虚拟世界，并建立城市数据模型体系。

第二阶段是数实融合的场景创新，以 CIM+ 的理念将物理空间和数字空间进行链接互动，探索数实融合的生产和消费新场景。

第三阶段是持续优化数字治理，制定 CBD 数字治理规则，逐步完善数据要素驱动的经济体系和数字 CBD 治理模式。

这三个阶段发展是一个动态的过程，CIM 通过模拟现实城市治理环境、城市更新场景和经济运行规律，来前瞻性预测现实中 CBD 治理和发展中的问题并进行矫正，CIM 将在促进 CBD 区域数字化转型和精准化治理方面发挥越来越重要的作用。CIM+ 数字

空间的打造构成了 CBD 数字新基础设施的重要部分，极大地提高了 CBD 传统要素和数据要素的组织效率，构建了 CBD 数字空间和实体空间融合发展的体系，以数实融合方式促进 CBD 的创新和高质量发展。

参考文献：

[1] 谭洪波. 双循环下中央商务区服务业对内开放的意义与路径 [J]. 江西社会科学，2021，41（9）: 59-68.

[2] 李红玉. 中央商务区推动"一带一路"大市场循环畅通的思路与建议 [J]. 城市，2021（11）: 3-16.

[3] 朱岩.2023 年中国数字经济发展的十个趋势 [EB/OL][2023-01-01].https://mp.weixin.qq.com/s?__biz=MzIxODcyMjE0MA%3D%3D&mid=2247548512&idx=1&sn=8c0fab0fcd48b82af0d21b5b2e85af24&scene=45#wechat_redirect

[4] 北京市朝阳区商务局. CBD 建成国内首个 L4 级别高精度城市级数字孪生平台 [EB/OL].[2022-09-05]http://www.bjchy.gov.cn/dynamic/news/4028805a82f86aff01830c5e72d50b26.html

[5] 北京商务中心区管理委员会."两区"发力数字赋能 北京 CBD 样板全球瞩目 [EB/OL].[2022-09-07]https://baijiahao.baidu.com/s?id=1743303956075886672&wfr=spider&for=pc

[6] 中国日报北京记者站. 音乐季"奏响"北京 CBD 艺术之夏 [EB/OL].[2022-07-22] https://baijiahao.baidu.com/s?id=1739055193472703783&wfr=spider&for=pc

高　峰：CIM+ 数字孪生赋能城市轨道交通投建营一体化数智升级

一、研究背景

近年来，中国作为世界最大的城市轨道交通投资中心、建设中心、技术和装备中心，其运营总里程已位居全球第一。伴随着建设数字孪生城市写入国民经济"十四五"规划纲要，以数字化、智能化、网联化、绿色化为特征的城市交通产业加速与信息化深度融合，数字孪生技术在城市轨道交通领域投资建设和运营管理上的作用日益显现。

当前，多数轨道交通业主单位或项目公司已经开展信息化规划设计，但多专业之间的壁垒不仅在技术方面，而且在传统管理方面的难度阻力更大。一是表现在智慧化协同难，由于传统设计建造模式，导致全生命周期中的前期规划设计、中期施工建设、后期运营维护阶段间数据集成度低，互通共享性差；二是智慧化价值密度低，如地铁设备设施的状态检测、诊断决策和维修处置仍以人工作业为主，维修模式以"故障修+计划修"为主，已有的"数字化"仅是简单的自动控制，尚不能动态实时以数据驱动业务变革，远远达不到智能或智慧；三是信息利用率低，数据治理程度低，交通信息和智慧城市发展息息相关，但很多时候在城市轨道交通规划及运营过程中，数据标准化不够，而且并未充分结合城市级数据对信息进一步分析、挖掘和迭代。

针对城市轨道交通行业数字化、智能化存在的难题，需要建设以城市信息模型（CIM）和数字孪生为核心，基于统一的 CIM 数据资源，打通规划、建设、管理的前中后端数据壁垒，贯穿工程全生命期数据模型分析，赋能城市轨道交通空间复合化、地铁+商业立体化智慧化发展。

二、研发投建营一体化平台形成城市轨道交通的智慧大脑

以 CIM 和数字孪生技术为抓手，融合城市轨道交通及相关领域的多源数据，建设基于 CIM+ 数字孪生的城市轨道交通投建营一体化平台，研究城轨"投资—建设—运营"全数据共享服务和业务协同发展的新模式，精准匹配城市拓展与轨道网络建设时序，支撑轨道网络科学决策，提升城市轨道交通各阶段的数字化、智能化、智慧化水平。

（一）总体设计

CIM+ 数字孪生的城市轨道交通投建营一体化平台从统一技术架构、多源数据融合、CIM+ 数字孪生底座、投建营业务贯通四个层面支撑城市轨道交通数智升级。统一技术架构确保技术标准规范；数据中台打破数据壁垒，跨越数据鸿沟；CIM+ 数字孪生底座汇聚全方位大数据，构建数字孪生模型；投建营业务贯通保障全周期业务穿透，数据共享。

城市轨道交通投建营一体化平台总体架构如图 1 所示。

（二）技术底座

平台基于微服务架构和一体化研发技术管控体系，构建统一的核心能力组件、技术架构、研发标准和流程规范，实现研发管理的在线化和流程化，包括研发资源复用化、统一能力共用化、测试自动化、集成部署持续化等技术，实现与各基础系统的整合对接，提升研发效能，降低研发与运维成本。

研发管控平台：基于微服务和微前端的技术框架、企业级的容器化服务和平台的统一支撑服务，为各业务应用提供快速开发、能

图 1　一体化平台总体架构

力接入、持续集成与部署的一体化研发管理服务，为业务应用的高质量、高效率交付提供有效支撑。

统一用户授权：结合统一身份认证，作为各应用系统统一身份信息管理及单点登录支撑平台，支撑接入的业务系统自定义角色、资源、菜单的灵活配置。

统一流程服务：为各应用系统提供统一的流程管理、流程设计工具，规范建模过程，开放标准的 API 接口，可以实现应用系统的快速集成和升级。

统一运维管理：提供基础监控、全链路跟踪、环境管理、日志服务等，为各业务应用提供统一的持续集成、持续交付服务，保障各业务系统稳定运转。

（三）数据中台

针对城市轨道交通系统复杂性和数据管理集成度低的问题，搭建数据中台（图 2），制定统一的数据标准和集成协议，建设数据服务总线、数仓、数据应用,实现二维数据、三维数据、BIM、GIS、视频流、物联网监测及人工智能检测等多源生产数据要素整合和集成,形成数据资产,为轨道交通规划、设计、建设和运营提供全面服务,以实现轨道交通系统的可视、可管,赋能高效可持续运营。

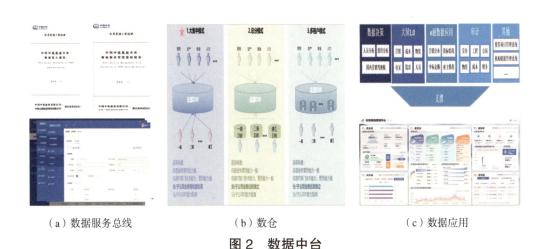

(a)数据服务总线　　　　(b)数仓　　　　(c)数据应用

图2　数据中台

数据服务总线:数据服务总线以批量交换为目标,实现数据交换标准化、集中化、可视化。提供标准的数据批量交换机制,数据供方和使用方遵循标准;所有批量对外交换的数据通过数据服务总线进行,数据交换集中管理;数据以可视化配置的方式实现数据从源库或源文件到目标库或目标文件的批量定时交换,把数据仓库接入的原始数据、加工后的汇总数据,以批量方式提供给数据需求方,支撑数据分析应用。

数据仓库:以数据为抓手、以数字化技术为手段,运用"共生、共创、共享、共赢"的建设理念,实现数据汇聚多元化、数据处理批量化、数据存储标签化、决策支持数字化、平台运营统一化;运用数仓技术手段,打破传统信息孤岛,实现各业务系统的颗粒归仓,挖掘数据价值,有效推动数据资产建设,为各业务数据应用及数据服务提供强有力的数据支撑。

数据应用：通过数据指标定义、数据模型超市和"拖拉拽"的数据开发以及数据应用共享等方式，业务人员摆脱技术门槛的限制，通过自主数据分析工具即能开发数据报表和数据分析图表，并可把数据开发成果分享给其他人员使用，形成更多更广的数据应用，加强数据应用在各个业务领域使用的广度与深度。

（四）CIM+数字孪生底座

CIM+数字孪生底座通过建筑信息模型（BIM）、地理信息系统（GIS）、物联网（IoT）等技术基础，连接轨道交通项目相关要素，统一编码、构件树、物联标准等，汇聚全方位大数据，构建数字孪生模型。在数字世界中完成城轨模型的创建，真实世界中的每一个实体元素都可以立体呈现并显示相关参数，实现城轨在数字世界的全生命期可视化模拟。在宏观场景下，针对轨道交通管理中的各种应用场景，通过仿真和情境模拟等方式，模拟真实的城市复杂系统，为城市轨道交通管理数智升级提供助力，有效推进项目规划、建设、管理和运营阶段的数字化服务能力和水平。

（五）投建营业务贯通

针对城市轨道交通工程项目周期长、管控要素多、多方协同程度不高的现状，平台基于城市轨道交通项目投融资、建设和运营全生命周期管控理念，建立标准化业务管理流程，贯通项目各阶段，实现多源数据可视共享，提升项目管理效能，保障项目持续稳定开展。

投资阶段，融合BIM、倾斜摄影技术，快速了解城市用地、空间布局、职位分布、出行需求等多维信息，直观展现轨道交通发展现状、出行客流量、人口岗位覆盖率以及规划线网情况，实现轻量化、经济化融合感知，打造标准化、流程化、工具化服务，为决策者提供更专业、更精准、更贴心的数字规划服务。

建设阶段，采用BIM、物联网等技术，基于数字孪生模型，平台化推进规划、设计、制造、施工的信息传递和数据增值，促进设计施工一体化、智能建造、数字化交付等，加强生产活动和管理活动数字化，提高建造生产力和生产效率，降低工程建造成本，为后续运营管理提供数字化支撑。

运营阶段，平台对 BIM、GIS、IoT 和 AI 进行有机结合，满足轨道交通可视化运营管理要求，以三维模型直观精细化展示城轨设施设备信息，实现设备运维与资产管理联动，将运维、运营工作进行数字化还原，并通过采集、分析物联网设备信息、监测客流数据实现空间、设备、人员的集中管理。

三、探索实践与部分案例

全面开展项目投建营一体化建设，对重要数据资产、重点业务模块的管理和作业进行智慧化应用。结合企业管理模式，投建营一体化平台面向集团和项目两个层级，为集团提供统筹规划、总体安排、项目群管理的服务，为项目侧提供精细化的建设、运维等服务。

（一）平台服务全集团

投建营一体化平台提升集团公司对于投资项目管控能力，实现集投资业务全生命周期数据采集、业务管理、流程控制、数据统计及分析展示一体化管理，为投资公司业务管控、过程监督、风险防控以及考核评价提供数据支撑，提升投资决策、管控及业务分析的准确性、及时性和科学性（图3）。主要包含以下两个方面：

一是依托 CIM、数字孪生等技术，融合投资规模、计划进度、投资控制及运营成本收入等业务数据，建设投建营一体化数字管控中心，实现投资项目各业务环节关键指标可视、项目现场直达及业务分析量化，有效辅助投资项目风险管控、科学决策。

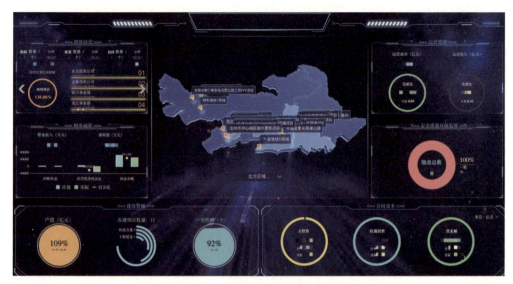

图3 投建营一体化平台集团级服务实例

二是围绕投资项目实施决策、融资过程、工程设计、计划进度、安全质量、合同履约、资产运营及运营维护等全生命周期建立业务管控及全链路数据模型，提升投资项目管控效能。

（二）平台服务各项目

依托重庆地铁4号线等地铁工程（图4），基于CIM投建营一体化体系，赋能智慧建造、智慧运营阶段智慧化的建设过程。在智慧建造阶段，基于CIM+数字孪生底座将建造大数据共享，形成智能化建造的基础数据体系。在施工现场管理中提高决策运行的智能化、协同化、精准化和高效化管理水平，实现人员管理、设备监控、环境监控、综合管理与监管等。在智慧运营阶段，将车站、设备、环控、安检、客流等业务数据与CIM数据融合共享，实现了车站日常智能巡检、设备智能维修、智能环控监管、智能安检、智能客流组织、行车区间智能作业管理等服务。

（三）效益分析

CIM+数字孪生的投建营一体化平台在城市轨道交通行业的深

图 4 投建营一体化平台项目级服务实例

度应用,做到了城市轨道交通项目中构件要素唯一标识同步对接,为所有物理实体建立数字化唯一标识,并对应记录到孪生模型中去。将孪生模型与物联网感知设备结合,完成物理实体到孪生实体的数据动态映射,实现在孪生世界掌控物理世界各类信息。汇聚物理世界数据,将各业务数据进行实时动态分析和融合分析,可解析物理世界中逻辑并构建物理世界的模型,充分挖掘城市轨道交通数字孪生的价值。

汇聚海量数据后,开展动态预测模拟分析、孪生管理和系统智慧化提升,实现城市轨道交通规划、投资、建设、运营全周期的模拟分析和优化,在数字孪生实体上反向操控和预判物理实体,达到城市轨道交通投建营的数字化、智能化升级目标。

四、总结与展望

基于 CIM+ 数字孪生技术汇聚城市建设、运行、发展与更新的多源实时全量大数据,对海量多源异构进行数据统一管理,构建数字孪生底座，做到全面掌控孪生体运行状态，有效推进城市轨道交通规划、建设、管理和运营阶段的数字化服务能力和水平，提高数据要素服务能力，赋能城市轨道交通的投资、建设和运营走向智慧集成化、自动化、智能化，为实现城市轨道交通数智升级提供助力。

中国中铁作为国家基础设施建设主力军，持续致力于城市轨道交通数字孪生平台的基础设施标准化、数据资产价值化、平台网络安全化、应用场景多元化，提升CIM+数字孪生虚实融合能力，进一步构建时空知识图谱，实现仿真推演能力，加强数据治理与隐私安全保护，提升城市轨道交通数字化规划水平，降低建设成本，加强全生命周期数字化监管，提高综合治理水平，努力打造虚实交互的城市轨道交通数字孪生底座，推动实现城市轨道交通投建营数字化、网络化、智能化、绿色化转型。

耿裕华：关于 CIM+ 数字孪生在既有建筑安全监管中的应用研究

如今，我国城市建设已由快速开发转向存量提质改造和增量结构调整并重的发展阶段，对既有建筑的安全监管和维护改造将成为城市发展转型的重要途径。

我国既有建筑保有量巨大，部分老旧建筑服役年限高，已然步入全生命周期的"中老年"，加之违规改造和周边环境扰动等原因，导致近年来既有建筑安全事故频发。2022年长沙"4·29"自建房倒塌事故发生后，国务院办公厅印发《全国自建房安全专项整治工作方案》，要求彻查自建房安全隐患，及时消除各类安全风险。为了应对日益凸显的房屋"老龄化"和"风险健康"问题，做好房屋"体检"工作变得尤为紧迫。

一、CIM+ 数字孪生在既有建筑安全监管中应用的必要性

目前，既有建筑安全检测更多是依靠人工现场排查，该方法存在难以回避的局限性：一是成本高，需要投入大量的人力、物力资源，对专业检测人员的需求量大；二是效率低，检测人员需要逐栋采集数据和比对分析；三是误差大，鉴定分析结果一定程度上取决于现场检测人员的专业水平；四是时效性差，结构服役性能动态变化，一时的检测结果并不能反映房屋在整个服役期间的性能水平；五是结果表达不直观，主要以文字叙述或局部照片反映，难以整体把握或直观描述，不便于业主和主管部门全面了解结构现状。

在既有建筑安全监管中应用 CIM 及数字孪生技术，就是利用

区域内倾斜摄影模型结合房屋 BIM 模型，建立数字孪生体系，利用检测传感设备采集房屋安全风险信息并将数据实时上传，最终形成既有建筑的 CIM 安全监管系统，实现区域内既有建筑安全状况的精准标注和实时显示，通过后台算法和大数据分析为城市建筑提供运维和管控依据。

依靠 CIM 及数字孪生技术可解决传统房屋检测中的"卡脖子"难题。通过动态检测采集、数据无线传输、房屋数字孪生、平台智能监控等方式，实现既有建筑安全监管的实时性、高效性、全天候、平台化、智能化、可视化，利用智能算法和大数据分析精准反馈建筑的即时风险动态，预判结构的性能走势，建立危险辨识、风险评估、安全预警、动态管控全流程闭环，实现政府、企业、专家、业主等多方主体协同参与房屋安全治理。

二、CIM+ 数字孪生在既有建筑安全监管中的技术思路和具体做法

CIM+ 数字孪生在既有建筑安全监管中的具体做法和应用思路如下，技术路线见图 1。

第一步，建立整体到局部、宏观到微观的待测区域房屋 –GIS 体系。利用卫星遥感影像（宏观）、无人机正射摄影和倾斜摄影（中观）、单体建筑多角度照片（微观）建立房屋 – GIS 体系，打通区域内房屋和地理分布的不同维度，形成初步的城市数字化模型和数字孪生系统，并将模型导入 CIM 安全监管一体化平台。

第二步，为区域内每个既有建筑制作"数字档案"——BIM 模型。对于建设初期已具有 BIM 模型的房屋，可将模型直接导入 CIM 安全监管一体化平台；对于此前未建立 BIM 模型的房屋，利用全站仪、激光测距仪、激光 3D 扫描仪、全景相机等设备工具，快速采集建筑物的形状尺寸、结构构件尺寸、主体材料、点云扫描数据等相关信息，根据采集数据进行建模。在完成既有房屋 BIM 建模后，

主题二：关于 CIM+ 数字孪生技术应用

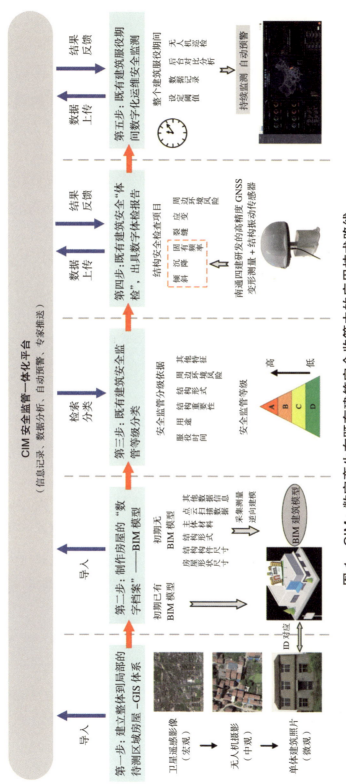

图 1 CIM+ 数字孪生在既有建筑安全监管中的应用技术路线

通过北斗高精度定位赋予房屋模型地理坐标，实现与 CIM 中的对应场景空间融合。

第三步，对区域内的既有建筑进行安全监管等级分类。在 CIM 安全监管一体化平台中，检索区域内每个既有建筑的特征信息，根据建筑不同的服役时间、用途、结构形式、结构重要性、周边环境风险等特征，采取分级管理的方式对既有建筑进行安全监管。例如：对于服役时间长、建设标准低的经营性自建房，给予最高等级的安全监管；而对于工程质量优异、建设要求高的新建商品住宅则无需过多关注。

第四步，为不同监管等级的既有建筑安排个性化"体检"，并出具数字化"体检报告"。例如，安装南通四建自主研发的高精度 GNSS 变形测量 + 振动传感器集成装置，用于测量建筑物的沉降、倾斜和固有频率；对于更高监管等级的既有建筑，则可加入裂缝观测、应变测量、周边环境风险检测等手段深化排查"病灶"。将检测结果实时上传至 CIM 安全监管一体化平台，经过后台数据分析出具房屋的数字化"体检报告"，若无法给出检测结果，可将"病历"推送给检测专家进行数字化"会诊"，因地制宜给出"治疗方案"。

第五步，考虑时间跨度，实现既有建筑服役期范围内的数字化运维监测。将传感器采集到的数据实时上传至 CIM 安全监管一体化平台，经过后台记录、对比和分析，在达到规定阈值、触及安全红线时进行自动预警。此外，还可通过无人机定期巡检的方式，监察自建房违规改扩建行为以及房屋周边环境风险。

实际运作中还需注意以下几方面内容。

区域内庞大体量的既有建筑逆向建模是工作难点。应对策略可从技术和人工两方面着手：一是根据建筑形式、结构复杂程度，合理选择参数化建模、三维实景扫描等方法，兼顾效率与精度双重标准；二是注重对房屋信息采集人员和 BIM 工程师的专业培训，打造实际工作中的快速、高效流水线。

CIM 平台系统的信息管理是关键。首先，围绕信息化管理和科技赋能，整合计算资源，提炼价值信息，分解指标数据，消除信息孤岛，以智能 AI 算法和大数据分析为支撑，高效驱动多源异构数据形成信息互通，服务于安全监管业务。其次，坚持分级管控，以精细管理和精准施治为原则，找准发力点，切忌"眉毛胡子一把抓"，做到安全监测有的放矢。

运维监管过程中需注重对软、硬件的维护升级工作。切实保障安全监测数据的实时性、有效性、精确性，加强数据服务能力，实现数据增值。关注行业标准更新和技术迭代升级，坚持由需求驱动研发，实现 CIM 技术发展与影响人类未来的重大技术变革和宏观趋势嫁接。

三、试点应用实例

基于 CIM+ 数字孪生的技术思路，南通四建已全面开展"区域级既有建筑安全数字化监控系统"的研究与开发，并利用南通市通州区金沙街道某公司老旧宿舍社区（图 2）进行了房屋安全数字化监控试点工作，取得了积极成效，受到省内外专家、学者的好评。

结合现场踏勘和整体规划，对试点区域建筑完成了基础信息调查、BIM 逆向建模、全景图拍摄、室内外裂缝排查、综合监管系统开发、安全数字化监控等工作。

现场统计试点房屋的建筑结构类型，利用徕卡高精度激光测距仪对结构尺寸进行数字化测量采集，采集数据包括建筑物的长、宽、层数、层高以及梁、板、柱、门窗尺寸及位置等。将结构尺寸和房屋信息输入平台，自动生成建筑结构信息参数表，以此作为参数化逆向建模的固定输入文件。使用 Dynamo 软件调用建筑结构信息参数表，快速建立 BIM 模型。平台采用轻量化图形引擎自动加载结构模型，通过倾斜摄影三维模型与 BIM 模型的融合，形成内外完整的建筑物模型。

图2 试点项目区域正射投影图

建筑物全景拍摄使用Insta360 X3全景相机,单人可在3min内完成一个房间7200万像素全景照片的拍摄,操作便捷、高效且能保证较高的照片分辨率。全景拍摄的同时记录结构裂缝,将裂缝的位置、长度、宽度、类型等排查结果现场录入条形码生成器,条形码生成后粘贴于裂缝上,在全景图中通过"条形码识别分析算法"统计所有裂缝信息。

根据上述数据和模型,开发"区域级既有建筑安全数字化监控系统"。在试点建筑楼顶安装GNSS变形测量及结构振动传感器,实时监测建筑物的位移、沉降和自振频率,监测数据自动传输至综合监管系统进行解算、分析,并实时生成曲线图谱,当监测数据超过系统设置的阈值时会及时推送报警信息。

通过现场排查、BIM逆向建模、全景拍摄识别以及数字化安全监测,对试点区域既有建筑进行了安全隐患综合评估。以试点区域宿舍3号楼的评估结果为例,发现该房屋年代久远、荒废失修,结构梁柱裂缝宽度和深度较大;GNSS变形监测值大于10mm,固有频率监测最大值与初始值相比降低超过10%,房屋危险性鉴定等级评估为 D 级。

四、CIM+ 数字孪生的应用价值

数字孪生为 CIM 赋能，解决 CIM 不能解决的局部区域（单体建筑）数据采集、分析和可视化问题，例如房屋安全管理、老旧小区改造、智慧园区乃至未来的自动化服务。利用 CIM+ 北斗数字孪生，可避免图形引擎中加载太多的冗余数据，进而增加硬件的投入成本，降低整体投入。初步估算，CIM+ 北斗数字孪生技术可提高工程区域的管理效率 30% 以上，使整体硬件投入降低 20%，操作流畅度提高 20%。

CIM+ 北斗数字孪生技术可针对不同区域的管理需求，进行定制性开发；同时通过整体 CIM 系统为不同区域搭建数据交互的平台，从整体上解决城市规划、既有建筑、管网运维、新建房屋、市政工程之间的数据共享、融合办公及综合管理问题。在此基础上，CIM+ 北斗数字孪生技术可进一步融合城市交通管理、水务水利管理，从宏观和微观两个角度彻底解决困扰城市民生的居住、交通、燃气水电和雨涝问题。

据估计，CIM 可提高城市建设领域综合管理效率 30%，同时通过数据共享，降低数据重复投资建设 50% 以上，城市服务更加贴近普通居民生活，大幅提高生活舒适指数。

就笔者所居住的南通市而言，无疑将会成为 CIM+ 北斗数字孪生的受益者。南通地处长江下游平原，地势平坦，水网发达，百年以上的老旧住宅群与新建园区交错发展。CIM+ 北斗数字孪生的应用，将会引领这个具有百年现代发展史的"近代第一城"再次焕发青春，作为中国城市数字化治理的"典范"，引领长三角乃至全国城市新一轮经济社会发展。

目前，除本报告中所交流的利用南通市通州区金沙街道倾斜摄影模型和隐患排查数据建立 CIM+ 北斗数字孪生平台对房屋安全进行数字化监管外,我司联合国内图形引擎领军企业准备在南通市重点投资的新兴园区"中央创新区"探索"基于 CIM+ 北斗数字孪生的智慧园区"建设模式,希望能够为 CIM+ 北斗数字孪生提供更广阔的应用前景。

五、结语和未来展望

对于 CIM+ 数字孪生在既有建筑安全监管中的应用,其痛点和难点归根到底在于三个方面,即:哪些数据,怎样采集,如何利用。能够解决以上问题,便可彻底打通思路以实现破局。

将来的城市数字化安全监管对象还需拓宽至地下空间、管廊、管网、电缆等地下结构和基础设施,如何构建地下结构和地下设备的数字孪生这是一个难题,也是建立 CIM 安全监管体系的关键,值得进一步研究和探讨。

针对 CIM 在将来的发展和应用,在此提出几点想法。

第一,随着新型通信、GNSS、人工智能、先进计算、物联网等前沿技术的研究开发和交叉融合,CIM+ 数字孪生技术将被持续赋能,同时海量多源异构信息的利用价值也将被充分挖掘,诞生出更多新的衍生应用,包括:毫米级精度空间导航、社区运维和人员管理、消防与城市交通规划、水电能源管理、高精度智能机器人等。

第二,CIM 发展的趋势必定是相互关联组合,形成跨区域、跨层级、跨部门的城际信息模型体系,这对于不同城市、不同区域间的资源调配、信息整合、结构优化、管控治理均大有裨益。

第三,借助无线通信、物联网、人工智能、区块链等一众技术将会兴起一批自组织、自决策、自运行的二级系统。通过 CIM 中枢与分布在城市基层的服务网络联动,某些信息不必经过 CIM 平台的"大脑"或流入上层职能部门的管理系统,就能在内部或基层组织完成自我调节。

下一步,南通四建将着眼于把具有分析功能的智慧镜头运用在施工建造和安全监管领域，充分挖掘边缘计算和机器视觉深度学习算法，推动终端设备的智能化和集成化。此外，在与 CIM 监管系统结合时，还可形成"一大闭环 +N 小闭环"的控制管理模式，打造更加高效、多元的智能信息系统。

数字技术经过几十年的沉淀与发展，已从探索性的新兴力量变成大规模产业发展的技术基石，只要敢于想象、善于接纳、巧于利用，我们相信传统建筑业在数字新纪元中将大有可为。

高　峰：CIM+北斗新时空在城市数智化建设中的全生命周期应用

一、研究背景

城市数智化建设是以信息技术为基础，通过数字化、智能化和智慧化手段对城市进行规划、建设和运营的一种新型城市发展方式。在我国《国民经济和社会发展第十四个五年规划和2035年远景目标纲要》中已正式将CIM基础平台建设和北斗纳入国家发展规划，并提出要分级分类推进新型智慧城市建设，完善城市信息模型平台和运行管理服务平台，构建城市数据资源体系，推进城市数据大脑建设。同时，探索建设数字孪生城市，加快推进数字乡村建设，推动乡村管理服务数字化。以数字化转型整体驱动生产方式、生活方式和治理方式变革，建设数字中国，目前包括安徽省、广东省、浙江省、重庆市等十余个省市纷纷出台相关文件，在规划中明确推进CIM基础平台建设，加快CIM基础平台与智能感知、北斗时空基础平台的融合应用，打造城市一体化综合管理服务场景，推动城市运行"一网通办、一网统管、一网协同"。

北斗新时空系统是国家一项战略性工程，已经具备了高精度定位、授时和短报文的能力，在城市数智化建设中开始发挥重要的支撑作用。CIM基础平台夯实智慧城市建设基础，提升城市精细化智能化管理水平。利用CIM平台创建新型智慧城市的三维数字底座和可视化管理平台，基于CIM平台可应用于项目施工图模型的智能审查、施工进程质量动态监管、竣工验收的模型比对与合规检查等；在城市运行阶段，CIM平台集成物联网、移动互联网与实体城市关联，辅助城市规划、建设与运营决策，实现智慧城市的动态精细运行管理，推动新型智慧城市发展。

二、构建 CIM+ 北斗新时空的数智化平台管理全生命周期

智慧城市可以理解为是基于统一的时空基准，将各类传感器部署到城市生活的各种物体上，通过标准化数据实现互联互通、信息共享。CIM 基础平台作为城市规划、建设、管理、运营工作的基础性操作平台，集成了城市地上地下、室内室外信息模型数据、城市感知数据等海量数据，是新型智慧城市的基础性、关键性和实体性信息基础设施。而 CIM 基础平台离不开统一的时空基准和标准的地理信息框架，基于时空信息数据的综合服务、智能服务系统是多部门协同管理、决策服务的关键要素，城市空间结构基本信息如位置、大小、环境变化、人口密度等，80% 以上与时间和空间有关，北斗系统可以很好地赋能城市数字建设时空信息精准感知获取。

中国中铁北斗新时空数智化平台（图1）的高精度定位服务、北三短报文通信服务、高精度地图服务、遥感探测服务以及环境监测预警服务等功能，可以获取城市各个元素的地理位置信息，包括地形地貌、交通状况、气象情况等方面的数据，这些数据和信息可以为城市规划、建设和运营提供更加精准、实时的数据支撑，有力支撑 CIM 基础平台中人们对时空信息的查询、使用、分析、决策等各类需求，促进城市管理水平的不断提升。

CIM+ 北斗是 CIM 价值在数智城市建设与管理的延伸，在 CIM 基础平台之上，将数智城市建设过程中全空间、全要素、全流程、全生命周期的数据管控与分析及服务能力向业务开放，支撑数智化能力在城市建设管理中全面落地，形成数字孪生城市，是 CIM 最终价值的体现。

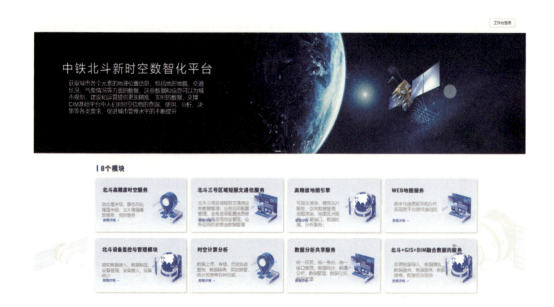

图 1　中铁北斗新时空数智化平台

三、CIM+北斗平台加快城市规划阶段的数字化进程

在城市规划领域，CIM+北斗技术可以辅助构建规划、控规、修规、详规、地上地下空间设计等全要素、全空间的城市规划模型，依据各规划内容及容量，以定量与定性方式，对城市虚拟规划和场景仿真模拟，通过数据同步实时动态监管实施情况对比整体规划，推动城市规划提前布局，更加科学、合理。

数智化建造平台能够推进 CIM 平台建设，构建包括基础地理信息、建筑物和基础设施三维模型、标准化地址库等 CIM 平台基础数据库，形成城市三维空间数据底板，推动城市规划建设管理领域应用，将强化北斗系统在城市能源、通信、应急等多领域的应用，打造天地一体化、通导遥一体化、测运控一体化城市新应用。比如，着力推动北斗系统在天津市港口生产和物流中的应用，推动了智慧港口建设，构建了天津港智慧物流运输平台。

数智化建造平台能够加快城市时空信息云平台建设，推进 CIM 基础数据信息模型建设，搭建、汇聚城市三维数字底板，全量接入已建感知设备数据，提升感知设备智能应用。推进5G、人工智能、物联网等信息技术与传统基础设施融合发展，推动公共服务、城市管理、环境保护等基础设施数字化、智能化改造，提高传统基础设施运行管理效率及服务能力。加快智慧城市时空信息基础设施建设，完善智慧城市时空信息云平台，制定平台建设和运行管理办法及相关标准规范，发挥平台作为省市级节点的基础支撑作用。组织开展现代陆海统一测绘基准建设，全面建成陆海一体、动态、高精度现代测绘基准体系，开展大比例尺地形图、高分辨率卫星遥感影像、航空摄影测量、地下空间设施普查测绘、三维基础地理信息数据建设等成果更新，构建空地立体化数据获取体系，丰富测绘地理信息资源，夯实智慧城市空间数字底座，支撑全市"一张图"时空数据展现、空间定位、数据时空分析等多层次功能需求。

四、CIM+北斗平台提高城市建设阶段的数智化水平

在城市建设领域，围绕城市建设中"人员、安全、进度、协同、环境"等重要因素，CIM+北斗可以构建数字孪生信息化应用系统，对建设过程中涉及的人、机、料、法、环等生产要素进行数字化，实现对项目施工信息、工程进度、重大事件的实时更新，并通过系统同步配置用户的组织结构、智能权限，结合各类子系统应用实现信息有效触达、问题及时跟进、工地有序管理，为建设方、施工方、监理方、设计方及相关人员提供应用服务，有效解决城市以及新区建设过程中的复杂性和不确定性等行业痛点，打造安全可靠、绿色环保的城市建设。

（一）在城市道路交通建设中应用

交通运输部在《关于推动交通运输领域新型基础设施建设的指导意见》中提到在特长隧道及干线航道的信号盲区布设北斗系

统信号增强站，率先在长江航运实现北斗系统信号高质量全覆盖。建设行业北斗系统高精度地理信息地图，整合行业北斗系统时空数据，为综合交通规划决策、服务等提供基础支撑（图2）。

图2　中铁北斗新时空数智化平台城市道路交通应用

在湖北黄冈至黄梅段高铁建设过程中，基于北斗的测绘测量装置大大提升了施工技术和工程质量，该装置集北斗和红外扫描功能于一体，能简便、快速完成接触网支柱限界、基础高程、跨距、承力索高度、拉出值等参数的测量、记录及传输，使测量误差控制在"毫米级"，实现了智能建设，提升了建设质量。

贵阳至黄平高速公路地处贵州喀斯特地貌，特殊的地形环境给施工带来诸多难题和挑战，北斗高精度服务有效助力了乌梅河大桥的桥主拱缆索安装扣挂施工工作，有效提高了拱肋的安装精度。

在深中通道（深圳—中山）伶仃洋大桥猫道的建设过程中，施工人员运用北斗系统对安装全过程进行动态监测，同时在40m深的水下，将沉管沉放到海床上，实现了精准对接。

（二）在城市能源供给建设中应用

CIM+ 北斗在煤矿开采、电网建设、石油勘探等领域均有成熟应用（图 3），按照中国电力科学研究院有限公司发布的《电力北斗标准体系白皮书》，电力系统将利用在全国范围内的基础设施，建设具有北斗（高精度定位）能力的基准站 1200 座，提供"丰富齐全的高质量卫星导航信号观测信息"，使供电公司可以运用北斗高精度加强电力基础设施建设安全管理工作。工作人员佩戴的安全帽前端配有摄像头，安全帽同时连接基于北斗的安全管控系统，利用北斗高精度定位技术，实时监测、采集和上传位置信息；利用北斗定位与电子围栏技术，对作业区和带电区等间隔进行电子围栏划分，提升作业现场安全管理。

图 3　中铁北斗新时空数智化平台城市能源供给应用

（三）在城市排水系统建设中应用

根据国务院办公厅印发《关于加强城市内涝治理的实施意见》，明确要求要系统建设城市排水防涝工程体系，要提升城市排水防涝工作管理水平。通过 CIM 基础平台导入管网模型数据，利用北斗卫星系统提供管网精准定位服务，将北斗与水压力管理、水务测漏技术等多种手段相结合,能够快速定位埋在地下的管网水压变化及发生漏水的准确位置,从而有效提升管网运营管理水平(图4)。

图4 中铁北斗新时空数智化平台城市给水排水系统建设应用

(四)在城市智慧工地建设中应用

CIM基础平台在智慧工地应用方面实现对某市2000多个在建工地的综合监管,可对工程质量、安全施工、文明施工、日常执法等方面进行智慧化管理(图5)。

在质量管理方面,某市CIM平台采用物联网技术实现对工程混凝土浇筑情况的过程记录、统计汇总、检测和分析等应用。

在安全管理方面,某市CIM平台推行深基坑、起重机械设备的可视化实时监测,三维动态展示起重机的工作状态,包括风速、力矩、载重等实时监测参数。

在文明施工方面,对扬尘、噪声进行实时监测查,落实环保要在日常执法方面,执法人员在移动端实现工程选取、查看并展现工程项目现场采集数据、现场执法、反馈信息、跟踪和监督整改落实情况等，并对检查结果数据进行查看。对关键位置采用定点巡检、远程巡检、视频录像巡检、全景影像巡检、无人机巡检等方式，将无人机影像与 CIM 模型无缝叠加，提供施工进度的管理与比照。

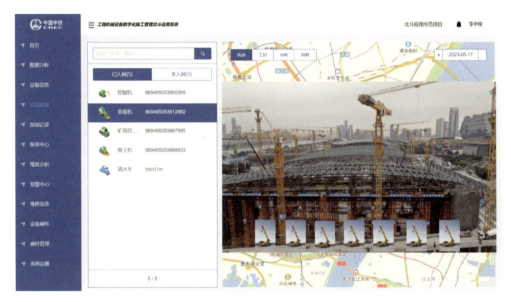

图 5 中铁北斗新时空数智化平台智慧工地建设应用

（五）在城市桥梁健康监测中应用

基于 CIM 基础平台可以远程实时监测桥梁健康情况，以物联网云计算等新技术解决传统管理方式的弊端，用科技提高效率，实现桥梁监测管理工作智能化、可视化、痕迹化，将"人防、物防、技防"结合应用于传统的桥梁健康管理和监督。当前某市 CIM 平台实现了对静力水准仪、倾角计、温湿度传感器等关键安全设备信息的感测、分析、整合，提高供需对接的有效性，推动桥梁监测模式从传统向现代、被动向主动、单一向综合、人工向智能的发展（图 6）。

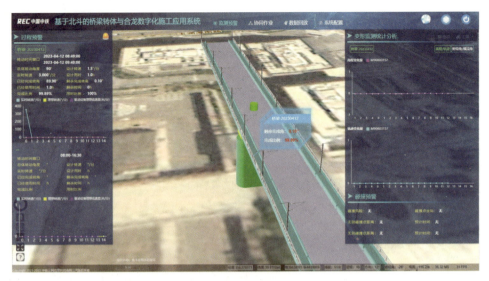

图 6　中铁北斗新时空数智化平台桥梁监测应用

五、CIM+ 北斗平台赋能城市运营阶段的智慧化管理

城市管理是推进国家治理体系和治理能力现代化的重要内容，通过城市数字孪生汇聚 GIS 数据、影像数据、高程数据、OSGB、BIM、专题数据等多维时空数据，对接城市管理、生态治理、交通治理、市场监管、应急管理、公共安全等不同领域系统，以城市事件综合管理、重大事件和特殊场景需求为驱动，将"自学习、自优化、自演进"功能融入城市治理过程之中制定全域一体的闭环流程和处置预案，对症下药精准施策，更好地把影响城市生命体健康的风险隐患发掘于酝酿之中、发现在萌芽之时、化解于成灾之前，实现引导城市规划建设，达到精准化管理与运维效果。

（一）在智慧物流管理中应用

CIM+ 北斗构建的智慧物流系统，能够为物流行业提供车辆跟踪、路径导航、人员管理、订单管理等服务，通过平台信息追踪对出现问题的环节进行查询、纠偏、管理，从而优化物流业务及整个物流链。通过大数据分析功能能够大大提高运输与配送效率、减少物流成本、更有效地满足客户服务要求,基于北斗的工程物资数字化施工作业应用系统主要建设内容包括基于北斗的预制构件定位监控设备、监控管理系统等软硬件设施。加强工程物资生产、存储、运输、装配作业过程的可控性和可视性,从而实现对工程物资施工作业的精确定位、动态跟踪、过程控制和可视化管理,解决现场精准装配时存在的效率及安全问题。CIM 基础平台可以对物流资源建模,使资源配置更加优化,北斗系统实时位置追踪调度服务可以保持较高的资源利用率,提升物流管理效率、物流产业的发展速率及服务水平。

(二)在城市智慧出行中应用

设计开发基于北斗的数字化设备信息采集与分析管理平台,建立统一的数字化设备信息资源采集、应用和管理平台,防止设备数字化资源浪费,杜绝设备调度过程中产生的信息孤岛,达到高效利用设备数字化调度资源目的,主要功能包括机械设备数字化设备综合管理、设备档案管理、设备运维预警管理、运输监控管理、运输车辆预警管理和物流运输管理等。通过对设备运输过程信息、运行环境信息进行实时远程监控,实现科学决策与管理。

上海市运用北斗系统,公交站台上的显示屏可以动态显示距离该站台最近的公交车,为等待中的乘客预告下一班车的实时运行情况,预报误差小于 15s。在潍坊,"潍坊市城市级智慧数字泊车项目"利用北斗卫星高精度定位导航技术,着力解决以往智慧城市建设中碎片化的问题,将破解市民出行泊车管理难题,方便居民出行。杭州萧山上下班高峰期时,装有北斗终端的"交警铁骑"在指挥中心的统一调度下可就近部署拥堵路口、路段,保障城市交通路网的安全、畅通运行。

(三)在城市智慧社区中应用

社区是城市治理体系的基本单元,我国国家治理体系的一个优势就是把城乡社区基础筑牢。智慧社区作为我国城镇化发展的新战略以及社区管理与服务的创新模式，基于 CIM 基础平台 + 北斗物联数据基础设施，统一社区各类数据资源建立数据中心，以数字孪生为支撑建设智慧社区综合信息服务平台，面向管理部门、服务者和社区居民各类角色，提供社区基层治理、社区服务、社区运营等应用，提升社区服务能力，如某市 CIM 基础平台创建基于 CIM 平台的智慧社区应用示范，加快推进信息技术、数字技术及产品在社区的应用，为社区群众提供娱乐、教育、医护等多种便捷服务，打通服务群众的"最后一公里"，满足政府服务、社区物业管理和居民生活需要。

基于 CIM 基础平台的智慧社区应用（图 7），整合区域人、地、物、情、事、组织和房屋等信息，统筹公共管理、公共服务和商业服务等资源，提升社区治理和小区管理现代化，促进公共服务和便民利民服务智能化。某市 CIM 平台选取试点社区，通过对接门禁、卡口、人脸识别设备等实现对社区人员、车辆等的智慧化管控；通过对接消防设备、电梯设备等实现对社区基础设施运行方面的远程监控；通过对接四标四实信息，实现对社区的房屋、人口的三维管理。以某市智慧社区为例，社区通过对接 AI 算法升级摄像头、物联网烟感器等物联传感设备，对高空抛物、垃圾堆放、消防占道人群聚集行为、烟雾状态等进行实时监测并对异常情况发出警报，警报信息实时推送给越秀先锋小程序，由社区相关部门进行闭环跟进处理。

六、未来展望

CIM+ 北斗技术应用对城市智慧建设的升级改造、结构调整、服务提振均会产生巨大推动作用，密切联系着国家当前的"产业调整和振兴"计划，利用科学技术实现突破，依靠科技进步促进发展的产业典范，对于全面落实建设创新型国家战略规划将产生

图 7　中铁北斗新时空数智化平台智慧社区应用

深远影响。它所涉及的产业包括测绘业、航运业、物流业、汽车业、通信业、农林业、智能交通业，使得这些行业大大节省成本、提高效率、改善环保、强化管理、保障安全、惠及民生，还可以实现增值服务。CIM+北斗的应用"仅仅受到人们想象力的限制"，其在专业化科学技术领域中的应用，甚至会诱发产生一系列新的学科和科研项目，如卫星气象学、卫星大地测量学、地壳形变和地震监测、大桥和水坝监测、地质灾害监测、空间编队飞行、卫星测轨、无源探测和多源融合。CIM+北斗技术是天地人空间智慧化管理的核心支撑，是源源不断的生产力诞生地，值得我们用心不断研究探索。

主题三：
关于 CIM+AI 智慧制造与智慧建造

张仲华：关于 CIM+AI 技术在全装配式工厂制造与现场建造全过程的应用

随着新型基础设施和新型城镇化建设的发展，加快推进基于信息化、数字化、智能化的新型城市基础设施建设，以"新城建"对接新型基础设施建设逐渐成为引领城市转型升级、推进城镇化转型的重要内容。我国的城镇化发展已经到了转型的必然阶段，即从过去"靠体力重速度"的城镇化阶段，迈入"靠智力重深度"的创新发展阶段。党中央提出的现代治理能力和现代治理体系的系统架构为数字化和智能化提供了政策支撑背景，应该抓住发展机遇加快发展步伐。

中建科技作为中建集团开展科技创新与实践的"技术平台、投资平台、产业平台"，成立于 2015 年，是建筑工业化领域的"国家高新技术企业""全国装配式建筑产业基地""住房和城乡建设部装配式建筑头部企业"，具有建筑工程施工总承包特级资质和建筑行业甲级设计资质，连续两年获国务院国资委"科改示范企业"。

中建科技以"智力+资本""产品+服务"商业模式，构建"建造业务+新兴业务"双轮驱动业务格局，深度服务京津冀、长三角、粤港澳大湾区、成渝双城经济圈国家重点战略区域，为客户提供建筑工业化全产业链绿色建筑产品，为低碳城市建设管理运营提供系统解决方案。依托自主研发全球首个装配式建筑智慧建造平台，为客户提供研发、规划、设计、制造、建造、运维全产业链一体化建造服务。

一、CIM+AI 技术赋能装配式建筑建造过程

"装配式 + 数字化"建造是促进建筑业转型升级、实现高质量发展的必然要求。数字化技术的应用更是为装配式建造插上了智慧的翅膀。CIM 基础平台整合多维度、多尺度的城市信息模型数据和城市感知数据,结合 BIM、AI 等新技术,构建支撑城市规设建管的基础操作平台,可为 BIM 报建审批、工程质量、工程安全和施工管理等提供支撑,是解决建筑业高质量发展的首要技术保障平台,为智能建造发展奠基,为"新城建"持续赋能。

CIM+AI 技术在 PC 全装配式建筑制造和建造全过程中的应用,可以帮助企业实现数字化转型和智能化生产,提高生产效率和质量,降低成本和风险,推动建筑业的可持续发展。例如,在设计阶段,AI 技术可以使用深度学习算法进行结构优化和材料选择,实现更加经济、高效的设计。在生产阶段,AI 技术可以使用物联网技术进行设备监控和维护,实现设备的远程管理和故障预警。在装配阶段,AI 技术可以使用机器人进行自动化装配,提高装配效率和质量。

此外,CIM 技术为实现城市数据采集、共享和利用,建立统一的城市数据大脑提供了有效途径,对打通传统智慧城市中的"信息烟囱""数据孤岛"和解决现阶段智慧城市建设存在的诸多问题具有重要意义。

二、装配式建筑制造和建造全过程应用实践

(一)AI 智慧建造,塑强全过程数字化管理

由中建科技集团作为 EPC 牵头单位倾力打造的全国在建最大装配式建筑社区——深圳市光明区长圳公共住房及其附属工程项目(长圳项目),占地 117hm,建筑面积 116 万 m^2,提供公共住

房近万套。长圳项目是国内最大的"十三五"国家重点研发计划绿色建筑及建筑工业化重点专项综合示范工程，示范落地了16个"十三五"国家重点研发计划项目的49项关键技术成果，并开展专题研究20项，为我国绿色建筑及建筑工业化实现规模化、高效益和可持续发展提供技术支撑。

以中建科技自主研发的智慧建造平台为控制中枢，涵盖设计、算量计价、招采、生产、施工以及运维环节，实现了建造信息在建筑全生命周期的数据传递、交互和汇总，打造了全球首个基于互联网的建造过程大数据集成系统。

"三全BIM"，数字设计。采用"云桌面"的工作方式实现点对面的全专业协同模式。基于BIM设计，通过BIM模型辅助算量、虚拟建造、全专业BIM模型展示及全景VR技术，实现全员全专业的设计变更及流程管理。将线下设计生成的数字孪生建筑通过自主开发的轻量化引擎上传至互联网云平台，支持商务、制造、施工、运维的信息化管理。

建筑机器人，智能化生产。中建科技自主研发带机器视觉的钢筋绑扎机器人，对钢筋进行标准化、模块化绑扎生产。对标先进制造业，提高预制构件质量，节约人力成本，实现精益建造。长圳项目有3万多个凸窗，项目采用了标准化设计，钢筋网片也是采用标准化设计，在工厂用机器人绑钢筋的方式来进行钢筋笼的生产，完全代替人工。这也是我国在智能建造方面做的一个全新探索。

无人机巡检，机器人建模。无人机云端预设航线，对现场无人化自动巡检，通过图形算法自动建立工地矢量化模型，构建了时间和空间维度的工地大数据系统。同时点云三维测绘机器人可以根据设计BIM模型自主规划作业路径并完成自主避障，完成项目现场毫米级点云测绘扫描，通过5G网络回传数据，于云端自动建立建筑点云模型并与无人机模型进行整合，实现与BIM设计数据自动比对、自动生成质量报告。

统一身份标识，一码全程追溯。BIM模型轻量化引擎为每一个预制构件生成唯一身份编码，利用二维码技术全过程记录构件生产、施工等信息，实现构件全生命周期信息可追溯，建造过程全要素互联、全数据互通。

机器视觉识别，智能态势感知。AI 视觉识别结合自主学习技术和机器视觉技术，捕获现场人员动作和人员穿戴图像，对现场人员不安全行为进行实时识别、实时报警、现场处罚，最后将全过程在云端记录，从而进一步规范现场人员安全行为，降低现场安全隐患。

数字孪生模型，智慧运维管理。长圳项目将集成从设计到建成全过程的核心数据，最终交付给业主基于 BIM 的轻量化数字孪生竣工模型，该模型可以提供数字化的住宅使用说明书，借助 VR 技术，可以虚拟各项隐蔽工程及其建造信息，便于住户使用。此外，该数字孪生模型还能支持长圳项目打造智慧社区、智慧建筑、智慧物业等多应用场景。

长圳项目坚持"以人民为中心"的发展理念，以为人民群众提供高品质建筑产品为初心使命，通过集成应用绿色、智慧、科技相关技术，积极探索绿色化、工业化、信息化、智慧化的新型建造方式，在推进城乡建设领域全面践行绿色发展观方面赢得了广泛赞誉。

（二）构建"CIM+"应用场景，打造新城建数字样板

2020 年 7 月，住房和城乡建设部等 13 部门联合印发了《关于推动智能建造与建筑工业化协同发展的指导意见》，提出探索建立表达和管理城市三维空间全要素的 CIM 基础平台。2021 年 3 月，国家发展改革委、自然资源部等 28 部门联合印发《加快培育新型消费实施方案》，推动 CIM 基础平台建设，支持城市规划建设管理多场景应用，促进城市基础设施数字化和城市建设数据汇聚。

在数字化转型的驱动下，建筑产业将逐步从以图纸为媒介的信息交流传递，升级为依托信息模型和信息应用技术平台进行信息

传递。在此背景下，CIM基础平台中经融合的多源数据，为重点工程项目特别是针对装配式项目的智能建造提供了坚实的数据和平台基础。通过建立统一标准、统一平台和统一管理，依托BIM技术和信息技术，打通项目设计、生产、运输、施工、运维、监管的全过程，实现产业"标准化、产业化、集成化、智能化"目标。

CIM平台不仅可以支撑城市建设、城市管理、城市运行、公共服务、城市体检、城市安全、智慧工地、社区管理等领域的应用，还可以支撑数字建造、智慧建造、绿色建造、数字化交付与BIM审查的应用场景，提升工程建设全流程信息化、数字化、智能化水平，为新型城市基础设施建设赋能，推动智能建造与建筑工业化协同发展。未来，基于CIM基础平台，各级政府部门会建立完善的重点工程项目智能建造综合管理系统，归集住房和城乡建设领域多元信息，实现工程项目信息的动态更新、整合发布与关联共享，以及业务协同和溯源监管的全程信息化，辅助建设主管部门实现对建设工程项目建设全生命周期的高效监管。

中建科技承建的新城建示范及智能建筑产业园项目位于广州市白云区，是住房和城乡建设部批准的全国首批新城建示范基地领建园区，致力于打造新城建产业聚集地、建设模式和产业形态范本。此项目围绕新型城市基础设施建设和绿色低碳发展的核心任务，打造集数字城建、绿色建造等领域多项新技术应用于一体的广东省新城建标杆项目。项目总用地面积约6.3万 m^2，总建筑面积18.8万 m^2，包含两层地下室，地上建筑单体共有7栋，其中2栋临海办公楼打造核心示范，高标准应用"光储直柔"零碳、装配式AAA级等技术体系。

此项目将CIM+AI技术应用在PC全装配式建筑制造和建造全过程，打造"CIM+"应用场景。以CIM作为建筑数字底座，贯穿规划、设计、生产、施工、运维全生命周期，实现全量信息共享和多方协作。以"数字化设计、工业化建造、智慧化管理"为主要技术路线建设运营，聚焦新城建和绿色低碳技术示范集成，带动产业、人才、资源聚集，进一步推动建筑产业转型升级，实现高质量发展。

规划阶段，园区 CIM 平台与广州市 CIM 平台对接，支撑园区规划落地。设计阶段，通过国产 BIM 正向设计搭建模型，将方案设计优化的数据信息与生产阶段、施工阶段的 BIM 构件、智能建造、智慧工地等过程数据进行汇总处理等。同时，本项目集成大数据、AI 算法、云计算、数字孪生等技术，建设一个 CIM 数据底座、一个集成的智慧运营指挥中心平台及多个专项管理平台，无缝对接建造过程的模型及业务数据，提高新城建各方面的智慧运维管理水平，包括市政、安全、交通、园区服务等内容，对多要素运行状态进行实时监管，达到监管可视化、精细化和业务协同化，实现项目全生命周期数字化管理。

三、推进 CIM+ 装配式建筑制造 AI 和建造 AI 的思考

（一）充分认识 CIM+AI 技术的内涵

洞见未来。CIM 不单单是为还原现实城市而开发建设的数字化平台。城市的数字孪生，不足以发挥信息化、智能化对城市发展的强大赋能。通过应用智能模型前瞻性地创造出未来场景，以帮助人们洞察明天的城市问题，以此引导今天的城市发展路径。

智能决策。一是要构筑城市"全周期管理"能力，提高城市韧性。要实现全周期管理，城市的风险管理、问题处置要做到事前防范、事中控制、事后反思的全周期闭环管理。二是要构筑空间计算能力，提高城市精准化、精细化治理水平，实现"一张图"规划。三是要构筑未来预知能力，基于历史数据，通过深度学习等算法，推演城市未来发展态势并可视化呈现，增强对未来发展的判断力，提高城市应对与决策能力。

人城互动。CIM 不仅是城市数据库，还应是能以更智慧的方式将城市信息有效传达给用户的互动系统。借助 CIM 可以使城市规划、建设、管理的过程更轻松、人性化，而在用户的干预和反

馈过程中，CIM 系统也得以持续迭代增强，体现出人的主观意志和城市智能生命的互动协调。

（二）全产业链思维推进 PC 全装配式建筑制造和建造

PC 全装配式建筑制造和建造相辅相成，是研发、设计、生产、施工、运维等全产业链中的重要环节，单单从生产、施工过程推进 PC 全装配式建筑制造与建造，难度大、效果不显著，要从全产业链的角度，以系统化的思维推进，从城市治理的目标出发，以终为始，综合考量结构体系、设计、采购、维保等环节。同时，注重数据的自动采集与价值挖掘，对制造和建造的数据进行采集、传输、分析和使用，预测分析安全、质量、成本、进度等主要影响因素，发挥数据最大化价值。

（三）完善与装配式建筑制造和建造相适应的管理模式

进一步完善 EPC 工程总承包管理制度，将 EPC 项目作为管理主体制定相应政策。将装配式 +EPC 工程总承包占比数据作为国家装配式建筑示范城市的考核指标，加快装配式 +EPC 工程总承包推广。以市场为导向促进优胜劣汰，引导行业健康发展。重点发展具备科研、设计、生产、施工一体化能力的企业，按照先进制造业要求打造的企业主体，给予政策倾斜。以市场为导向，孵化建筑产业的"波音"和"空客"，培育若干建筑产品"系统集成商"，打通产业链、培育供应链群，打造新兴产业业态。

（四）CIM+ 技术应用加速广州 CIM 体系建设

推动 CIM+AI 技术在 PC 全装配式建筑制造和建造全过程的应用，是信息化技术深度匹配建筑业全生命周期需求的重要实践。

数据驱动。 广州市率先构建出一个二三维一体化、地上地下一体化、室内室外一体化的市级 CIM 平台，打造"1+2+N"的应用体系。通过在广州市新城建示范及智能建筑产业园落地"CIM+"应用场景，打造新城建数字样板。以项目建设全生命周期为主线，全力打造以"BIM+GIS+IoT"多源异构数据为核心的数字底座，集成、分析和综合应用全园区各类基础设施物联网数据，并将数据实时对接至广州市CIM平台，支撑以数据驱动为核心的广州市数字城市治理。

统一标准。新城建项目CIM+体系，先行先试，作为首个与市CIM平台实时对接的项目级CIM平台，也同时是广州市统一编码体系、统一CIM标准体系推广应用的重要一步。

横向拓展。通过项目级CIM支撑水务、交通等专题应用的运行，作为多行业部门横向合作的试验田，横向推动广州市CIM发展，助力将CIM技术从工程审批逐步渗入城市建设、建造、市政、交通、民生服务等领域，为智慧城市以及数字孪生城市提供更强大的数字驱动力。

多级CIM建设。CIM+技术体系的试点应用，以实践确立了CIM建设的必要性，未来广州市将完善CIM相关政策、引导并鼓励各级CIM平台的建设与研究，推动信息数据分级管理与交互共享，构建"街道—园区—片区—城市"多级同步发展的CIM体系。

徐 坤：关于 CIM+AI 智慧制造、智慧建造在钢结构装配式建筑中的应用研究

建筑产业是国民经济的重要支柱产业。近年来国家相继发布了《"十四五"数字经济发展规划》《城市信息模型（CIM）基础平台技术导则》等文件，持续引导加速建筑产业的数字化进程，加快智能建造与新型建筑工业化协同发展，从高速增长转向高质量发展。中建科工集团有限公司（下称"公司"）紧跟国家政策导向，积极推动建筑业工业化、智能化、绿色化转型，持续探索应用 CIM/BIM、AI 等技术，在钢结构装配式建筑产品开发、智能制造及智慧建造等方面，取得了一些实践成果。

一、CIM 平台是智慧城市的数字底座

2022 年深圳发布《深圳市数字政府和智慧城市"十四五"发展规划》，提出全面应用 BIM/CIM 技术，建立建筑物、基础设施、地下空间等三维数字模型，建成全市域时空信息平台，建设物联感知平台，为数字政府和智慧城市建设提供有力数字底座支撑。

南山区在深圳市智慧城市总体建设目标下，结合自身发展实情，提出适合自身的智慧城市建设总体框架，从党建引领、慧建基础、慧治城市、慧促产业、慧享民生五个方面开展南山区 CIM 平台（圳智慧）建设（图 1）。平台主要包括一体化支撑平台、CIM 业务平台、专项应用平台三大部分。一体化支撑平台，采用多种数据采集和建模方式进行数据统一组织，通过统一大数据平台清洗后建模，实现全区时空底板、城市管理底板、视频汇聚底板、

物联感知底板等众多扎实底板。CIM 业务平台经过 3 年半的时间，将上千个需求进行了深度分析重组。专项应用平台将不同的部门和领域数据先汇聚再重构，形成定制化应用。

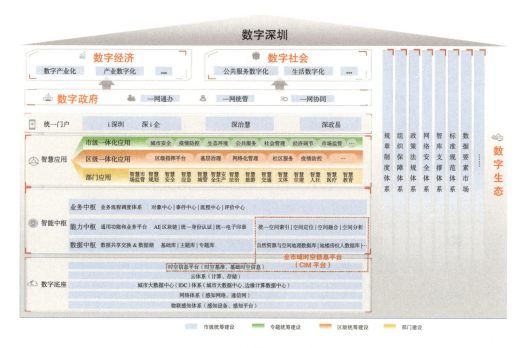

图 1　深圳市 CIM 平台总体定位

公司将 CIM 数据要求与 BIM 模型创建标准相结合，建立设计施工竣工统一的 BIM 模型格式，在不同阶段逐步挂接部分工程资料，不断丰富和完善信息维度，形成 CIM 平台中城市管理的单体基础数据，结合建筑采集数据，构建深圳市、区、街道三层架构统一、互联互通、协同共享的城市信息模型管理体系，为城市运维、社会服务等智慧城市模块提供数字化基础。钢结构具有天然的工业化特征，以"钢结构装配式建筑 +EPC"为代表的新型建筑及建造模式，为 BIM 在智能制造、智能建造等方面的应用实施创造了更多便利条件。

二、CIM+AI 在钢结构装配式建筑的探索与实践

（一）钢结构装配式建筑产品开发实践

公司秉承"以绿色为引领，以钢结构为核心，以集成为手段"的理念，践行建筑工业化道路，致力于成为绿色建筑的产品开发商和产业集成商。通过研发设计、试验完善、产品推广"三步走"策略，融合数字图像处理、BIM 轻量化模型及数据格式转化等技术，在钢结构装配式建筑的**体系、标准、产品、产线、模式**方面积极探索，为地区 CIM 平台的建设提供了丰富的建筑数字信息。

体系。自主研发设计了 GS-Building（General Steel Building）和 ME-House（Modular Ecological House）两大钢结构装配式技术体系。其中，GS-Building 主要由钢框架结构、围护（三板）、SI 体系组成；ME-House 则高度集成了钢框架结构、围护结构、水电、装修、智能化等系统。基于两大技术体系，围绕结构安全性、建筑舒适性，开展了《基于 BIM 的空间钢结构预拼装理论技术和自动监控系统的研究开发》《标准化装配技术与工艺体系研究》等 10 余项国家及省部级课题研究，完成各类试验 220 余项，保障了钢结构装配式建筑的性能和品质。同时建设了包括天津赛达公寓、模块化绿色人居等多个样板楼、实验楼，验证完善钢结构装配式技术体系。

标准。积极参与行业政策制定与发展，配合钢结构装配式建筑发展做好顶层设计。先后共主（参）编钢结构装配式建筑相关的国家、行业规范（图集）20 余项。其中，参编的深圳市《建筑工程信息模型设计交付标准》成为深圳市设计 BIM 模型报规报建系统实施标准；参编的广州市《建筑信息模型（BIM）施工应用技术规范》为钢结构装配式建筑的模型标准提供了依据。

产品。以民生需求为出发点，从施工思维、工程思维向产品思维转变，研发形成了学校、医院、写字楼、住宅、产业园、酒店六大系列产品。在 GS-Building 体系方面，承建包括全国最大的

钢结构装配式学校石家庄信息工程学院、APEC 能源智慧社区最佳实践金奖的巴布亚新几内亚布图卡学园等。承建了三甲综合医院、专科医院、应急医院等各类医疗建筑，包括全国首个 9 级抗震区三甲医院西昌人民医院、眉山天府新区人民医院（图 2）等。在湛江、武汉、成都、杭州等多个城市承建钢结构装配式住宅。其中，广东湛江公租房项目获批国家钢结构住宅建设试点项目（全国仅 2 个）。2021 年 5 月成功召开了国家级钢结构住宅观摩会，获得住房和城乡建设部领导、院士专家的高度肯定。

图 2　眉山天府新区人民医院

在 ME-House 体系方面，根据宜居住、快速部署、设备存储等不同功能需求，开展了模块单体组合研究，形成了从国内到国外、民品到军品的多场景系列产品，应用于高端公寓、酒店、快装式营房等领域。包括符合澳新标准的新西兰 8～10 层的模块化公寓样板、某快速部署 600 人军营、华为海外数据中心等。

产线。作为国内最早一批探索装配式建筑的企业，公司在全国布局"东西南北中"五大现代化钢结构制造基地。其中，在广东建成了国内首条重型 H 型钢智能制造生产线，获评 2017 年国家工信部"智能制造综合标准化与新模式示范项目"。

2021年建设了钢结构模块化生产线,具备了涵盖结构、机电、装修等全专业总装集成能力,形成了工厂流水线制造与单元交付的解决方案(图3)。

图3 钢结构模块化生产线

模式。EPC模式通过设计前置,拉通采购、施工等多环节,为BIM的应用提供了便利,统筹考虑结构、机电、装饰等专业一体化设计,以及部品部件的供应与装配工艺,有效解决传统模式设计、采购、施工之间的割裂问题,实现快速建造和高品质交付,以及项目综合效益最大化。

(二)AI助推工厂制造"智能化"

2017年国务院印发《新一代人工智能发展规划》,提出要加快推进产业智能化升级,推动人工智能与各行业融合创新,推进制造全生命周期活动智能化。公司围绕钢结构智能制造,在工业互联网、关键技术装备等方面积极探索AI技术应用。

一是建立钢结构工业互联网大数据AI分析模型。

基于钢结构深化工艺与制造管理云平台,搭建了钢结构工业互联网数据体系,拉通零构件设计、工艺参数、工序加工各环节生产数据。构建零构件生产工序节拍仿真、工艺流程分析、车间成本运营分析等 AI 分析模型（图 4），实现了智能生产线跨系统数据采集、交互、运行分析、产线数据模型展示和关键数据的可视化对比分析，提升工厂精细化管理水平（图 5）。

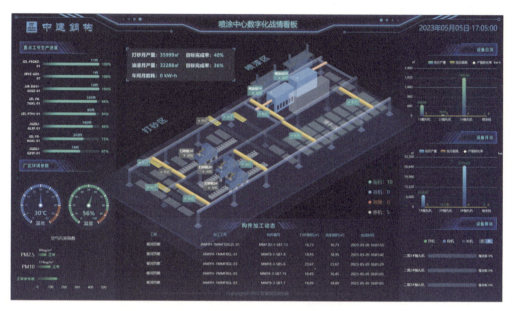

图 4　喷涂中心生产运营分析

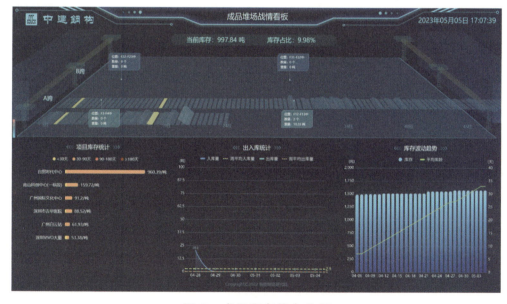

图 5　成品库存状态分析

二是研发机器人装备及控制系统。

AI 智能分拣机器人。钢结构零件复杂多样，人工标识、分拣、堆垛错误率高，给其他工序增加了大量物流返工成本。AI 智能分拣机器人融合 3D 视觉识别和图像处理技术，实现了实物零件的自动识别，并根据后续工序的零件配送要求，动态规划物流托盘的零件堆垛。其控制系统内置碰撞监测与规避、倾斜抓取与姿态控制、抓力感知与零件重量对比、零件翻转识别等多种逻辑链和算子模块，具备全自动分拣、快速建立工位坐标系、偏移量免补偿能力。

智能坡口机器人。零件坡口加工的精度、质量对后续的焊接工序至关重要，人工上料、手动控制机器切坡口效率低下。智能坡口机器人在集成工艺云平台的模型数据基础上，实现了零件的智能识别、自动搬运上料、坡口切割轨迹工艺自动匹配。坡口切割过程采用工业级 3D 相机，一次进行零件姿态定位，并结合 AI 算法，激光自动寻边定位，高精度完成坡口切割。

智能部件焊接机器人。部件焊接是钢结构加工最复杂、人工依赖程度最高的工序。虽然常规焊接机器人可以大大降低工人的劳动强度，但是焊道规划、焊接工艺控制依然大量依靠工人经验，导致焊缝质量参差不齐。智能部件焊接机器人通过对焊缝的 AI 视觉智能识别，实现焊缝的实体建模、焊道自动规划，并结合材质与工艺要求，自动匹配焊接工艺大数据参数库，一次性自动生成焊接控制程序。在焊接过程中结合激光跟踪动态调整焊枪姿态、电流电压等参数，实现自动焊接，保证焊接质量。

三是 AI 助力现场建造"智能化"。

智能建造作为建筑产业数字化的重要组成部分，是新一代信息技术和工程建造的有机融合。主要从智能设计、智能建造平台及装备等方面进行了实践。

1.AI 辅助设计。结合 BIM+GIS 技术，借助 AI 辅助设计，在方案设计阶段开展场地分析、功能分析、空间分析、信息模型构建等。

在钢结构模块化学校、住宅、酒店等产品中，建立了模块功能标准，如学校教室、住宅酒店卫生间等，将其中的标准化结构、标准化装修多空间重复使用，提高建模效率，降低优化成本。在部品部件深化设计阶段，搭建标准单元库及零构件库。将单元、零构件的工艺工法、工序逻辑拆解，通过 AI 自主学习，实现输入目标单元的用途、尺寸等基本信息，输出完整单元模块生产参数，提升模块化建筑产品的深化设计效率。

2. **智能建造平台研发**。针对钢结构装配式建筑施工特点（构配件管理、现场设备管理尤为重要），在项目劳务实名制管理、车辆管理、环境监测等方面进行智慧管理的同时，重点研发并实施：

施工数字孪生平台。建立进度分析模型。应用 BIM 轻量化、移动互联网、物联网、数据集成等技术，对装配式建筑部品件制造、安装过程进行状态跟踪，实时在 BIM 模型中展现制造、安装进度，直观反映工程进展情况，为施工进度管控提供参考。在进度分析模型基础上，应用视觉 SLAM 算法与 AI 自学习算法，研发、应用 360° 全景空间智慧巡检应用。通过将项目现场 360° 实时全景影像、基于图纸自动生成的巡检轨迹与 BIM 模型匹配映射，实现室内建造进度实时反映及内部结构排查可视化，及时复现对比、分析该问题的安全隐患及对工程质量、进度的影响程度。通过对同一位置不同日期的影像进行对比，对标注问题处理进度进行跟踪与记录，实现巡检问题解决全过程可追溯（图 6）。

精准在途管理。通过集成 GPS、芯片、无线通信等技术，研发车辆定位感应装置，实时发送在途车辆的位置与状态信息，结合电子地图进行可视化展示，实现部品部件运输车辆的精准在途管理。

部品部件现场管理。应用物联网技术对部品部件的入场、堆放、搜索、调运进行管理，实现对有限场地构配件的高效、精准管理。

现场施工设备管理。通过采集和分析项目塔式起重机、升降梯等现场施工设备监控数据,建立数据分析模型,分析设备工作时长、运行次数、利用率等,为人员、物资运输、施工部署调整提供精准支撑。

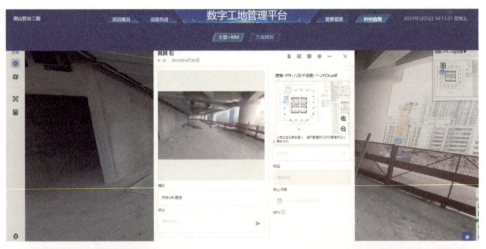

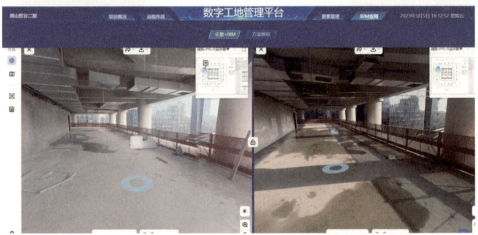

图6 360°全景空间数字化应用——现场巡检与问题跟踪

3.AI智能施工装备研制。结合钢结构装配式建筑现场安装需求,结合AI技术开发了:

ALC墙板安装机器人。自主研发了适用于5~6m大型ALC墙板及2~4m长的小型ALC墙板的安装机器人。通过配置激光测距传感器、陀螺仪、避障雷达、重力传感器等技术设备,使其具备视觉识别、距离、重力等感知能力，可实现 ALC 板从抓取、举升、转动、行走、对位、挤浆等安装全过程的自动化。

数控无尘切割设备。通过多种传感器获取材料加工数据及环境数据，分析并解算最优加工参数，实现 ALC 板的上料、切制、钻孔、下料等全过程自动化，在保证加工效率与质量的基础上，有效地防止粉尘逸散，保护了环境，降低粉尘对操作人员身体的损害。

小型焊接机器人。自主开发了工地小型弧焊机器人，其行进方向界面尺寸仅 500mm×500mm，可进行狭小空间焊接，且焊接执行机构重量不到 18kg，方便工人现场搬运安装。同步开发了焊接数据库及视觉感知系统，自动感知焊接场景，并从自建专家库中匹配焊接参数。

（三）典型案例

基于深圳 CIM 平台相关技术标准与数据规范，公司选取典型项目展开 CIM 应用场景验证。项目准备阶段便以 CIM 数据规范为标准建立 BIM 模型，确保项目数据与 CIM 平台的一致性。项目建设的监控视频、环境检测、质量管理等信息实时接入市住建监管、城市规划等相关部门应用平台，提供包含空间数据、部分施工数据及关键设备维护数据的单体模型，支撑深圳 CIM 平台对项目数据的识别和分析。

案例一：深圳湾区会展国际酒店

该项目（图 7）位于深圳国际会展中心北侧，总用地面积 10.3 万 m^2，建筑面积 31 万 m^2，共 25 个单体建筑（包括 6 栋 18 层高层酒店、4 栋 7 层多层酒店、1 栋 18 层宿舍楼、1 栋 7 层宿舍、13 栋配套办公及设备用房）。项目定位为国际友人隔离防疫酒店，按照三星级标准建设，可满足 5400 人使用（包括隔离人员 4700 人，服务人员 700 人）。同时兼顾疫情后的酒店使用需求，可快速实现"平战结合"功能转换。

项目采用 IPMT+EPC 模式，高层采用 GS-Building 体系，多层

图 7　深圳湾区会展国际酒店实景图

采用 ME-House 体系，内墙为轻钢龙骨隔墙、外墙为单元式幕墙，全装配式装修，空调采用变制冷剂流量（VRV），房间微负压，机电管线工厂制作、现场装配。钢构件在工厂利用智能生产线制造，现场采用上述智能建造技术，116 天高标准完成建设及交付，第 124 天正式投入使用，为 2022 年春节期间深圳疫情防控提供了重要保障。部分实施情况如图 8～图 13 所示。

图 8　客房实景图

图 9　酒店走廊

主题三：关于 CIM+AI 智慧制造与智慧建造

图 10　ME-House 生产线（侧板线 + 总装线）

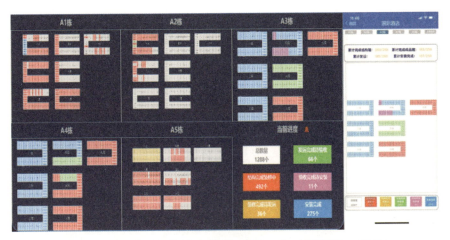

图 11　设计可视化楼层箱体地图，实时掌握施工进度

图 12　应用 BIM+ 二维码 +GPS 定位，实现部品部件精准在途管理

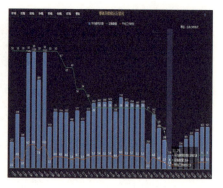

图 13 对现场施工升降梯利用率进行分析,为其拆卸时间提供依据

案例二:中央援港应急医院及落马洲方舱设施

该项目(图 14)由应急医院、落马洲方舱设施、生活配套三部分组成。总用地面积约 48.98 万 m^2,总建筑面积 27.08 万 m^2。可提供 1000 张负压床位(含 100 张 ICU 病床)、10056 张床位,共 3339 间宿舍、可供 6681 人使用。

图 14 中央援港应急医院实景图

该项目采用 EPC 模式。基于模块化设计理念和生产技术,应急医院、方舱设施、宿舍均采用"打包式箱房"结构,放射科等

荷载较大位置采用 ME-House 体系。箱体结构以及配套功能全部在工厂预制完成，现场进行装配施工。通过采用 CIM/BIM+ 智慧制造、智慧建造技术，51 天高标准完成项目建设及交付。

三、结语

随着"双碳"时代的到来，建筑业已步入高质量发展阶段。我们要抢抓智慧城市和"数字中国"的发展机遇，加快 CIM/BIM 等数字技术的研究及应用，持续践行和完善"CIM/BIM+AI+ 钢结构装配式建筑"模式，推动智能建造与建筑工业化协同发展，为中国式现代化建设贡献力量。

（参与本报告研究的还有中建科工集团有限公司 史飞剑、王剑涛、廖彪）

张宗军 / 关 军：关于 CIM+PC 全装配化 AI 智慧制造与 AI 智慧建造在高层保障住房项目全过程数字化集成交付的应用研究

一、深圳市 CIM 平台的规划建设情况

为了落实国家层面关于建设"网络强国、数字中国、智慧社会"的决策部署，深圳市于 2021 年 6 月成立了以市长兼任组长的小组，领导深圳数字政府和智慧城市的工作。在工作小组的统筹指挥下，2022 年 5 月深圳市政务服务数据管理局与市发展改革委联合发布了《深圳市数字政府和智慧城市"十四五"发展规划》，其中构建出了数字深圳的总体架构。

在此总体架构中，深圳市的 CIM 平台（即深圳市可视化城市空间数字平台），承担底层"数字底座"中的时空信息平台的角色。目前，此 CIM 平台第一期已经上线应用。它完成了平台的总体设计和原型系统等先导性工作；初步建成了全市空间数字底座；初步建成了空间服务引擎；初步形成平台建设机制和工程标准规范；导入 BIM 数据到 CIM 平台的工作有序推进中。到 2025 年，CIM 平台规划完成第二期的建设。预计将以 BIM、GIS、IoT 等技术为基础，整合城市地上地下、室内室外、海洋陆地、现状未来等信息模型数据和城市感知数据，构建起三维数字空间的城市信息有机综合体，加强各类 BIM 模型在平台上的汇聚和应用。

CIM 平台的建设需要 BIM 模型数据的导入。深圳市人民政府办公厅发布的《关于加快推进建筑信息模型（BIM）技术应用的实施意见（试行）》中，要求全市所有重要建筑、市政基础设施、水务工程项目建立 BIM 模型对接 CIM 平台，形成以 BIM 模型为数据载体的城市数字建筑"细胞单元"，实现城市全要素数字化、城

市运行实时可视化、城市管理决策协同化和智能化。目前深圳市一方面对既有重要建筑进行 BIM 模型的招标采购，另一方面要求新建建筑需要进行 BIM 模型的报规报建，确保对深圳市 BIM 模型数据的采集和获取。

二、BIM 模型起到实现 CIM+AI 智慧制造和智慧建造的关键作用

在深圳市 CIM 平台建设现状和规划的基础上，要实现 CIM+AI 工厂智慧制造和现场智慧建造，需要明确 BIM 模型在其中起到的关键作用。在实施层面，需要将 BIM 模型作为贯穿建筑设计、制造、建造以及最终的城市智慧运维阶段的数据载体。

在 AI 工厂智慧制造阶段，制造态的 BIM 模型，结合相关的 AI 应用，可以指导预制结构构件、部品和集成模块的制造。

在 AI 现场智慧建造阶段，基于建造态的 BIM 模型，并结合相关 AI 应用，可以对具体的预制品安装和现场浇筑等施工工作进行指导。

在城市智慧运维阶段中，建筑物建成后，与其作为数字孪生体的运维态的 BIM 模型被导入 CIM 平台中，用于支撑城市的运行和管理决策，以提供给人民更美好的城市生活体验（图 1）。

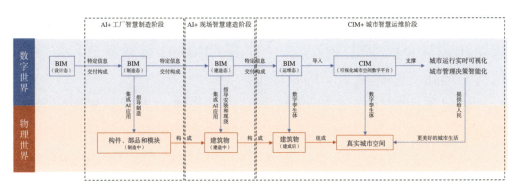

图 1 BIM 模型起到实现 CIM+AI 智慧制造和智慧建造的关键作用

三、深圳市龙华区樟坑径地块项目案例

中建海龙科技有限公司（简称"中建海龙"）是中国建筑国际集团有限公司旗下专门从事建筑新型建造方式全产业链解决方案的科技公司，集设计、研发、生产、模块化建筑总承包、检测于一体。中建海龙目前有深圳、珠海、合肥、宿州、重庆和济宁共 6 个装配式生产基地，年产能达 145 万 m^3。中海建龙主、参编国家及地方标准共 32 项，国家发明及实用新型专利近 180 项，完成国家及省部级工法 9 项，研究开发出核心技术 10 余项，突破并建立了多项新产品体系，以模块化集成建筑（MiC）模块化技术领先全国迈入装配式 4.0 时代。中海建龙荣获首批"国家住宅产业化基地""国家级高新技术企业"等荣誉称号，其"模块化集成建筑（MiC）设计、生产与应用关键技术"荣登中国科学技术协会公布的 2022 年"科创中国"系列榜单，围绕服务国家重大战略需求，促进创新链和产业链深度融合，为前沿技术的转化和产业落地起到带动和示范作用。

中建海龙参与承建的深圳市龙华区樟坑径地块项目，是全国第一个混凝土模块化高层建筑，也是全国建造速度最快的高层保障性住房项目，以及全国第一个 BIM 全生命周期数字化交付的模块化建筑项目。用地首期规划 5 栋 28 层、99.7m 高的人才保障房，预计提供 2740 套租赁住房，由 6028 个混凝土模块单元组成。该项目充分体现出中国建筑国际集团从设计、采购、制造到施工的模块化建筑全产业链的优势，为实现 CIM+AI 智慧制造和智慧建造的一体化实施提供了基础和保障。

项目采用前述将 BIM 模型作为数据载体的方式，先形成数字孪生体，再结合 AI 技术以及模块化制造和建造技术的使用，以对物理世界中的工程建设项目的真实构建提供指导。项目的 BIM 模型将进一步导入深圳市的 CIM 平台中，通过数据可视化和决策智能化对城市治理提供支持（图 2）。

主题三：关于 CIM+AI 智慧制造与智慧建造

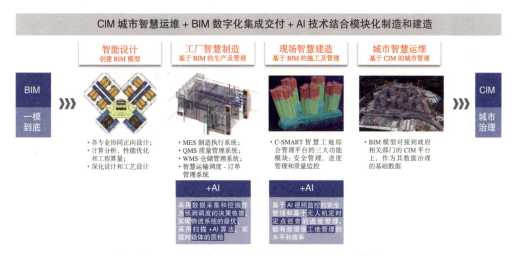

图2 项目案例采用的 CIM+BIM+AI 模式

该示范应用项目取得的重要创新点有：

创新点1：建立了 PC 模块化高层建筑的实施方法。

模块化集成建筑（MiC）是指将建筑物先拆分为一个个模块，每一个模块在工厂进行生产、装修，然后将模块运到现场，像搭积木一样造房子。其技术核心是各模块之间的连接节点方式既要保证各项力学性能要求，同时方便生产、运输和吊装。

项目基于高层混凝土 MiC-剪力墙体系，混凝土 MiC 生产、质检、吊运和施工成套技术，模块化集成房屋建筑、结构、装修、设备管线一体化技术等中建海龙的自研成果，根据建筑物的功能分区，划定模块区域、预制构件区域和现浇区域，并以房间为单位将建筑拆分为多个六面体混凝土模块，模块安装后作为现浇结构的浇筑模板使用；在工厂完成模块房间的装饰装修一体化生产后，被运往施工现场吊装；对吊装设备和吊装方式进行了改进，以提高模块安装过程中施工精度的控制（图3）。

创新点2：实践了模块化建筑从 BIM 到 CIM 全生命周期的数字化集成交付。

项目使用 BIM 模型贯穿设计、制造、建造阶段，以确保有特定的建筑信息能最终被导入到深圳的 CIM 平台中。

图 3　建设中的混凝土模块化高层建筑（中建国际 – 中建海龙版权照片）

在**设计阶段**，团队使用 BIM 软件工具及 BIM 协同设计管理平台进行各专业协同的正向设计，并基于施工图深度的 BIM 模型进行计算分析、性能优化和工程算量等工作（图 4）；当模型细化到深化设计和工艺设计深度后，BIM 模型对接到装配式 BIM 生产协同管理平台中，以输出电子化的制造图纸和 BOM 清单，用于制造阶段生产和采购。

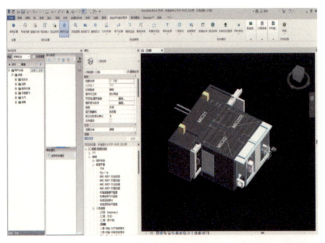

图 4　施工图深度的 BIM 模型（中建国际 – 中建海龙版权图片）

在**制造阶段**，基于工艺深度的 BIM 模型以及制造运营管理平台 MOM（图 5）的配合使用，项目实现了生产计划管理、生产过程管理、产品质量管理、车间库存管理、物流运输管理等精细化管理。生产信息能以多种维度通过看板方式展示且全生产过程中的质检表、合格证、发货单等都可以输出电子化生产资料，实现无纸化管理。

图 5　装配式 BIM 生产协同管理平台对生产过程的管控

在**建造阶段**，基于包含指导施工信息的 BIM 模型与智慧工地管理系统，项目实现了施工场地布置规划、施工进度模拟和混凝土模块吊装方案分析等应用，达成了场布方案、施工现场的交通组织等的三维模拟，为现场施工部署提供指导意见；将每日施工进度与 BIM 模型集成，实现对地块总体施工进度及单个楼栋施工进度的可视化管理（图 6）；对混凝土模块的吊装顺序进行三维模拟，验证安装顺序的可行性。

在**城市智慧运维阶段**，本项目的 BIM 模型将会按照区级或市级的政务服务数据管理局对建筑信息模型交付的要求，按照一定的文件格式提交对接到区级或市级的 CIM 平台上。例如本项目的运维态的 BIM 模型（图 7）将会至少对接到龙华区政务服务数据管理局的 CIM 平台上，作为其数据治理的基础数据，将在龙华区的交通、消防和综合治理等方面发挥作用。典型的 CIM 平台会融入设备状态、参与人空间状态、事件处置数字取证等信息。通过数据驱动、模型支撑、虚实交互等技术，在运行监控、能耗优化、故障预测等方面提供相应的功能与服务，形成数据—执行的实时智能闭环。

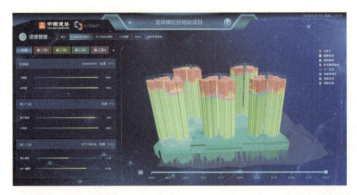

图 6　基于 BIM 的项目进度可视化管理（中建国际 – 中建海龙版权图片）

图 7　项目的数字孪生体：运维态的 BIM 模型（中建国际 – 中建海龙版权图片）

创新点 3：探索了 AI 技术在 PC 模块化建筑工厂制造阶段的应用。

在箱体模块的**制造过程**中，采用基于 AI 图像识别的自动定位系统，实现了下料自动化，提升了混凝土箱体生产线的智慧化程度（图 8）。

在制造端还采用了全过程的信息化管理和制造运营管理平台 MOM。MOM 平台涵盖制造执行系统 MES，质量管理系统 QMS 和仓储物流系统 WMS。MES 系统实现数据采集移动化、生产预警智能化、决策调度线上化，打造多个工厂协同、多工序联动的透明工厂数据中心。本项目通过 QMS 系统，加上激光扫描和 AI 算法，实现混凝土模块质检的提效。WMS 系统打通供应链上游，对生产物料实施赋码追溯管理，联动立体库与自动 AGV，实现物料平台化管理，信息动态反馈。

此外，在运输物流过程中，开发了 TMS 智慧运输调度系统 - 订单管理系统（图 9），串联工厂、运输与地盘现场，搭建沟通桥梁，并采用多源数据的收集、清洗和挖掘，将交通数据作为预测调度的决策依据，实现供应链管理的系统性功能最优化，实现整个物流系统的最优，辅助现场更加高效有序运转。

图 8　工厂的混凝土模块生产线（中建国际版权图片）

图 9　智慧运输调度系统 – 订单管理系统（中建国际 – 中建海龙版权图片）

创新点4：探索了AI技术在PC模块化建筑现场建造阶段的应用。

在施工阶段，采用了集团自研的C-SMART智慧工地综合管理平台作为基础，并进一步使用AI算法主要在安全管理和进度管理方面为项目管理人员提供高效管理的工具。

基于AI视频监控的安全管理，通过智慧工地的安全管理系统对整个现场安全隐患、重大危险源及奖惩信息进行统计分析。项目全覆盖的视频监控，管理人员可以通过平台或者手机，实时了解项目现场的情况，视频监控植入了AI算法（图10），24h对现场不安全行为及安全隐患智能分析，可以智能识别未佩戴安全帽、反光衣、烟雾火焰等情况，实时抓拍、预警。

图10 塔架上的AI视频监控（中建国际－中建海龙版权照片）

基于无人机定时定点巡查的进度管理，通过无人机全自动控制系统远程操控无人机进行对目标地点的巡查飞行，完成自动起飞、降落、充电、下载数据、AI分析数据、自动生成报告；实现模型＋影像＋地形＋矢量的融合，现场项目数据不仅可以在真实三维空间进行实景查看（图11），而且在线化的数据信息可以依托实景模型为承载，对现场进度进行智能分析。

图 11　无人机采集到的数据自动生成的项目倾斜摄影模型
（中建国际 – 中建海龙版权图片）

四、展望

通过前述樟坑径地块项目的实施，CIM+AI 工厂智慧制造和现场智慧建造的模式在我国建设工程项目中如何落地得到了有效验证，也体现了此种模式的价值点：

（1）BIM 模型作为贯穿建筑全生命周期的数字孪生体和连接数字世界与物理世界的媒介体，具有关键性的重要作用；

（2）AI 工厂智慧制造和现场智慧建造，实现了工程建设项目高效、安全和绿色的制造和建造；

（3）CIM 为智慧城市提供了数字底座中的时空信息平台，是城市治理可以高效和智慧地进行的基础。

如果在更多城市更大范围地推广应用 CIM+AI 工厂智慧制造和现场智慧建造的模式，工程项目的建设过程将会更加安全、低碳，城市治理将会更加智慧，且具有良好的安全预警能力。在不久的将来，城市治理的全国"一张图"也可能会实现，人民生产和生活所需的空间资源能够被整合性地最优化配置。

冯大阔：CIM+AI 智慧制造和智能建造在 PC 装配式建筑中的应用探索与实践

城市信息模型（CIM）以三维数据模型为基础，以地理信息系统（GIS）、建筑信息模型（BIM）、物联网（IoT）等技术为支撑，建立城市三维数字空间及其各类信息的城市信息有机综合体。因此，CIM 与 BIM 是宏观与微观、整体与局部乃至长远与当前的关系。BIM 是针对单体建筑（建筑群）的信息化技术"点"式应用，是构成 CIM 的重要基础数据之一，也是基于 CIM 对城市从部件级精度进行精细管理的基础。CIM 则是 BIM 基于 GIS 和 IoT 在空间和数据的"面"上拓展，将视野由单体建筑拉高到区域乃至城市；所涵盖的信息渗透至组织、城市基础社会以及各系统之间的生产生活等动态信息，可为大规模建筑群提供基于网络的 BIM 数据管理能力，也为建筑业人工智能（AI）的应用与实现提供了基础。

CIM+AI 的智慧制造和智能建造从城市区域的宏观高度审视和推进建筑工程全要素、全过程、全生命期信息化建设，更有助于实现工程建设高质量、高效益、低消耗、低排放。CIM 平台可为 AI 智慧规划设计、智慧制造和智能建造提供数字底座，归集连通领域企业、项目、人员等多元综合信息，实现城乡建设过程的动态管理，促进建造资源的优化配置。同时，制造和建造模型与信息的不断上传更新，为助力城市智慧化运营提供重要支撑。怎样基于 CIM 指导建筑工程规划建设，利用人工智能技术为建造过程高效赋能，实现智慧制造和智能建造并将工程建设的模型和数据有效连接到 CIM 平台，实现工程项目的实时监管，成为能否实现 CIM 统筹、AI 加持下智慧制造和智能建造的关键。

主题三：关于 CIM+AI 智慧制造与智慧建造

中国建筑第七工程局有限公司（中建七局）作为驻郑央企，时刻践行央企担当，长期致力于城乡建设数字化、信息化、智能化研究与实践，搭建滨河国际新城智慧管理 CIM 平台，打造城市智慧建设与管理、经济社会环境各方面深度融合的智慧新城标杆。积极推广覆盖全产业链的"全员、全专业、全过程"三全 BIM 方法，通过建立企业级私有云服务器，采用互联网云桌面技术，数据连通至区域级 CIM 平台，实现 CIM 技术下的多角色、全时空的信息共享和协同工作。基于智慧城市运营 CIM 平台，针对装配式混凝土建筑建造的智能化，从智慧制造和智能建造两个阶段、硬件和软件两方面持续探索；构建了预制构件智能化生产线，研发了装配式建筑智能造楼机，搭建了统一物联网平台、构件生产自动监控系统和智能建造系统，将 BIM 贯穿于工程项目全生命期，实现进度、成本、质量、安全等业务信息化和数据连通，推进项目精细化集约化管理，支撑装配式建筑精细设计、精益加工、精确安装和智慧运维，推动城市智慧建设和运营管理。2022 年，中建七局作为骨干企业助力郑州市成功申报全国首批智能建造试点城市，并深度参与智能建造试点城市建设，为智能建造的深入推进和系统成效做出努力与贡献。

一、滨河国际新城智慧管理 CIM 平台

滨河国际新城由中建七局负责 $16.77km^2$ 的土地整理、项目整体开发、基础设施建设以及城市运营管理，打造了政府主导、企业运作、社会广泛参与的新型城市智慧管理生态圈；为智慧城市管理 CIM 平台建设和应用提供了得天独厚的条件。滨河国际新城智慧管理 CIM 平台以建立智慧新城建设与城市管理、经济社会各方面深度融合的管理体系为基础，以统一管理平台建设、新型信息基础设施建设及领域创新应用为主线，建成以企业需求侧为主的全区域统一、横向多维协同、纵向垂直贯通的市域一体化 CIM

平台，支撑城市科学规划、高效建设、精细化管理，将城市管理提升到"细胞级"精细化水平，实现政府管理与企业运营模式的高度融合以及规建管服一体化的业务融合和数据动态融通，助推"数字政府"和"智慧城市"建设提速。

滨河国际新城智慧管理CIM平台包括基础设施层、管理中台层、应用层和用户渠道层，集数据汇聚融合、数据共享应用、数据挖掘分析以及应用示范于一体，实现了城市规划、建设、管理3阶段15大模块应用功能（图1）。通过统一的建模和数据标准，涵盖了智慧设计、智慧制造、智能建造、智慧建筑运维、智慧城市管理等子系统，实现工程规划、设计建造、运营维护以及社区管理、城市开发和运营管理等阶段全要素采集、全专业建模、全生命期管理、全过程联通、全空间数据管理、全场景支撑、一体化建设的统一管理平台。平台底座选用国产引擎、软件和设备，具有自主知识产权。

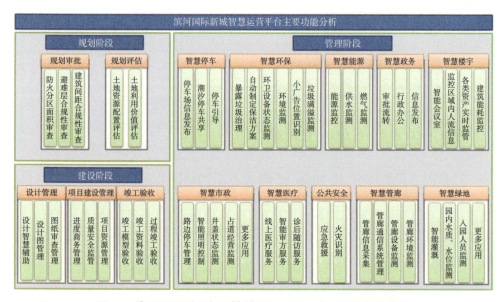

图1 滨河国际新城智慧管理CIM平台主要功能模块

二、CIM+AI 智慧制造探索与实践

装配式混凝土建筑是由工厂加工制作好的构配件（如楼板、墙板、楼梯、阳台等），在现场装配安装成整体的建筑。因此，预制构配件是装配式混凝土建筑的物质基础，构配件的生产制造是装配式建造的关键环节，其生产质量决定了装配式建筑的品质。建筑构配件的生产制造在工厂里进行，实现了从现场建造向工厂制造的转变，为其进行智慧制造提供了条件，并有助于提升工程项目后期的智能建造水平。基于 CIM 的装配式混凝土建筑 AI 智慧制造主要从软件系统和智能设备两个方面进行了探索和实践；通过开发和应用智慧制造系统，实现相关制造流程和资源的合理统筹；通过信息技术驱动智能设备使构配件生产过程充分融合数字化、智能化、柔性化和高度集成化。

智能生产设备是智慧制造的硬件基础和重要抓手。在模台清理、自动划线、钢筋加工、新型模具及置模、预埋件布设、混凝土远程控制布料和养护等全流程生产过程进行了设备研制、改造和应用。模台通过自动清扫机进行自动清理。数控划线机根据智能建造系统传输过来的设计图纸自动识别构件边缘线并在模台上划出，减小构件边缘误差。钢筋网片加工机根据自动导入的设计图纸数据进行智能解析，驱动网片机运行，实现矫直定尺剪切、自动上料及布料、焊接及抓取输送等全流程自动运行，一次成型钢筋网，钢筋利用率提升 30%。采用铝合金材料制作边模，在模板与混凝土接触面涂抹改性光固化金属防护涂层，形成新型模具；并采用置模机器人进行出筋和不出筋边模精准组合、清洗和定位。预埋件布设机械手有效解决了人工放置预埋件、连接件时对墙板造成的污染问题，提高了预埋件、连接件的定位效率和精度，提升了墙板的生产效率和产能。研发的三维智能追光式分区控温立体蒸养系统，通过太阳能与燃气联动使用，有效提升了预制构件的蒸养质量，

减排增效、节能降耗效果显著。另外，集成化部品部件可提升建筑质量，是发展方向；目前主要研究应用了阳台、飘窗、"四页三防"外墙、光伏墙等异形预制构件以及整体式厨房、卫生间等部品部件的高精度高质量生产工艺，在提高预制构件生产质量和整体性的同时，为施工现场装配式智能建造奠定基础。

软件系统是智慧制造的指挥系统。建立了基于CIM的智能建造系统和构件生产自动监控系统；前者主要用于施工现场的智能化管理，在预制构配件智慧制造阶段则用于其前期的建筑规划设计与构件拆分等方面；后者主要用于对预制构配件工厂化生产进行实时监控和管理。在项目规划设计阶段，基于滨河国际新城智慧管理CIM平台和技术，合理确定项目选址和用地规划许可；智能建造系统采用BIM技术可进行正向设计、协同设计、构件拆分、方案审查、施工图审查以及方案管理、变更管理、碰撞检查、造价概算等，实现针对规范强条的智能辅助审查、审批过程留痕可监管、方案变更高效可追溯。尤其是基于BIM的构配件正向设计，实现预制构件的三维拆分、碰撞检查、构件详图生成、材料统计输出、预制构件库的建立和预拼装、BIM数据直接接入生产加工设备，提高了设计效率，减少了设计错误，为智慧制造提供基础数据支撑。

构件生产自动监控系统，包括设备监控、流程监控、环境监控、质量检测等，通过物联网平台及时监测、反馈信息，进行流程、物资、设备、管理的协同工作与仿真模拟，实现各种机械手和智能生产设备的联动、生产流程的优化和自动生产排产，以及厂区24h全方位视频远程监控，提高构件生产效率和质量，确保工厂安全。二维码追溯体系贯穿装配式建筑设计、构件拆分、深化设计、加工生产、贮存运输、安装及验收等全生命期的业务流程及生产数据信息化，实现了对构件生产进度、成本和质量等的实时监控和管理。尤其是在预制构配件存储与运输方面，通过在构配件外贴二维码（有时亦可内植感应芯片RFID），绑定网格化堆场库位，形成成品堆场电子地图，管理成品的入库、查询、移库、出库以及运输计划、顺序、路线、追踪等环节。装配式混凝土建筑规划设计、生产制造、贮存运输等数据均实时传输到统一物联网平台，供构件生产自动监控系统、智能建造系统、智慧建筑运维系统以及城市智慧管理 CIM 平台等调用。

三、CIM+AI 智能建造探索与实践

装配式混凝土建筑预制构配件在工程现场通过连接节点组装成建筑整体，构配件的智能吊装安装是装配式建筑 AI 智能建造的核心；亦需要硬件和软件的共同发力，即智能施工设备和智能建造系统的协同工作。施工设备是智能建造的"四肢"，智能建造系统是智能建造的"大脑"。CIM+AI 的智能建造能够从更高层面整体推动智能建造健康发展，是促进建筑业转型升级和高质量发展的重要抓手。

在智能施工设备方面，传统塔式起重机的吊运方式存在自动化程度低、构件就位精度低、劳动强度高、施工效率低、安全保障难度大等问题，缺乏装配式混凝土建筑智能吊装安装装备。针对这一瓶颈问题，依托"十三五"国家重点研发计划项目"施工现场构件高效吊装安装关键技术与装备"，成功研制了适合我国国情、具有自主知识产权的装配式建筑智能吊装综合装备（图 2）。首创预制混凝土构配件吊装平台，具备构件自动取放、吊运、寻位调姿、就位与接缝施工等功能，实现工业化建筑主体结构高效吊装。研发的构件自动取放技术与装置具备构件自动摘挂钩功能，无需人工高空作业。开发了构件吊运路径规划和自学习系统，通过识别外贴二维码或内植感应芯片 RFID 以及统一物联网可自动确定构配件位置，依据 BIM 实现吊运路径自动规划并进行自动吊运和避障。首次研发构件自动调姿控制技术与装置，具备构件六自由度精确就位自动调整功能，有效提高了构件安装精度、装配质量和作业效率。首创构件多功能定位支架技术与装置，具备可调、校

正、临时固定功能，实现竖向构件高精度可靠固定，保障施工安全。研发构件垂直度自动监测技术与装置，具备构件垂直度实时监测功能，降低劳动强度并保障施工安全。装备具有数字化、智能化、模块化、平台式等特点；施工效率提高15%，减少用工50%以上，实现了装配式建筑施工高效机械化、综合工序施工智能化。综合装备控制系统可视、数据可追溯，数据实时传输到统一物联网平台，供智能建造系统、智慧建筑运维系统以及城市智慧管理CIM平台等调用，推动了智能建造的发展。

图2　装配式建筑智能吊装综合装备

在智能建造系统方面，从项目和企业管理的实际需求出发，基于滨河国际新城智慧管理CIM平台的整体视角，以统一物联网标准体系和平台为底座，以BIM应用为主线，综合运用建筑信息模型、物联网、人工智能、大数据、云计算等新一代信息技术，并与工业化建造技术深度融合，开发了基于CIM的智能建造系统（图3）。系统实现规划、设计、施工和运维等建筑全生命期智慧化，推动工程项目"规、建、管"全过程BIM技术应用，推动工程建设高质量、高效益、低消耗、低排放。

在装配式混凝土建筑吊装安装阶段，以 BIM 应用为主线，集成研制的装配式建筑智能吊装综合装备和改造的物联设备围绕生产管理的"人、机、料、法、环"等因素，实现设计、技术、质量、进度、商务、安全、环境、设备、物资、劳务、职业健康和竣工验收 12 个业务和要素的智能监控和量化管理，具备平面布置、可视化交底、深化优化设计、工程算量、虚拟建造、模型修正、机电安装、装饰装修等诸多功能。逐步实现对施工现场人和物的全面感知、项目资源智能调配、项目风险预测预防、项目管控智能决策分析，以数据驱动业务创新与管理创新，实现项目从碎片化、粗放型、劳动密集型的传统生产方式向集成化、精细化、技术密集型的精益生产方式转型升级。

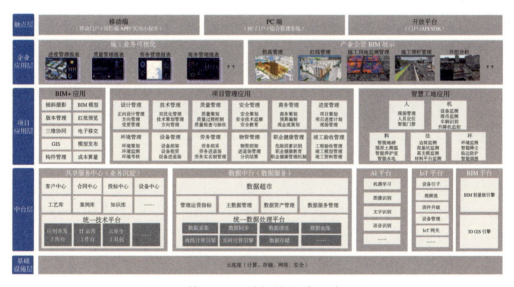

图 3　基于 CIM 的智能建造系统架构

在竣工验收阶段，基于 CIM 的智能建造系统具备通过三维 BIM 模型进行竣工验收的能力，自动对比竣工 BIM 模型与施工图 BIM 模型的吻合程度，分析场地和建筑等是否符合规划设计要求，基于 BIM 模型完成竣工资料和验收备案，提升竣工验收工作效率和质量。同时，智能建造系统受 CIM 平台规划统筹，项目数据可实时传输到企业级系统，实现岗位级、项目级和企业级三级系统的数据连通，以及企业的智慧分析、预警与决策，宏观调控施工现场的各项管理工作，同时重塑企业管理流程，赋能企业经营决策管理，推进企业集约化发展，提升企业的价值创造力和发展边界。智能建造系统中的项目数据亦可通过物联网上传给 CIM 平台，为智慧建筑运维、城市智慧建设规划和管理提供海量模型和数据，助力建筑智慧运维和城市智慧运营的实现。

四、CIM+AI 智慧制造和智能建造主要价值

作为新一代信息技术与先进工业化建造技术深度融合的工程建造新模式，装配式混凝土建筑的 CIM+AI 智慧制造和智能建造"双轮驱动"，是推动建筑业转型升级和高质量发展的必由之路，也是城市高质量建设和智慧管理的必然趋势。

一方面，CIM 平台可为 AI 智慧规划设计、智慧制造和智能建造提供数字底座，可以站在城市更高的层面开展工程规划设计、生产建造乃至建筑运维等项目决策管理，提升建筑规划设计的科学性、生产建造的系统性、建筑运维的全面性，提高城市区域工程整体质量，发挥建筑集群效应，提升城市风格和面貌。CIM+AI 智慧制造和智能建造系统具有可视化、模拟性、关联性和一致性的特点，具有高效的图形引擎能力、CIM 数据驱动能力、三维模型与信息全集成能力、可视化分析能力、模拟仿真能力、多视频与三维场景融合能力和物联网设备接入能力等，可有效解决建筑工程在项目管理中面临的信息化问题；再加持人工智能技术，能够支撑 CIM+AI 智慧制造和智能建造应用落地，提高工程建设项目和建筑企业信息化、数字化、智能化水平，为工程建设项目管理提质增效，为企业科学决策和集约发展提供智能支撑和动力，推动建筑业转型升级和高质量发展。

另一方面，CIM 平台需要海量的模型和数据支撑，这是 CIM

平台的重要价值体现。CIM+AI智慧制造和智能建造将CIM平台单纯的城市运营管理拓展到全生命期管理，实现了城市动态管理和维度扩展；将装配式建筑构配件生产制造、装配建造等阶段的空间模型通过统一模型标准接入CIM平台，全部数据通过统一物联网平台传输到CIM平台，实现了全生命期数据连通与汇集，为CIM平台的数据价值发挥和城市科学决策提供模型和数据基础。同时，CIM+AI智慧制造和智能建造将城市管理的力度从建筑整体延伸到建筑构件，从而建立从城市宏观布局到建筑细观部件的完整全面的城市信息框架；实现CIM平台全要素采集、全专业建模、全生命期管理、全过程连通、全空间数据管理、全场景支撑，以及城市部件级精度、项目级层面的管理；助力城市建设运营过程进行进度、成本、质量、安全等过程管理，提升城市微治、精治、共治、法治和智治水平，满足人民日益增长的美好生活需要。

主题四：
关于 CIM+ 区块链技术应用

刁尚东：关于 CIM+ 区块链技术在广州公建项目的应用研究

一、示范项目所在区域级 CIM 规划建设应用情况

公建项目的庞大体系包括了政府部门、设计单位、施工单位、监理单位、质检单位、物资供应商、工程咨询单位、金融机构等多个参与方，涉及政策法规、设计规范、施工标准、质量检测、资金管理等多个方面。在项目实施过程中，需要进行前期规划、设计、招标投标、施工、验收等多个环节，每个环节都需要严格遵守相关规定和标准，确保项目的质量和安全。同时，公建项目的复杂性也表现在项目的多样性、地域性、规模性、技术性等方面，需要各参与方具备专业知识和经验，协同配合，才能保证项目的顺利实施。目前针对广交会展馆四期展馆扩展项目（用地面积约 22 万 m^2）（图 1）及广州科技教育城（用地面积约 $10.79km^2$）（图 2）的建设开展了区域级 CIM+ 区块链示范研究应用，涉及了大量系统性复杂而庞大的程序，需要以 CIM 平台为数字底座，支撑海量数据的高效渲染、模拟仿真、物联网设备接入、三维模型与信息的全集成、可视化分析等功能，采用 CIM+ 区块链对程序流程进行规划、设计、施工和管理，以确保项目的顺利实施和运营。

根据综合项目概况分析，公建项目的复杂性主要体现在以下几个方面。

政策法规的复杂性：公建项目需要遵守各种政策法规，如土地规划、建筑设计、环保要求等，需要专业人员进行解读和执行这些复杂的规定。

技术难度的复杂性：公建项目通常需要采用先进的技术和设

图 1　广交会展馆四期展馆扩展项目 CIM 示范应用

图 2　广州科技教育城项目 CIM 示范应用

备,如建筑机器人、自动化流程、可视化建设等,这些技术难度非常大,需要专业的技术人员进行设计和执行。

资金投入的复杂性:公建项目通常需要大量的资金投入,如基础设施建设、公共服务设施建设等,资金来源和使用需要经过严格的审批和管理。

社会影响的复杂性:公建项目通常会对周边环境和社会生活产生影响,如噪声、污染、交通拥堵等,需要考虑周全并与相关方进行沟通和协商等。

二、区块链技术在公建项目中的应用

（一）关于区块链技术

区块链是一种去中心化的分布式账本技术，被用于记录各种类型的交易和数据。区块链技术的设计实现了一种去中心化的方式来管理和维护数据和交易记录，而不需要依赖于一个中央机构或第三方信任机构。这意味着区块链技术可以提供更高的安全性、可靠性和透明度，并且可以用于各种用途，如数字货币、智能合约、身份认证、供应链管理等。通过密码学技术，区块链可以确保交易记录的安全性和隐私性。此外，区块链的去中心化特性也使其更加透明和公正，因为任何人都可以查看和验证交易记录，而不需要依赖于一个特定的机构或个人的信任。

（二）区块链技术在公建项目应用的原理

区块链技术在公建项目中的应用可以提高透明度和信任度，降低信息不对称和欺诈风险，改进供应链管理和合同管理，增强监管和治理能力，优化成本和效率等。区块链在公建项目中的主要技术原理通过物资采购和供应链管理、合同管理和支付以及监管和治理三部分展开阐述。

物资采购和供应链管理： 区块链可以建立一个透明、可追溯和安全的物资采购和供应链管理系统。通过在区块链上记录物资采购和运输的信息，可以实现实时监控、自动化结算和数据共享，从而减少了欺诈和浪费的风险，提高了效率和质量。

合同管理和支付： 区块链可以建立一个安全、高效和智能的合同管理和支付系统。通过在区块链上记录合同的内容和交易的条件，可以实现自动化的合同执行、付款和结算，从而降低了欺诈和错误的风险，提高了效率和准确性。区块链的智能合约技术可以自动化执行和验证合同条款和交易条件，而数字货币技术可以实现实时支付和结算。

监管和治理： 区块链可以建立一个透明、公正和安全的监管和治理系统。通过在区块链上记录政府监管机构的审批、检验和监督的信息，可以实现实时监控、自动化审批和数据共享，从而提高了监管和治理的效率与质量。区块链的去中心化特性可以避免单点故障和数据篡改的风险，而智能合约技术可以自动执行和验证监管与治理的规则和条件。

因此，区块链在公建项目中的技术原理主要依赖于区块链的去中心化、不可篡改、智能合约和数字化等技术和原理。这些技术和原理可以提高公建项目的透明度、可靠性和效率，从而实现更好的管理和服务。

（三）区块链技术在公建项目中的应用价值

区块链技术在公建项目中具有广泛的应用价值，可以为公建项目提供更加安全、高效、可靠和可持续的管理支持。

一是数据安全性和防篡改能力提升。公建项目的数据量庞大，传统的中心化数据库存储存在着数据篡改和泄露等问题，而区块链技术的去中心化特点可以有效地解决这些问题。每一个区块链节点都保存了完整的区块链数据且通过加密算法实现了数据的安全性和防篡改能力，从而提高了公建项目的数据安全性和数据质量。

二是智能合约的自动化执行。区块链技术支持智能合约的开发和部署，可以将公建项目的各种管理规则和流程存储在智能合约中。这些智能合约可以自动执行，并通过多方共识机制实现了透明度和可靠性。这有助于提高公建项目的管理效率和减少管理成本。

三是分布式资产管理和数字身份认证。公建项目涉及多个部门和机构，而传统的资产管理和身份认证方式存在着中心化控制和信息不对称等问题。区块链技术可以实现分布式资产管理和数字身份认证，通过多方共识机制实现了信息共享和透明度监管，从而提高了公建项目的管理效率和社会信任度。

三、CIM+ 区块链关键技术融合应用与研究

CIM 方案是一种城市智能化管理方案，其核心是通过信息技术手段实现城市各项管理工作的数字化、智能化和集成化。而 CIM+ 区块链技术应用则是在 CIM 方案的基础上，利用区块链技术实现更加安全、透明、高效的城市管理，提高公建项目的透明度、可靠性和效率，从而实现更好的管理和服务。CIM+ 区块链技术应用的实现需要以下关键步骤。

确定区块链应用场景：在 CIM 方案的基础上，确定需要应用区块链技术的场景，例如供应链管理、物流跟踪、数字资产管理等。

设计区块链架构：根据应用场景，设计区块链架构，包括选择合适的区块链平台、确定节点数量和角色、设计智能合约等。

集成 CIM 系统和区块链平台：将 CIM 系统与区块链平台进行集成，实现数据的共享和交互。这需要开发 API 接口和数据格式转换等功能。

实现智能合约：根据应用场景，设计并实现智能合约，实现自动化的业务流程和数据交互。

部署和测试：将集成后的系统部署到实际环境中并进行测试和优化，确保系统的稳定性和可靠性。

通过以上步骤，可以实现 CIM+ 区块链技术应用，提高数据的安全性、可信度和透明度，促进业务流程的自动化和优化。

针对 CIM+ 区块链技术的融合，广州市重点公共建设项目管理中心（简称"中心"）开展示范研究，并取得了一些相关科研成果。

（一）基于 CIM 的区块链工程协同监管系统及方法

针对 CIM 在应用过程中的较多不足，如在项目建设过程中信息量庞大，在项目建设的不同阶段都会产生大量信息数据；又如项目建设的不同管理单位之间信息交流欠缺，项目建设信息数据不

全等;再如项目建设存在进度风险高、管控难和资源配置不合理等问题;还如多样化的信息参与者、不同部门和不同阶段下的信息存在可修改及难溯源等问题。通过信息协同系统平台采用CIM模型与区块链结合的形式形成了各方的CIM链节点,在节点内外分别采用私密钥和公共钥进行信息传递,不仅让多方参与方的数据可根据区块链互通,同时形成去中心化的公共链,让多方信息参与者在系统上实现信息的自由上传、读写、验证及沟通,具体流程如图3所示。

实现对工程安全、质量、进度、文明施工等的全方位立体式管控,运用完善的数据链、信息流实现对设计、施工、运营、维护等全生命周期的有效监督和智慧管理,不仅可以提升施工和建设水平,而且对后期运营维护同样具有重要的应用价值,可推进基础设施项目的数字化建设、精细化管理、信息化管控,实现建设项目"智慧监管"。

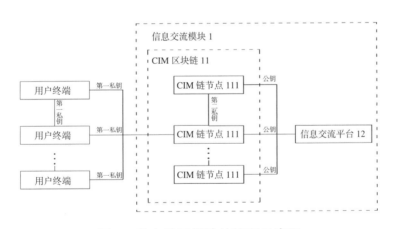

图3　信息协同模块的流程示意图

创新点:构建一个CIM+区块链工程系统监管系统,实现数据互联互通、可信的CIM模型可视化呈现、实现对设计、施工、运营、维护等全生命周期有效监督和智慧管理。

提出了一种基于CIM的区块链工程协同监管系统及方法,阐明了 CIM 与区块链技术的融合，打通了公建项目中 CIM+ 区块链技术应用的技术壁垒。进行工程数据上传以及不同参与单位之间的数据互通及互通数据的储存，且可确保数据全生命周期的准确性和可溯源性，增强了 CIM 模型的可信度，有利于建筑工程的高效安全监管。

通过建立对多方数据信息的加权判断，将数据置于 CIM 模型进行可视化呈现，运用完善的数据链、信息流实现对设计、施工、运营、维护等全生命周期的有效监督和智慧管理。

申报了两项发明专利：《一种基于 CIM 的区块链工程协同监管系统及方法》《一种基于区块链的建筑机器人控制系统》均已进入实质审查阶段。

（二）基于区块链的智能机器人管理系统

建筑机器人在施工应用过程中存在一些不足：一是由于建筑工艺种类繁多且复杂、施工地点路况复杂、智能化、信息化、标准化进展较慢，大部分建筑机器人的应用场景较为单一，精细化、智能化、标准化较差；二是建筑机器人容易因为振动产生定位不准确、行驶路径改变难等问题；三是缺乏一套成熟的机器人管理系统进行控制，仍需在人为监督下才能实现最佳功能，特别是在互相协作领域；四是各施工分项的施工工艺复杂且不同施工作业之间差距较大，例如进行抹灰、贴瓷砖、砌墙等施工，暂缺乏能满足管理不同工序机器人的系统。因此，通过将区块链及 CIM（建筑模型模块，如 BIM）的优点充分与建筑机器人结合，形成一种基于区块链的智能机器人管理系统，管理不同建筑机器人完成项目中所需的不同建筑工艺，实现建筑机器人的精细化、智能化、标准化，形成多工艺同系统的效果，对各工程的快速建设提供了重要的技术支撑，具体流程如图 4 所示。

创新点：多技术要素融合构建一个精细化、智能化、标准化、信息化一体的智能机器人管理系统。提高机器人灵活移动性、数

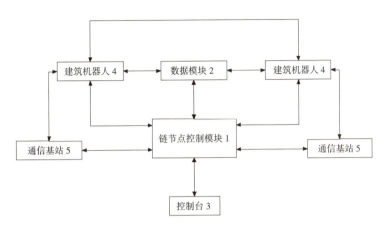

图 4　基于区块链的建筑机器人控制系统的结构示意图

据安全性及建筑施工的质量与效率。

形成了集区块链技术、通信技术、图像识别技术、人工智能技术及运动路径优化技术于一体的智能机器人管理系统，其具有精细化、智能化、标准化、信息化的"四化"优点。

有效提高机器人的灵活移动性，提高建筑施工的质量与效率，解决了建筑机器人在施工应用过程中精细化、智能化、标准化程度差、行驶路径改变难及机器人管理不足等问题。

借助公私钥加密安全技术的联合使用，在不同节点加入区块链的应用，数据信息具有可追溯、无法篡改、无法伪造的特性，确保机器人之间及控制机器人系统的最佳安全性。

（三）区块链技术在公建项目和城市建设管理中的应用价值

通过上述方面的创新和在公建项目中的应用，可以发现区块链技术在公建项目中具有广泛的应用价值，可以为公建项目提供更加安全、高效、可靠和可持续的管理支持。

一是数据安全性和防篡改能力提升。公建项目的数据量庞大，而传统的中心化数据库存储存在着数据篡改和数据泄露等问题。而区块链技术的去中心化特点可以有效地解决这些问题。每一个区块链节点都保存了完整的区块链数据，且通过加密算法实现了数据的安全性和防篡改能力,从而提高了公建项目的数据安全性和数据质量。

二是智能合约的自动化执行。区块链技术支持智能合约的开发和部署,可以将公建项目的各种管理规则和流程存储在智能合约中。这些智能合约可以自动执行,并通过多方共识机制实现了透明度和可靠性。这有助于提高公建项目的管理效率和减少管理成本。

三是分布式资产管理和数字身份认证。公建项目涉及多个部门和机构,而传统的资产管理和身份认证方式存在着中心化控制和信息不对称等问题。区块链技术可以实现分布式资产管理和数字身份认证,通过多方共识机制实现了信息共享和透明度监管,从而提高了公建项目的管理效率和社会信任度。

四是共享经济和社会治理的推进。区块链技术具有去中心化、自治和透明度的特点,可以为公建项目的共享经济和社会治理提供技术支持。例如,通过区块链技术实现供应链金融和公共资源共享等,可以促进公建项目的可持续发展和社会共享。

五是提高公建项目管理效率。CIM+区块链技术可以实现公建项目的数据共享和交换,从而提高公建项目管理的效率和准确性。可以通过区块链技术实现城市公建项目全生命周期数据的实时监控和管理,提高公建项目施工安全监督和质量及进度管控的效果。

结合示范应用项目分析,通过公建项目应用CIM+区块链技术成果还可拓展城市建设管理应用推广,可以带来以下价值:

促进城市间数据共享和交换:可为城市推广CIM+区块链技术应用,可以促进城市间数据共享和交换,从而提高城市管理的效率和准确性。

推动城市智能化发展:更多城市推广CIM+区块链技术应用可以推动城市智能化发展,从而提高城市的竞争力和吸引力。

提高城市安全水平:更多城市推广CIM+区块链技术应用可以提高城市建设和管理的安全水平,从而提高城市居民的生活质量和安全感。

四、示范应用及成果

在本项目基于 CIM+ 区块链关键技术研究应用中，所采用的区块链底层技术是国产自主可控的"中国通服链"。中通服区块链即服务平台是面向政企的区块链底层服务平台，具有自主可信、端网融合、跨云跨链、开放合作等特性的信任链（图 5）。

图 5　区块链平台底层架构

目前中心采用产学研结合的思想，在广州科技教育城、广交会展馆四期展馆扩展等项目对相关科研成果进行了验证，统计时间段为 2020 年 1 月 1 日至 2023 年 4 月 16 日，共巡查重点项目 34 个（标段），采用系统累计巡查了 1198 次并发现了一系列工程实施中的质量或者安全问题，在系统中进行了监管环节的闭环和相关资料的支撑（图 6、图 7）。在实际工程中的示范应用，突显了系统具有精细化、智能化、标准化、信息化的"四化"优点，证明了采用先进的数据处理平台和管理理念，可实现信息交流、安全施工、降本增效、提升项目管理能力与水平。

应用成果： CIM+ 区块链技术成果与示范应用是中心《智慧代建体系构建与关键技术》理论及应用成果的重要组成部分，上述示范应用是基于"智慧代建体系构建与关键技术"课题研究应用的

图 6　安全巡检工单上链模块

图 7　智慧巡检全闭环监督查看

成果，已荣获 2022 年广东省土木建筑学会科学技术奖一等奖；同时，在 2023 年 4 月 19 日，广东省土木建筑学会在广州市组织并主持召开了由中心等单位合作完成的"智慧代建数字化转型关键技术研究及应用"科技成果鉴定会，鉴定委员会认为该课题已在广州科教城项目、广交会四期项目等工程项目中应用，取得了显著的社会效益和经济效益，该成果达到了国际领先水平，一致同意通过科技成果鉴定。

五、结语与展望

目前，本项目基于 CIM+ 区块链技术在公建项目中的研究应用，通过对该技术的详细介绍和实际案例分析，得到了该技术在公建项目中的优势和应用方式。同时，我们也发现了该技术在应用中存在的问题和需要改进的方向。CIM+ 区块链技术的应用，对于公建项目的优化和管理起到了重要作用。通过实现数据的实时更新、信息共享和安全保护，能够提高项目的效率和协同性，降低项目的成本和风险。同时，该技术也有望成为未来公共建设领域的重要工具，推动公建项目的数字化、智能化和可持续发展。

在未来的研究和应用中，我们还需要继续深入研究该技术的应用场景和实现方式，并不断完善和优化其功能和性能，提高该技术在公建项目和城市建设管理中的应用水平和效果。同时，我们也需要关注该技术的安全和隐私风险，注重保护个人和企业的信息安全并确保该技术的良性应用和发展。

（参与本报告研究的还有广州住房城乡建设行业监测与研究中心王洋、吴元欣，广州市建筑科学研究院集团有限公司 胡贺松、陈航，中国建筑科学技术研究院有限公司 郑伟锋，元知智慧建设科技有限公司 徐磊、王勇，广州城投智慧城市科技有限公司 李慧峰、何勇波）

主题五：
关于 CIM+ 元宇宙技术应用

陈学军：关于 CIM+ 自主可控元宇宙技术在工程建设领域的应用研究

一、CIM+ 的描述

科技飞速发展以及各行各业的数字化转型驱动生产方式、生活方式和治理方式的变革，对城市领域也带来颠覆性的变革，大数据、5G、IoT、人工智能（AI）、机器人、3D 打印、数字孪生、虚拟现实技术（VR）以及增强现实（AR）等技术将导致新的城市规划、城市建设、城市运营和管理模式。

CIM 是城市信息模型的缩写，城市信息数字化不仅包括对城市数据的收集储存和处理，更应强调基于城市信息模型主动地解决城市发展过程中的问题。每一栋建筑是构成社区、园区、商区的基本要素；每一栋建筑从规划设计到施工建造，以及交付后的物业运营和管理的整个生命周期的数字化，是 CIM 的信息化和数字化基础设施的重要组成部分。

元宇宙技术和协作通信平台是实现每一栋建筑 BIM 模型虚拟世界和数字孪生物理世界的互连桥梁，解决了人、空间及物体的距离和交互方式；人与人之间沟通，人、物、空间之间信息流动和协作，从最开始 PC 互联，到移动互联，向 3D 互联演进。

二、元宇宙协作通信平台在 CIM+ 建筑产业数字化领域的应用

随着 3D 互联的发展，协作通信也从最开始打破人与人之间地域限制的电话会议，到共享更多多媒体信息的视频会议，向虚实空间进行沉浸式沟通协作的 3D 会议演进。元宇宙技术和云视频通

信相结合，在虚拟现实交互中人、物、空间之间的信息无缝流通，实现沉浸式地协同和协作。

在建筑领域，元宇宙协作通信平台通过对设计模型和在建物理建筑数字孪生实现空间可视化，可以一目了然在整个建造生命周期内控制、跟踪和解决建筑项目从计划到现场的差异，可以追溯和跟踪问题，随时了解该建筑在不同时间阶段的情况（图1）。元宇宙协作通信让建筑数字化信息在各个利益相关者之间的沟通变得更加直观，加快信息和流程的流转，极大提高了协作效率和生产力。建筑项目不仅可以加快建造周期节省工期，而且可以提高项目管理效率和建造质量！

图1 建筑项目协同沟通的全生命周期视图

元宇宙协作通信平台除了音视频能力外，还需具备以下能力：

一是适配支持2D PDF设计、2D CAD设计和/或3D BIM模型等不同文件格式和模型，以及扫描物理建筑的数字孪生模型文件（图2）。

二是支持同时对比查看（图3）。

元宇宙协作通信平台可以在任何时间轻松查看和比较任何属性的建筑模型。无论是新建设施还是翻新设施，不同时间存储的数字化模型永久可供参考，可以从任何地方远程监控进度。

图 2　支持不同文件格式和模型扫描

图 3　建筑项目不同阶段视图展现和对比

三、元宇宙协作通信平台在 CIM+ 设计和建造阶段的应用价值

在建筑领域规划、设计和建造阶段，元宇宙协作通信平台的应用提高了工程项目的互操作性和自动化，有可能彻底改变建筑业务的多个方面：

一是各利益相关者的沟通更容易。 通过元宇宙技术实现在施工过程的每个阶段，利益相关者都可以及时了解最新进展以及任何紧迫的问题。

二是更明智的决策和规划。 通过元宇宙技术，将在建建筑数字化后，使得这种方式变成一种主动规划工具。工程师可以对管道位置和公用设施布置等项目进行更广泛的评估，建筑师可以预测美学问题，例如油漆颜色或照明布局。元宇宙技术的使用能够改进设计风险评估和状况调查，通过提供身临其境的视图更有效地了解现场状况和问题，有效地使合作者摆脱 PDF 报告和照片的局限性。

三是自动化进度监控。 记录进度对于任何新的建设项目都至关重要，元宇宙技术为管理人员提供了一种远程监控项目的方式。总承包商和业主需要文件来验证施工是否按照标准和设计进行。良好的文档还可以减少错误和返工的需要。全面的进度监控有助于促进从施工团队到设施管理的项目移交。

四是更准确地假设和预测。 通过消除实地考察的需要，同时提供建筑环境的全面概览，管理人员可以获得更快、更准确的分包商估算，还可以通过使用注释、链接、照片和视频对 3D 模型进行注释来创建虚拟的工作清单。

五是更容易的安全监控。 远程检查使项目经理能够更好地监督安全程序。此外，元宇宙技术可以对难以到达或危险的环境进行准确的虚拟测量，这意味着员工在现场时不必承担不必要的风险。

四、元宇宙协作通信平台在 CIM+ 物业运营和管理阶段的应用价值

在建筑交付后的运营阶段，从售房人员到物业经理，许多房地产利益相关方使用房地产中的建筑数字化来营销和管理物业（图 4），其体现的价值主要在以下方面：

降低运营成本： 房地产商可能会花费一笔不菲的费用布置样板房，根据统计数据，房屋软硬装的典型成本在 10000 ~ 20000 元 $/m^2$。借助元宇宙技术，可以降低实际装修和布置的相关成本，而且可以花费更少的时间和资金安排更多的意向访客的参观时间。由于数字孪生提供虚拟导览访问和更多空间的深入细节，还可以帮助房产公司更快地出售或租赁物产，同时降低往返该地点的旅行成本——这意味着投入更少的资源并加快销售和租赁周期。

运营和优化物业资产： 作为真实世界物理空间的逼真虚拟表

示,数字孪生提供了大量的视觉和空间数据,通过数据进行运营和优化物产。当与智能建筑技术相结合时,可以监控整个房产生命周期的数据,并提供有用的实时数据和有关预测性维护的通知。

简化物业运营:元宇宙技术简化了商业地产中的关键物业运营任务。通过数字孪生模型,运营专业人员可以全天候远程访问空间,这意味着他们不再需要重复出差进行测量、管理库存和进行检查。数字孪生模型还充当沉浸式24/7虚拟培训空间,员工可以在其中学习物流以及如何驾驭复杂设施。

协调关键决策者:在出售或租赁以及装修物产的整个过程中,会涉及买家、卖家、经纪人、业主、施工团队、设施管理专业人员等之间的沟通。对于一项重大的财产交易,在整个过程中将数字孪生中的协作和记录作为事实来源依据是很有用的。

图4 数字化物业运营和管理

五、如何构建建筑数字化空间/空间可视化

构建建筑数字化空间有两种形态:建筑设计虚拟模型和物理建筑的数字孪生模型。前者建筑设计的3D数字化,可以由BIM软件,或者BIM软件和3D渲染软件一起构造虚拟数字模型。后者物理建筑通过数字孪生技术实现数字化3D模型,可以利用3D相机、摄影机等将空间快速3D化(图5),这些工具可以捕捉、编辑和共

享物理空间的 3D 模型；并且可以在虚拟模型中进行导航和游览。

3D 相机　　　　　智能手机 + 应用　　　　3D 摄影机　　　　　　　无人机

图 5　利用设备将空间快速 3D 化

六、元宇宙协作通信在 CIM+ 建筑数字化领域的应用场景介绍

通过会议平台进入 3D 空间进行协作通信，通过适配支持各种 3D 模型和文件，可以让与会方在 3D 模型中进行各自"游览"，主持人也可以进行"干预"实现同步"游览"。所以，元宇宙协作通信是一种协同，而不是模型的共享（因为共享是单向的）。

应用场景一：提高建筑建造生命周期里各个环节的生产力

通过使用建筑的 BIM 文档与 3D 模型，结合云视频通信技术，可以使建筑从设计、制造、施工管理的项目生命周期内进行协同沟通（图 6），极大地提高透明度和生产力。以下是建筑行业建造生命周期的应用。

图 6　设计方案协同沟通

（一）设计方案沟通

通过元宇宙技术构建项目虚拟模型进行建筑设计协同，就建筑物结构、材质、效果实时互动，可视化沉浸式沟通，有效识别潜在问题，保证设计效果达到预期，也保证在施工前解决实际设计问题。通过对比可以视觉化更有效地发现在建建筑与设计模型的偏差，这可以帮助利益相关者了解和发现潜在问题，**在成为代价高昂的问题**之前加以解决。

国际上比较典型的案例就是 Nova 医院的设计。Nova 是芬兰的一家大型医院，即将完工。该项目背后的公司开发了一种基于 BIM 的元宇宙模型，医院工作人员可以在该元宇宙模型中进行体验，由他们提供反馈和设计建议；元宇宙模型使使用者可以交互讨论，极大地改变了传统的设计流程，让项目更加人性化。

（二）总包方与分包方协同（图7）

图7　项目协同

元宇宙协作通信还可用于实现利益相关方之间的远程协作，建筑总包与分包商同时进入 BIM 模型，不管他们身在何处都能够共享数据并在项目上进行协作，就实际建筑物需变更的内容进行协同讨论，提高项目信息的透明度，厘清各方职责关系。

(三)现场质量检测(图8)

图 8 现场质量检测

元宇宙协作通信可应用于创建建筑工地的 3D 数字孪生,让利益相关者能够在孪生数字环境中体验建设项目;进行建筑施工质量检查、测量施工尺寸,和 BIM 设计方案进行对比,这使他们能够更好地了解项目并在潜在风险和问题成为现实问题之前识别它们,保证施工效果达到预期。

(四)现场进度检查(图9)

图 9 进度检查

元宇宙协作通信可用于创建建筑工地的3D数字孪生，还可以实时监控项目进度，从而提高透明度和问责制；利用3D设备对建筑工程进度真实还原，实时发现问题并快速响应。

应用场景二：提高交付后建筑物业资产营销和管理

（一）物业资产运营

通过3D扫描设备构建3D数字孪生模型，通过视觉AI技术实现与BIM模型的对比。通过BIM模型实现对当下物业资产的数字模型透视（图10），了解物业资产的结构，以及时发现和解决相应的问题。此外，出于保险目的，财产损失也很容易核实。

图10　物业资产核查

（二）设计和样板房介绍

建筑交付后，物业基于已经构建的数字孪生模型进行编辑和修改，如更换墙面的粉饰材质和颜色、添加家具等虚拟模型，实现样板房的数字装修，节省了样板房实际的物理家具资源开销，而且可以提供更多类型的样板房供客户进行浏览和选择。当客户进入物业资产的元宇宙环境时，业务人员可以随时加入与客户的沟通和导览，实现在线看房以及设计和家具等全方位的介绍和营销（图11）。

图 11　在线看房

(三) 房屋销售

3D 看房已经开始兴起，但使用元宇宙协作通信可以更真实还原样板房状况，地产销售可带客户网上体验，或由客户自行浏览，以便进行交付建筑地产的营销和销售（图 12）。

图 12　线上营销

七、CIM+ 自主可控元宇宙技术对城市发展的价值

在每个城市的发展过程中，每天存在着老建筑质量提升改造和新建筑的建造和管理。CIM+ 自主可控元宇宙技术助力城市实现智

能建造和智能运营管理。

智能制造： 将建筑设计和物理建筑数字化之后，可以实现某些流程（例如设计、制造、施工管理和交付后物业资产管理）数字化，可以让每一栋建筑的利益相关者可以在其中进行交互、协作和实时监控项目进度以及后期物业资产运维和营销管理。一方面项目利益相关者可以安全、可靠的方式访问数据，使利益相关者之间的信息流动更快，提高项目的透明度和问责制，从而提高生产力；另一方面也实现了某些流程的自动化，例如施工规划和调度等，这个可以进一步降低成本并提高效率。从整体上来说，也更有效地保障了建筑质量。

智能运营管理： 基于智能制造的信息化数字化模型，使得建筑从规划到运营管理的端到端智能化管理成为可能。对交付后的物业资产进行更加有效地资产运维、维护和营销管理；以及未来可能的质量提升改造管理。

综上所述，CIM+自主可控元宇宙技术可以实现对建筑从立项到交付，以及到交付后物业资产管理完整生命周期的端到端的管理，问题发现和信息追溯尽在掌控中。作为CIM+新一代信息基础设施的组成元素，助力推动城市开发建设从粗放型外延式发展转向集约型内涵式发展，让城市发展管理变得更加弹性和智能。

主题六：
关于 CIM+ 轨道交通数字化技术体系

倪 真：基于 CIM 的城市轨道交通数字化建设探索

交通是国家和城市的动脉，是促进城市发展和经济繁荣的重要因素，是保持城市活力最主要的基础设施。城市轨道交通是城市公共交通的骨干，包括地铁、市域快轨、轻轨、磁悬浮等方式，具有大容量、集约高效、节能环保等突出优点，对改善城市生态环境、优化城市结构、实现城市经济可持续发展起着关键作用，直接关系到城市整体功能的发挥和居民生活质量的提高。

一、城市轨道交通数字化建设背景与现状

（一）政策背景

2020 年 8 月，住房和城乡建设部、科技部、工信部等联合印发《关于加快推进新型城市基础设施建设的指导意见》（建改发〔2020〕73 号），明确提出全面推进城市信息模型（CIM）平台建设。CIM 平台以 BIM、GIS 等城市信息数据为基础，借助侧重于 5G、数据中心、人工智能、物联网等新一代信息技术的新基建，形成与实体城市"孪生"的数字城市,将静态的传统数字城市增强为可感知的、实时动态的、虚实交互的智慧城市。2023 年 2 月 27 日，中共中央、国务院印发了《数字中国建设整体布局规划》，提出数字中国整体框架和建设目标。第十三届全国人民代表大会第四次会议表决通过的《关于国民经济和社会发展第十四个五年规划和 2035 年远景目标纲要》，提出加快推动数字产业化，主要从云计算、大数据、物联网、工业互联网、区块链、人工智能、虚拟现实和增强现实等几个方面推动数据赋能全产业链协同转型，提出要建设智慧城

市和数字乡村，完善城市信息模型平台，构建城市数据资源体系，推进城市数据大脑建设，探索建设数字孪生城市，加快推进数字乡村建设实现乡村管理服务数字化。数字化应用场景包括智慧交通、智慧能源、智慧制造、智慧农业及水利等。

CIM 城市信息模型是城市数字化的重要手段之一，常被用于城市规划、设计、建设等方面。城市轨道交通是城市交通系统中一个重要的组成部分，数字化城市轨道交通的建设具有重要实际意义。基于 CIM 的城市轨道交通数字化研究是一项多学科交叉的工作，需要涉及城市规划、交通工程、计算机科学、建筑学等多个学科领域的知识。其研究和探索有助于推动城市轨道交通的数字化建设，为城市交通的可持续发展提供更好的服务。

（二）建设运营现状

随着我国城镇化步伐的提速，交通强国战略、智慧城市和大城市群建设全面推进，中国城市轨道交通经历了新世纪 20 年来的高速发展，整个行业已经达到了从量变到质变的临界状态，发展速度之快、规模之大，世界瞩目。"十三五"时期末，全国（不含港澳台）44 个城市开通运营城市轨道交通线路 233 条，运营里程 7545.5km。"十四五"期间，截至 2022 年底，全国（不含港澳台）55 个城市开通城市轨道交通线路 308 条，运营里程突破 1 万 km，达到 10287.45 km。全球城市轨道交通运营里程前十中，中国城市占 7 席，上海、北京、成都位居世界前三。根据现有数据推算"十四五"期末运营里程将达到 13000 km，运营城市有望超过 60 座，城市轨道交通运营规模持续扩大，在公共交通中的骨干作用更加明显，城市轨道交通将从重建设逐渐转变为建设、运营并重。

（三）现存问题与发展需要

轨道交通作为城市"生长"的脉搏越来越发达，与日俱增的客流量和越来越复杂的线路给轨道交通管理和运营提出新的挑战，也暴露了现行管理手段、方式方法的局限带来的各种问题，如：建设前期规划过程不透明，设计不合理，测绘不精准，审批过程繁琐等；施工建设期的施工过程不环保、能耗高，安全隐患高，施工管理高成本、低效率现象；运营运维期因检修数据不完整等带来检修难度大、维护成本高、突发故障小影响大等问题显著，强台风、强降雨、洪涝、山体滑坡等恶劣天气给城市轨道交通运营安全带来重大威胁。因此，提升城市轨道交通建设与管理手段、方式方法迫在眉睫。

二、城市轨道交通数字化建设目标与框架

（一）建设目标

通过 CIM+ 轨道交通数字化的探索与应用，建设基于 CIM 的轨道交通建设数字化平台。通过轨道交通 BIM 模型结合物联网设备（IoT）以及 AI 人工智能等实现基于数字孪生的数据动态管理、数据分析应用与管理、动态预测与人工智能分析的管理等，最终实现轨道交通建设项目的信息化、数字化、智慧化管理。

推动城市轨道交通建设的数字化升级：建立工程全过程三维数字模型，面向规划、设计、施工过程的业务环节，实现轨道交通系统建设的数字化，推进轨道交通系统建设的信息化、自动化、智能化升级。

提高城市轨道交通运营效率和服务质量：通过直观、交互式的方式实时监测城市轨道交通的运行状况，实现远程智能化监控和管理，从而提高运行的安全性和稳定性；优化运营模式，实现实时调度和智能管理，提高运营效率和服务质量，为乘客提供更加便捷快速的服务。

科学监测降低城市轨道交通能耗和排放：监测轨道交通减排量形成数据资产，统计分析、优化调度，持续节能降耗，实现降低能耗和排放的目标，助推城市的可持续发展。

(二）建设框架

轨道交通数字化建设是一个多阶段、多专业、循序渐进、长期积累的过程，因此，结合当前轨道交通信息化建设的实际情况，充分应用现有的信息化成果，包括各类数据资源、业务系统、物联网设备、网络环境、云资源等内容，充分利用发挥大数据、人工智能等先进技术理念优势，探索制定各专业统一的轨道模型建设标准，建立可融合连接各类数据资源的 CIM 管理平台并按业务需求逐步推进数字化应用。

建模型阶段： 以车站、轨道、列车、信号、电力、通信等所有相关设施三维信息模型（BIM）为基础，融合地理信息系统（GIS）模型，整合交通工程 BIM 模块的地质信息、倾斜图像信息、激光点云信息等三维空间内容，叠加遥感图像、自然资源数据、气象地质调查和环境监测信息等二维空间数据，关联城市轨道交通系统中各种传感器、监测设备数据，形成了一个立体全空间全要素孪生基地和数字化 CIM 模型，从而支撑轨道交通数字化实时监测、优化和调度。

建平台阶段： 对 CIM 模型按照业务场景和管理需要开展平台建设、数据分析，构建智能算法，为轨道交通的规划、建设及运行管理提供数字决策支持。实现轨道交通系统的数字化建设、智能化运维、智能化调度和智能化控制，提高轨道交通系统的效率和安全性。

拓应用阶段： 通过 CIM 平台拓展应用场景，提升轨道交通系统的信息化和智能化服务水平，例如实时客流分析和优化、车站引导服务、疏导服务等。将数字孪生技术融合到城市轨道交通系统规划、建设与管理的各个环节中，实现数字孪生城市交通生态圈的建立和深度融合，促进城市交通全负荷管理，优化城市公共交通服务。

三、中国铁建城市轨道交通数字化探索实践

中国铁建坚持以"数字铁建、智慧铁建"为目标,聚焦智慧铁路、智慧公路、智慧轨交、智慧城市等"智慧+"领域优先展开工程配套的"数字化"建设,在北京、深圳、天津、成都、青岛、西安等城市轨道交通工程中开展了局部典型的数字化建设探索实践。

(一)"CIM+设计"支撑城市发展数字化决策

随着 CIM 技术的普遍应用,在自然资源调查、国土空间规划中,实现了高分辨率对地观测,获得了 PB 级的高分遥感影像,创建形成了城市实景三维、数亿条的地理空间要素和数百亿构件级 BIM 数据。设计院在开展建设用地规划时,能够快速获取地块位置、用地性质、用地红线、道路红线、重要出入口方位等,山、水地形和四邻的建设情况,同时获取地块环保、安全、防灾、生态和文化保护等环境要求及城市控制性详细规划要求,实时与规划设计方案比对、优化,便于设计院直观了解规划效果、评判建设效益,减少因各类条件和因素考虑不周导致的返工,也能够为城市国土资源部门提供智能化审查以及网络"全局最优"的科学决策支撑数据,极大提高审图和批复效率。

(二)"CIM+施工"辅助城市建设精细化管理

以城市 CIM 数据为基础,叠加关联施工环境信息和施工现场情况等动态数据,在 CIM 模型基础上形成动静态结合的施工虚拟环境,并通过 IoT 数据、施工进展信息等数据信息,实现对施工过程的动态控制和精细化管理。在北京地铁 28 号线、深圳地铁 16 号线、成都地铁 18 号线等线路工程中,主要开展了以盾构大数据远程监控、地下施工安全高精度监测预警、智慧工地系统为代表的工程数智化平台体系,积累了大量的轨道交通数字资产,为智慧城市的建设和运行提供基本的数据要素,辅助城市精细化管理。

（三）盾构大数据远程监控平台

通过平台指导现场施工。平台通过数控系统、动态监控系统、盾构远程监控系统、设备智能调度系统、远程协助系统五大模块集成、整合、处理、分析盾构施工数据，将掘进信息更加直观地展示反馈给调度中心与项目施工管理人员，方便施工操作和指导掘进，自动完成盾构设备参数和施工参数的采集、整理与记录，从而实现盾构信息化施工。通过施工过程中采集的信息，及时调整施工参数，从定性指导转为定量指导，清晰反映盾构掘进过程中的所有数据，实时提供盾构参数变化趋势和报警信息，提高信息处理速度，提升盾构项目掘进效率及工程价值，带动整个盾构行业智能管理跃进。

（四）地下施工高精度安全监测预警平台

城市地下空间施工环境复杂，监测系统彼此独立，缺乏多指标、高精度、可视化、实时自动监控和预警手段，研究地铁车站施工安全状态高精度实时感知和传输、多源协同监测数据融合等关键技术，搭建高精度实时感知监测预警平台。在技术上采用多组应变计阵列布设和高频率采样测量两种方式，降低现有应变测量误差，实现了更高精度误差控制，为项目基坑安全管理提供更准确的决策数据。

（五）CIM+BIM+GIS 融合的智慧工地系统

建立工程项目的全寿命周期虚拟三维模型，将信息整合于一个三维模型信息数据库中，施工单位、运营部门和业主等各方人员可以基于 CIM 进行协同工作，有效提高工作效率、降低成本。

规避城市轨道交通工程重点风险，促进安全生产和工程质量、进度管控。利用 BIM+ 智慧工地等先进技术、先进设备，致力于提升施工管理效率，发展数字化、智能化管理模式；同时做到现场数据信息的实时、准确采集并进行大数据分析。实现 BIM 建模结合 GIS 倾斜摄影实景，根据各施工阶段场地布置、管线迁改方案，整合场地布置模型、交通导行布置模型，模拟优化交通导行方案，保障施工正常进行的同时改善交通，提高市民满意度。交通导行在 BIM+GIS 技术应用上，增加大数据技术分析交通导行车流量，更好地避免施工对城市交通的影响。

（六）"CIM+ 运营"提升智能化城市服务效能

基于 CIM 构建的智能运营平台，以监测轨道交通系统设施设备为核心，贯穿设施设备全寿命周期管理，重点关注安全预警、应急处置、能耗等方面，实现轨道交通动态感知、故障预测与智能运维，提高整体安全风险管理水平，降低能耗与成本。

在天津地铁 1 号线和 6 号线搭建了先进的智能运营体系。天津地铁 1 号线作为中国铁建首条自主运营的城市轨道交通线路，各项运营指标在天津市线网综合排名第一，天津地铁 6 号线二期是天津市首条全自动无人驾驶地铁线路，建立了全自动线路调度指挥体系和运转模式，实现了天津市轨道交通智慧智能运营。

（七）轨道设备资产全生命周期与运营检修管理

在 CIM 平台上整合设备安装、巡检、维修以及传感器等数据，建立不同专业的设备数字模型，通过数据模型与设备台账的关联以及传感器的实时检测预警，实现资产的全生命周期管理。

在日常巡检中，通过各种物联网传感器和智能终端实时获取数据，结合数据模型，对轨道各专业设备的运行状况进行实时监测和可视化综合呈现，实现设备动态可视化监控和设备的集中检修维护，提高故障预判和维修效率。

（八）轨道安全预警与应急指挥

针对轨道安全保护区内作业项目繁杂、风险源多、周期长、难以管理等问题，借助 CIM 平台汇聚的大数据和算法模型，对各类影响轨道运行的风险源进行标识和监管、对列车运行关键部件进行智能化检测和分析，实现外部工程业务在线审查申报、内部一张图审查、风险源评定管理、工程现场监管、安全事件处置管理、重点风险自动化监测、线路无人机巡查、地表沉降管理等功能，全面掌控轨道保护相关的信息，实时输出异常报警信息，提高轨道运营保护区内施工作业的管理力度和能力，提升轨道相关风险源管控和预测能力，形成对城市轨道交通保护区安全和运行状况的闭环管理、实时监督和掌控。

针对轨道沿线和车站内的城市安全风险数据，通过CIM平台构建高精度模型，将风险、人员、物资与空间信息关联起来进行联动管理，在三维场景中进行灾害模拟演示，实现编制的应急预案可视化部署和下达执行。满足责任部门日常应急资源管理和战时应急救援处置的需要，为轨道各种灾害综合管理提供灾害预测，为救灾指挥提供有效手段。

（九）轨道交通运行绿色环保与节能

通过CIM平台监测分析，在满足车站运营环境（温度、湿度及车站亮度等要求）的同时，以最小的能耗完成轨道的日常运营服务。例如在满足轨道运营环境照度的基础上，调节灯具的输出功率或开关，从而减少照明系统的能耗。

四、总结与展望

城市轨道交通数字化建设涉及面广、相关方多、业务链条长、技术融合难度大，轨道交通行业正处于数字化转型深水区，数字化、智能化、低碳化是必然方向。随着多源异构数据融合治理、BIM三维空间数据轻量化、GIS高精度实体语义分割、高精度仿真计算等难题的突破和CIM相关技术的升级迭代，将协同城市轨道交通产业链上下游企业持续推动业务与技术的深度融合探索应用，助力我国从"交通大国"向"交通强国"升级跨越。

李久林：关于 CIM+ 轨道交通自主可控智慧技术在规划—勘察—设计—运维全过程的应用研究

近年来，我国城市化进程稳步提升，居民对公共交通基础设施的需求不断攀升，以经济发展和科技创新双向驱动，我国城市轨道交通建设实现快速发展，逐渐成为城市交通体系的骨干。作为智慧城市在交通运输领域的具化体现，智慧城市轨道交通是城市数字化、信息化水平的重要衡量指标之一。CIM 技术以 BIM+GIS+IoT 等技术为支撑，多类技术融合共同构建了三维数字空间城市模型，有效聚合行业多源全量数据，实时掌握城市运行态势，为城市轨道交通提供了先进的数字化管理及信息共享途径。

轨道交通领域对 CIM 平台建设具有三项重要需求：一是轨道交通系统时空跨度大，同时涵盖多专业，覆盖轨道交通系统规划—建设—管理全过程的数据严重缺失；二是与 CIM 深度融合的轨道交通统一数据采集、处理、传输、交换、仿真机制尚未形成；三是能够支撑轨道交通海量地理信息、三维模型和 BIM 数据的汇聚、转换，实现多场景融合与可视化表达、物联监测和模拟仿真等专业功能的关键技术亟待突破。

北京城建集团在数字化赋能企业高质量发展战略引领下，凭借多年来在城市轨道交通领域规划、勘察、设计、建设、运营等经验优势，坚持信息化、智能化指导方向，积极研发轨道交通领域自主可控 CIM+ 智慧技术产品，"城市仿真数据底座平台""数字勘察生产与管理平台""工程数字化协同设计平台""云交自动化系统""智慧运维平台"在城轨规划、设计、运维等多业务领域成功实现了落地应用，并获得多项荣誉奖励，全面赋能城市轨道交通行业数字化转型。

城市 CIM 平台建设完成后，各平台可充分利用 CIM 平台底座基础，开展城市轨道交通领域在规划、建设、运营全过程应用。"城市仿真数据底座平台"可基于 CIM 平台中的交通运行数据、人口流动数据、土地利用数据、气象数据、地理信息数据等多源数据，通过自主研发的算法融合形成城市职住分布、人气活力、商业业态、基础设施等信息，开展数据处理及仿真分析，深度挖掘城市出行特征，辨识轨道交通潜在需求；"数字勘察生产与管理平台"可基于 CIM 平台数据架构，将基础地质、工程地质、水文地质、环境地质、地质灾害等多专业综合地质勘查数据形成三维信息模型，开展选线优化、安全隐患排查等工作，为城市规划、建设及运维的地下空间开发利用、工程建设选址规划、施工安全管理和地质灾害防治等领域提供技术支撑和科学决策依据；"工程数字化协同设计平台"可基于 CIM 平台中的规划、勘察以及建筑周边环境信息开展三维正向设计，在设计和建设过程中将城市轨道交通建设全过程、全空间、全要素的数据资源进行有效整合与管理，依托 CIM 平台实现数字化交付；"云交自动化系统"与"智慧运维平台"可基于 CIM 平台中城市轨道交通线路及车站信息，依托大数据分析及 AI 算法，全面洞察站内信息，实现城市轨道交通运行态势可感、可知、可控，提高城轨运营管理精细化与安全运营服务程度。

"云交自动化系统"在科技成果评价中被钱清泉院士领衔的专家组评定为国际先进水平，并获得了欧洲安全完整性等级第二级的高标准认证及国内自主化装备评价认证。以该系统为核心形成的弱电系统两个综合解决方案先后获得中国城市轨道交通协会科技进步一等奖、二等奖。"城市仿真数据底座平台"获得 2022 年北京市科技进步二等奖，2023 年中国城市轨道交通协会科技进步一等奖，2022 年智能运输协会科技进步一等奖等多项奖励。"数字勘察生产与管理平台"获中国土木工程学会轨道交通分会城市轨道交通技术创新推广项目、北京工程勘察设计协会优秀工程勘察设计奖计算机软件专项奖三等奖、第三届中国城市轨道交通科技创新创业大赛优秀项目奖等奖项。"工程数字化协同设计平台"依托城市轨道交通工程应用获得第九届"龙图杯"全国BIM大赛二等奖，第十一届"创新杯"建筑信息模型（BIM）应用大赛一等成果奖，第三届"优路杯"全国BIM技术大赛金奖等奖项。"智慧运维平台"依托城市轨道交通工程实施开展应用，荣获第五届"优路杯"全国BIM技术大赛金奖、第三届工程建设行业BIM大赛一等成果、北京市工程建设BIM成果Ⅰ类证书等奖项。

一、"城市仿真"数据底座助力城市轨道交通高质量规划与发展

"城市仿真"数据底座为城市轨道交通前期规划与城市信息模型（CIM）深度融合提供强力支撑。

（一）融合城市多源数据，打破信息壁垒

轨道线网规划作为复杂系统工程，深度融合城市广域时空范围内不同领域的数据，将更全面、更精细、更准确地规划轨道线网。

数据平台将交通运行数据、人口流动数据、土地利用数据、气象数据、地理信息数据融合，增加CIM模型的决策评估维度。充分利用大数据挖掘、人工智能和区块链等先进技术，构建智能化数据分析大脑，深度挖掘城市出行特征，辨识轨道交通潜在需求。同时扩展融合手机信令、传感器、卫星、社交媒体等非传统数据，为城市轨道交通规划提供更全面的城市背景信息，进一步提升规划精度和时效性。

（二）精细数据颗粒度，构建"楼宇级"数据体系

围绕轨道交通空间层级，可将轨道交通划分为线网、线路、车站、出入口以及楼宇五个层级。在宏观层面，轨道交通线网、线路将城市总规中主要功能组团连接起来，带动城市发展；在中观层面，车站与出入口是轨道交通与城市联系的纽带，衔接地块与轨

道客流;在微观层面,楼宇是参与轨道出行人群的最初起点与最终目的地。楼宇作为先天承载城市功能的有形实体,是轨道交通规划过程中的最小单元,通过将多源数据融合形成的城市职住分布、人气活力、商业业态、基础设施等信息划分至"楼宇级",借助BIM技术实现微观小场景仿真,在站内客流动线模拟、轨道交通微观接驳分析、TOD商业规划选址等场景中形成"楼宇级"数据体系,补齐轨道数字化短板,推进实现"线网、线路、车站、出入口、建筑体"规划数据五位一体(图1)。

图1 "楼宇级"人口数据

(三)构建数据底座平台,赋能轨道交通高水平规划

以"楼宇级"数据体系为基础,以自研GIS计算引擎为核心,以独立知识产权的模型算法为抓手,打造"城市仿真"数据底座平台,进一步推进轨道交通规划数字化转型。

平台(图2)采用"1+N"即"一个数据底座,N个应用系统"的架构模式,支撑集团全量轨道交通规划数据接入、存储、加工、计算功能。内置全国轨道交通规划核心模型算法、规划方案数据,沉淀积累了业内专家经验与决策知识,平台支持规划方案的一键生成,大幅度提升规划设计的准确性与效率。围绕数据全生命周期运维与管理，平台可实现多源异构数据接入与同步，协助开展数据资产盘点，制定并落地数据标准，梳理并维护城轨系统中的主数据、元数据。充分发挥平台可拓展性强的优势，对外提供标准化、模组化的数据服务，支撑轨道交通 TOD 建设开发、枢纽规划设计、轨道客流预测等业务开展，同时支撑地产开发、商业选址等业务数字化转型。

图 2 "城市仿真"数据底座平台

（四）应用价值可观，提升交通规划领域决策水平

平台为轨道交通科学规划、管理、决策提供有力的数据支撑，目前已参与到全国千余项各类型城市轨道交通规划设计工作中，规划方案制定时间下降 37% 以上，"楼宇级"人口数据准确度可达 85%，经济效益达 8 亿元。平台服务交通行业内多家政企客户，结合"纸质工作数字化、重复工作平台化、复杂工作智能化"的思路，先后服务北京市交通委、北京市规自委、北京地铁运营公司、中国国际工程咨询有限公司等客户完成交通影响评价、轨道 TOD 用地管理、轨道商业店铺选址、地铁建设规划方案测算与审批等新型业务，全力推动交通规划领域科学规划决策水平的提升，全面助力城市轨道交通高质量发展。

二、数字勘察生产与管理平台在城市建设中实现高价值应用

CIM+城市轨道交通数字勘察生产与管理平台，实现勘察全链条标准化、自动化生产。将CIM、大数据、人工智能等技术引入轨道交通工程勘察领域，攻克一系列地上地下一体化智慧勘测关键技术，研发勘察外业采集系统、实验室信息化系统、勘察生产管理系统、三维地质建模系统、地质大数据平台、三维地质可视化及数据服务系统等软件系统，以支撑勘察业务从采集、处理、入库、建模到应用全流程的标准化、自动化生产，实现勘察生产从传统作业模式向数字化作业模式转型，实现勘察成果资料从二维向三维转变，从而提升勘察成品质量和服务水平，为轨道交通数字化交付、实景三维中国建设提供地质空间数据底座，为城市规划、建设及运维的地下空间开发利用、工程建设选址规划、施工安全管理和地质灾害防治等领域提供技术支撑和科学决策依据。

通过工程勘察外业采集系统和实验室信息化系统，分别实现工程勘察外业和实验室数据的自动化采集，并将现场照片及视频等数据实时传送至地质大数据中心，实现勘察内业智能化、无纸化办公。

三维地质建模系统基于基础地质、工程地质、水文地质、环境地质、地质灾害等多专业综合地质勘查数据，建立地铁周边包含溶洞、空洞、断层、褶皱等复杂地质体的三维模型，实现地质信息的三维数字化，真实反映轨道交通线路穿越的地质条件和内部构造情况，通过模型剖切、基坑开挖、模型爆炸、隧道开挖模拟及漫游等三维地质模型空间分析功能，为勘察人员提供基于专业的模型分析与评价工具生成地质分析评价、咨询报告等，为业主、质量监管部门在城市建设、管理及运维方面面临的地质问题提供技术支撑。

地质大数据中心作为地质数据的管理底座和数据中台，将多源、海量、异构地质数据归集到数据中心，将地质数据按照不同

业务场景和数据类型进行分类存储和管理，再由中心统一向外部系统提供数据服务接口。配套编制《工程勘察数据分类与编码规则》《岩土工程勘察信息模型技术标准》等四项勘察数据及信息模型相关标准，建立地质勘察数据统一编码标准和数据更新维护机制，实现跨城市、跨企业、跨部门、跨项目的城市地质信息共享和交换。

平台具有以下应用场景：

"一张图"管理，实现轨道交通最优化选址选线。

轨道交通沿线地上地下数据进行"一张图"管理，真实准确还原设计线路与周边现状的空间位置关系，以及穿越的不良地质风险；通过对多种方案进行科学、定量分析比选，实现轨道交通选线的最优方案设计。

三维可视化展示及参数建议，自动控制盾构掘进。

通过对地质、车站结构、地铁隧道、地下管线、建筑物等进行实景三维建模和集成可视化展示，直观展示隧道与地质、周边环境的空间关系，为施工单位提供可视化的风险预警；通过收集不同地质条件下盾构机的历史掘进数据，形成不同地质条件下的掘进参数建议范围，实现盾构机在不同地质条件下掘进参数的自动化控制。

构建地铁保护区安全管理系统，进行风险隐患排查管控。

系统将北京市全部运营线路地铁保护区范围内的线路轮廓数据、地质数据、地下管线数据等多源异构空间数据融合，实现保护区内的人工巡查和风险隐患排查管控；针对北京市地下水位抬升带来的地铁渗漏问题进行专项研究，掌握渗漏点的发展演化规律，为地铁结构渗漏问题的治理工作提供技术支撑。

开展地下空间资源适宜性评价，为资源合理开发提供依据。

地下空间资源适宜性评价充分利用城市地形测绘、地质调查、岩土工程勘察以及城市规划等基础资料，建立地下空间开发利用适宜性评价模型，针对研究区不同深度的地下空间资源开发利用进行适宜性分析评价，得出研究区地下空间资源开发利用适宜性评价结果，并绘制地下空间开发利用适应性评价分区图，为城市地下空间资源的合理开发利用提供科学依据。

建立全空间全要素实景三维模型，为地质灾害的防治提供科学决策依据。

根据统一的数据标准，应用无人机倾斜摄影、激光点云、人工精细建模等技术手段，建立地形、建（构）筑物、地下管线等轨道交通周边地上地下全空间全要素三维实景建设环境模型，确保各类模型的数据输入和输出标准统一、信息准确。融合遥感影像以及地质、车站、区间等三维模型，实现多源空间数据的融合和可视化展示，真实还原地灾隐患点的地形地貌及岩土特征，并实时采集隐患点的变形及水位、降雨量等监测数据。通过构建分析评价预测模型，以综合评判灾害体稳定性并预测地质灾害未来的发展趋势和威胁程度，及时向相关主管部门进行预警通报，为地质灾害的防治提供技术支撑和科学决策依据。

平台采用以下核心技术：

一是发明了剖面图智能连层技术，对地层连续分布、地层透镜体、地层尖灭、地层连续缺失、地层间断缺失等几种典型地层进行自动连层处理；二是研发了三维地质建模算法，针对地层尖灭、透镜体、复杂逆断层、褶皱等任意复杂地质情况建立完备的三维地质模型；三是实现了三维地质模型与设计结构模型在 BIM 设计软件中的无缝集成，地质模型在 BIM 设计软件中无损查看和任意剖切。

三、数字化协同设计平台为 CIM+ 城市轨道交通设计提供有力支撑

工程数字化协同设计平台以 BIM 参数化设计为基础，下沉业务应用，对三维协同设计体系进行结构化重构，建立面向工程全

过程的数据协同体系。

通过构建面向工程全生命周期的数据中心，将城市轨道交通建设全过程、全空间、全要素的数据资源进行有效整合与管理，对成果数据进行统一的收集、存储与管理，打造统一的工程项目可视化中心与工程数字资产资料库，支持数字化设计场景建立，赋能CIM+城市轨道交通数据底座建设，为数字资产价值延伸至施工和运维阶段，形成全生命周期的建设运维管理做好铺垫。

构建面向工程的全过程协同体系，实现数字化资产交付。

一是建立数字化标准体系。结合城市轨道交通工程项目全生命周期业务需求，建设包括模型创建、应用、编码、交付等系列标准以及全周期数据规范等标准的数字化应用标准体系，规范和指导城轨建设各阶段的数字化应用。二是设计资源统一管理。BIM设计资源管理系统包含族库资源管理、样板文件管理、标准化模型组管理及标准项目文件统一管理功能，城市轨道交通各专业快速调取BIM设计资源进行标准、高效的三维设计，提高城市轨道交通工程设计施工质量，降低工程建设管理成本。三是设计生产线上协同。智能设计协同平台将模型生产过程与专业设计过程有机结合，通过三维协同设计有效规避错、漏、碰、缺，充分发挥BIM技术的优势，实现各专业及相关参与方数据、信息的同步，遵循"以终为始"的原则，模型颗粒度及信息完整度更便于全生命周期的传递。四是设计工具参数化、智能化。内置二三维参数化设计工具，包括区间结构设计、牵引网设计、区间轨旁设计、现状管线以及数据采集等工具，涵盖城市轨道交通25个专业。采用公司在城市轨道交通领域丰富的设计经验与先进的工程算法，将设计规范与BIM模型规范深度融合，极大提高了设计生产效率与质量。五是设计成果数字化交付。基于智能设计协同平台的全面应用，通过数据体系规划、数据体系实施、数据融合进行数字资产建设并交付。在城市应用场景下，深度融合BIM+GIS技术，构建一个建设方统筹，设计、施工、监理等参与方协同的管理体系，打造"BIM 设计正向化""施工建造虚拟化""资产移交智能化"等特色应用，结合项目各参与方标准化管理流程和职责对项目进行一体化协同管理，实现"工程建设通车即可清晰移交"的先进管理目标，为智慧地铁的建设奠定基础。

协同、业务、流程要素赋能，创新设计过程及成果应用。

一是协同要素赋能，提升设计效率。构件属性信息与设计业务深度融合，通过共享参数在不同专业、阶段之间传递。设计参数与专业设计计算逻辑结合，通过集成化工具大幅提升设计效率、优化设计方案。二是业务要素赋能，拓展数据价值。拓展设计中的数据价值，多方面赋能传统业务，包括基础应用（场地分析、交通导改、管线迁改、量价一体、管线综合、三维交底等）、模拟分析（疏散模拟、风速分析、舒适度分析、照明分析、温度分析）等。三是流程要素赋能，支持全生命周期数据规划。从设计阶段开展数据规划、数据生产、数据应用，以数据要素赋能传统工程流程。

协同应用效益显著，推动城市轨道交通数字产业化发展。

工程数字化协同设计平台在北京、济南、无锡等轨道交通项目设计中推广应用。根据应用情况统计，工程数字化协同设计平台在设计的分析决策、图纸成果、工程算量、施工进度、预算控制等方面发挥了重要作用，正向设计图纸成果"错漏碰缺"减少约 85%，工程算量效率提高约 60%，减少方案变更分析决策时间约 20%，签证变更减少约 18%，整体项目投资减少 7% 以上。

平台通过智慧化三维设计技术落地应用，推动城市轨道交通工程的数字产业化发展，打造数字底座，促进智慧城市建设，提高城市基础设施的绿色化、数字化、智慧化服务水平和公共效益，构建城市轨道交通工程绿色低碳发展的数字化服务系统，通过技术升级、管理模式改进、产品质量提高，实现产业升级与生产力的发展。

四、构建 CIM+ 应用体系，聚焦城市轨道交通智慧运维

城市轨道交通智慧运维体系由基于国产操作系统及中间件自主研发的"云交自动化系统"、基于国产芯片研发的工业级智能控制一体机、兼容城市中心云及车站边缘云协同的多云管理平台、包含轨道交通标准数据模型及场景算法的 CIM 级数据平台构成。CIM 三维引擎构成资源集约的城市轨道交通数字底座，支持开发面向场景的智慧车站、智能运行、智慧安检等自主创新 CIM 应用，以运维事件驱动标准化运营维护业务流程，形成 CIM+ 智慧城轨的应用生态。

采用 AI 逆向建模等技术，加速既有线路运营智慧化升级。

基于自主研发的 CIM 三维引擎，提供高保真、高性能的一致性浏览体验，结合多源异构数据融合技术，通过三维激光扫描及 AI 逆向建模，构建精准的既有线路三维模型，打造智慧地铁的数字底座，依托大数据分析及 AI 算法推动设备运维由计划修向状态修、预测修跃进，实现城市轨道交通运维运营业务的场景协同和管理的智能升级，提升运维管理效率。

搭建数字化应急管理系统，实现科学化、精准化和智能化的应急管理。

基于 CIM 的应急管理系统能够监测火灾、水淹、大客流等紧急事件，通过接入数字化仿真预案实现联动推送，满足车站应急管理业务风险监控、预案管理、总结评估等需求，形成事前监测预警效果，支持移动应急与融合指挥，完成高效应急处置，实现应急管理的科学化、精准化和智能化，提高应急管理的效率和水平。

整合弱电系统，实现全弱电系统上云先进应用。

基于云平台的轨道交通自动化系统采用了高度整合云方案，打破原有弱电系统架构并对系统进行重新整合构建、深度集成，功能颗粒化，底层为全专业弱电相关设备，通过轨道交通数字底座

进行整合管理，支撑起信号、通信、综合监控等弱电系统并开放集成其他弱电设备及系统。其中，轨道交通数字底座由基于国产芯片工业级高集成的智能控制一体机、兼容城市中心云及车站边缘云协同的多云管理平台、包含轨道交通标准数据模型及常见场景算法的CIM级数据平台构成。

通过搭建城市线网级可灵活扩展的开放架构的城轨云平台，并梳理、归集轨道交通数字资产，建立了标准化的城市轨道交通CIM数据模型。最终实现了包含自动列车监控系统在内的全弱电系统上云及数据接入，打破了业内"安全系统无法上云"的固有观念。

基于国产芯片自研了高密度、低能耗、多专业融合的工业级智能控制一体机，显著节省了设备用房面积，降低了设备能耗及碳排量。既提供了丰富的工业控制硬件接口，大大降低了终端设备的接入难度和数据采集成本，也支撑了城轨边缘云在车站的运行，保证在中心云或网络故障时，车站的智能语音分析、视频识别等智慧业务仍有100%的可用性。

融合子系统运行参数，实现多专业智慧运维。

依托云交自动化系统及轨道交通CIM数据模型，自研了面向乘客服务需求识别的智能视频监控系统，基于历史数据分析乘客出行意图、基于视频数据全景感知乘客服务需求，及时通知站务人员为乘客答疑解难，化被动服务为主动服务。自研面向车站运营服务的智慧车站服务平台，监测诊断车站内的列车运行、乘客客流和设备设施状态，自主学习优化车站运行模式，实时发现异常及故障，为运维人员提供基于数据分析的业务建议，切实提高运营维护效率。

通过城市轨道交通数字底座全面对接EAM、OA等系统的静态数据与设备设施实时运行的动态数据，融合车辆运行、设备设施运营、设备故障分析等各子系统的运行状态参数、运维事件告警、故障定位分析等模型，辅助故障定位、故障诊断、维修指导，形成"经验型"管理到"科学理论型"管理的转变，实现以业务智能联动、资源智能配置、决策智能支持为导向的集约化维保模式。

搭建城轨一体化资产管理体系，实现资产全生命周期管理。

城市轨道交通资产种类繁多、分布广泛、变动频繁，而且资金投入大、建设周期长、技术要求高。构建基于全周期 BIM 编码体系的城轨一体化资产管理体系，创新资产监管移交管理模式，利用"一码到底"提高线网资产数据准确度与移交接管效率，建立包含资产信息、零部件信息、运行记录、事件记录、维修记录、养护记录、零部件更换记录、责任人员、故障原因分析等伴随设备全寿命周期的可视化数字资产档案，实现数据全程溯源，升级资产全生命周期一体化管理模式，辅助资产管理的高效决策、管理和执行，是城市轨道交通数字化转型的必经之路。

先进技术创新应用，打造智慧城轨运营体系。

充分利用 AI、大数据、云计算、数字孪生等先进技术，围绕车站全息感知、智能分析、全景管控、主动进化等目标开展智慧系统建设。通过打造城轨数据底座，形成智慧出行与线下服务结合模式，打造智慧客服、智慧票务、无感通行的全景自动运作智慧车站。同时以数据驱动进行多业务场景（如防汛、火灾、大客流场景）的模拟仿真，实现更安全的运营、更智慧的服务、更高效的管理。全面提供面向乘客的全方位体验、面向维保的智能运维数据支撑、面向站务的全景管控、面向管理的辅助决策。

应用成效显著，推动智慧城轨与绿色城轨融合发展。

CIM+ 城市轨道交通智慧运维应用体系，全面洞察站内信息，实现城市轨道交通运行态势可感、可知、可控，提高城轨运营管理精细化与安全运营服务程度，有助于推动区域级发展 CIM+ 城轨相关产业的新业态，促进智慧城轨、绿色城轨发展。

在昆明地铁 4 号线"以线代网"的试点、在西安线网云平台的建设以及在其他多条轨道交通线路中的应用表明，"云交自动化系统"可节省 10% 的用房面积及土建成本，降低 20% 的设备能耗，减少 15% 的运营维护负荷。在各地城市轨道交通不断发展的情况下，可实现"增设车站不增设岗位、扩建线路不新招人员"的效果，单条轨道交通线路每年节省人员成本近 5000 万元。

由于其开放灵活的架构，在适应数字化城市交通新需求、对接其他 CIM 应用时，能显著缩短 60% 的开发周期。"云交自动化系统"是面向多制式交通网络融合，实现"一个账户个性化便捷出行"的"出行即服务"愿景的核心平台，可在各大城市 CIM 数字化建设中发挥重大的经济、社会效益。

五、应用案例

案例 1：基于城市仿真平台的北京市地铁新零售店铺选址

为进一步提升轨道交通便民服务水平，根据《北京市 2021 年办好重要民生实事项目分工方案》文件相关要求，以提高生活便利性，在地铁站点布设便利店、书屋、药店等便民服务设施为指引，城市仿真平台助力北京地铁开展 170 座地铁车站内商业店铺选址工作。

应用情况：

受限于数据精度，传统商业店铺的选址、招商、运维过程存在选址颗粒度粗、商业业态与客群画像不明的问题。引入"城市仿真"数据底座平台后，选址决策者可动态查询北京所有地铁站 2km 内周边人口居住、就业岗位、通勤出行、性别年龄、职业收入等客群信息，辅助开展面向不同人群的精准营销。依托平台内置的 TOD 专家经验库，可分析对比地铁不同出入口周边的商业竞品分析、行人步行便利程度、公交接驳便捷性、建筑体开发强度等 TOD 信息，辅助选址决策。通过平台动态分析地铁各出入口的客群来源去向，匹配店铺与客群流线，提升乘客购物便捷性。借助平台对商业营销额与大数据指标的相关性分析与决策，挖掘营销额与大数据指标之间的相关关系。

应用效果：

根据地铁 170 座车站新零售店铺选址与运营情况审查，采用城市仿真平台进行店铺选址与商业业态比选，选址效率提升了 50% 以上，大量减少人工成本。开展基于大数据的营销后，店铺平均客流增加 60% 以上，营业额平均增加 30% 以上，同时打造了一批北京地铁网红热点店铺，例如青年路站的"DELIGOGO 便利店"、东四站的"京轻便利店"等店铺，为盘活地铁商业增值服务、增强轨道交通便民服务能力提供重要决策支撑。基于轨道交通自主可控规划技术，打造一批高质量、智慧化、自主可控的轨道交通新零售服务，为探索地铁增值新模式提供示范作用。

案例 2：佛山市 300 余项公路勘察项目应用

CIM+ 城市轨道交通自主可控技术在佛山路桥集团投资建设的广佛新干线及西延复合通道、三乐路东延线复合通道示范等 300 余项公路勘察项目中投入使用；勘察单位使用勘察外业采集子系统、勘察生产管理子系统进行全过程信息化生产；佛山路桥集团使用工程勘察质量监管平台进行勘察项目的安全、质量、工期、造价、成果等全过程、全方位的信息化管理，解决了公路勘察项目关键环节质量控制难、勘察成果查询检索不便、再利用难等问题。

应用情况：

参与佛山市 300 余项公路勘察项目的勘察单位均使用本技术进行勘察生产全过程信息化作业。在外业采集阶段，通过使用外业采集 APP 录入钻孔取样、水位及原位测试等外业钻探数据，系统自动形成时间戳、位置、描述人等信息，保证外业现场数据的真实可靠；在钻孔布设阶段，在布孔的同时将钻孔数量、孔位、孔距等数据实时入库、更新与展现，将 CAD 平面图从非结构化图形数据转换为数据库格式数据；在生成图件阶段，通过图件自动生成、剖面自动连层算法，自动生成柱状图、剖面图等成果图件；在统计分析阶段，自动生成地层统计指标、波速统计指标、液化判别分析和计算结论、水土腐蚀性分析和计算结论、岩土物理力学指标等参数信息，导出统计表、计算单和成果表等成果报表。通过在勘察生产全过程使用本技术，实现了佛山市 300 余项公路勘察项目勘察成果的数字化交付和数字化存档，共形成佛山市 300 余项勘察项目、2 万余钻孔的地质勘察数据库。

佛山路桥集团使用本技术进行佛山市 300 余项公路勘察项目的全过程信息化监管，共发现外业数据异常 1000 余项，钻探现场质量、安全文明施工问题 200 余项，通过信息化方式提升了业主对勘察工作的管理水平。

应用效果：

提升生产效率。勘察单位通过使用本技术进行信息化作业，在外业采集、钻孔布设、统计分析、生成图件等环节的作业效率均得到不同程度提升，整体生产效率提升 30% 以上，有效保证了勘察工作质量。

业务转型升级。通过建立佛山市地质勘察数据库，实现了勘察数据的查询、调取、加工、管理和重复利用；面向佛山市勘察企业提供勘察数据共享服务，减少了重复钻探和工程建设投资，推动了勘察传统业务向数字化咨询业务的转型升级。

（参与本报告研究的还有北京城建设计发展集团 牛彦菊、刘剑锋、朱霞、郑广亮、杨良印；北京城建智控科技股份有限公司 孙静）

主题七：
关于 CIM+"双碳"战略技术

崔国游：CIM+ 超低能耗技术体系在城市级节能减碳与数字化融合发展中的应用研究

数字化转型升级的重心是以 CIM 为核心的城市建设数字化技术，该技术在城市规划建设领域是不可或缺的。国内大多数城市已经认识到建设和精细化治理城市依托于 CIM 技术会更为高效和便捷。CIM 担负着数字化建模、数据分析和决策支持等重要角色，可以帮助城市决策者更好地了解城市情况，制定和实施相应的管理和决策措施，从而促进城市的可持续发展和智慧化。对条件成熟的城市和园区应加快 CIM 平台建设，可将原有的城市或园区信息平台通过 CIM 技术建设升级为 CIM 平台，打造城市数字化智慧管理平台。凭借城市 CIM 平台，建设重大城建项目管理、交通路网全局规划、生态资源防护治理、自然资源开发管理、碳排放监测与碳交易等的试点。

根据有关数据，城市碳排放占到了全球约 70%，在我国，建筑运行碳排放占到了全社会约 23%。城市低碳发展是一场广泛而深刻的经济社会变革，其核心是减少能源需求和降低碳排放，归根结底解决的是能源问题。能源问题关系到城市可持续发展，不仅要依靠行政与规划管控，还需要将城市空间发展的理念与先进有效的技术结合作为支撑。

利用城市 CIM 平台，结合平台收集到的能源生产和消费数据、金融交易平台数据以及经济和社会核算数据，可以实现碳排放量的精确计量和计算，建立碳排放监测与碳交易平台的智慧互联，为城市提供碳达标、碳中和的最佳政策和技术。

超低能耗建筑相比现行节能建筑再减少 50% 能耗，即相对传统的节能建筑降低能耗超 83%，是建筑领域实现碳达峰的有力途径。国家关于"双碳"工作的顶层设计文件指出,要加快推进超低能耗建筑规模化发展。

当前,建筑产业在不断推进数字化转型,数字化运行维护是超低能耗建筑全生命周期非常重要的组成部分,可以进一步提升节能降碳和室内舒适度的空间,而智慧能源管理系统是数字化运行维护的重要依托。超低能耗建筑智能运维中的数字化应用主要包括以下几个方面:

传感器技术。传感器技术是数字化运用在建筑智能运维中的核心技术之一,它可以收集各种建筑内外环境数据,如温度、湿度、光照、空气质量等,并将这些数据上传到云平台进行进一步分析和处理,从而优化建筑的能源消耗,提升室内舒适度。

云平台技术。云平台技术是数字化运用在建筑智能运维中的重要支撑,它可以将建筑内外环境数据进行整合和分析,生成有关建筑运营状态和能源消耗的各种报表和数据分析结果,为建筑管理者提供科学依据和决策支持。

人工智能技术。人工智能技术在建筑智能运维中的应用也越来越广泛,比如机器学习算法可以通过学习建筑的历史数据来预测建筑未来的能源消耗,进而提出优化建议;另外,自然语言处理技术和语音识别技术也被应用于建筑的智能语音交互系统中,提高了建筑设备的智能化程度。

总之,数字化在超低能耗建筑智能运维中的应用,可以实现对建筑的全面监测和分析、数字化的运营和维护管理、智能化的控制和优化,从而达到节能、环保、智能、舒适的目标。

一、节能减碳从园区级到城市级的实施路径和主要技术体系

城市是"双碳"目标实现的最大应用场景,城市级是多个园区级的集合体,园区级的节能减碳对于城市级实现"双碳"目标至关重要。建筑运行减碳将是园区级到城市级实现"双碳"目标的主要内容。

(一)园区级节能减碳的实施路径

能耗评估:对园区进行全面的能耗评估,识别能源消耗重点领域和环节,找出正常运营的能源浪费现象,为制定减碳方案提供依据。

节能措施:采取有效的节能措施,例如推广新能源、使用高效节能设备、调整生产工艺、加强能耗监测等方式,减少园区耗能和碳排放。

碳排放监测:对园区的碳排放进行长期监测以及时响应和调整计划,保证实际减排效果与计划要求相符。

宣传教育:加强对员工的宣传教育,让其认识到节能减碳的重要性和优势,在节能减碳方面形成合力。

制定减碳目标:对于园区减碳目标的制定应遵循科学性、实用性、可行性等要求,根据实际情况考虑,根据需要具体制定。

(二)城市级节能减碳的实施路径

能源结构调整:加快清洁能源的应用,优化能源结构,降低城市的碳排放,比如鼓励使用可再生能源、提高燃煤电厂的清洁能源比例、发展新能源等。

建筑节能:对于建筑能源方面,推广采用超低能耗建筑技术体系,减少建筑运行阶段的碳排放。

交通节能:推广绿色交通、加速公共交通建设、推广低碳出行、促进电动汽车和非机动交通普及等。

工业节能:通过发展节能技术、采用先进的生产工艺、优化生产流程、推广节能型产品等方法,实现城市工业节能减碳。

城市绿化:通过增加城市绿化、降低城市温度、改善城市环境,能够有效地减少碳排放。

建立指标体系:建立科学的指标体系,制定城市低碳发展指标标准和评价体系,对低碳发展进行监测、评估和管理。

能源管理:通过实行能源节约管理制度、加强节能宣传教育等方法，推动节能减排的全过程。

主要技术体系为能源管理技术体系。实施能源管理体系，建立定期评估、监测、分析和改进的机制，推进能源资源高效利用，减少能源消耗和相应的碳排放。采用建筑节能技术，减少建筑能源消耗；智能微电网技术，包括能量管理系统（EMS）、储能系统、智能分布式发电系统、智能配电系统等，通过实时监测和预测能源需求调整能源分配，以实现最大限度的能源效率和经济效益；光储直柔技术，主要由太阳能光伏发电、储能、直流用电、柔性配电用电组成，可以帮助解决能源稳定性和可持续的问题，可以成为智能微电网的技术支撑，为智能微电网提供可持续、稳定、灵活、可控的能源来源；交通节能技术，推广新能源汽车、建设智能交通系统、优化公共交通等方式，减少交通能源消耗和排放；工业节能技术，采用节能设备、优化生产工艺、实施废弃物资源化利用等方式，提高工业生产能源利用效率；垃圾处理技术，垃圾分类、焚烧发电、厌氧发酵、秸秆综合利用等方式，减少温室气体排放。

此外，还有碳捕捉、碳利用、碳封存技术等。

（三）实施方案

推广采用超低能耗建筑标准，推广新能源技术的应用，采用本土低碳建筑材料，优化区域建筑能源应用，加强项目级 BIM 应用到城市级 CIM 的应用。

CIM 是管理考核监测的基础支撑，从单一建筑的能耗监测系统上升到整个园区的能源管理系统，进而到城市级碳监测与管理，实现层级化、智慧化、精细化的科学减碳方案。

二、关于 CIM+ 超低能耗技术的发展

（一）CIM+ 超低能耗建筑如何推进

首先需要顶层设计，在城市数字化建设中结合"双碳"目标，

与 CIM 平台构筑城市建设全周期、全过程碳排放监测监管能力。

其次要加快"双碳"关键技术的研发及成熟技术的推广应用，如加快光储直柔技术、碳捕捉利用封存技术的研发，加快超低能耗建筑的规模化推广应用等。

（二）CIM+ 超低能耗建筑在城市发展中的作用

CIM 技术可以帮助城市规划出最优的能源利用方案，通过电力负荷预测和优化，降低城市能源消耗，提高能源利用效率。CIM 技术可以对城市能源系统进行模拟模型的建立，对系统运行过程进行模拟和优化，保证能源系统高效稳定运行。CIM 技术可以实现大规模数据的采集、处理、分析与应用，辅助管理部门制定更加科学的节能减碳政策。CIM 技术可以实现能源数据的可视化，展现城市能源系统的运行情况，为决策者提供更加清晰的数据支持。CIM 技术还可以集成各种节能减碳技术，如超低能耗技术，虚拟电厂技术、光储直柔技术等，实现城市能源的多元化和可持续发展，促进城市节能减碳。

一是减少能耗。采用 CIM+ 超低能耗的运行减碳技术体系，能够更有效地管理城市和园区内的能源，降低建筑运行能耗，从而减少建筑所需能源；

二是减少碳排放。通过 CIM+ 可以对城市的能耗进行实时监测和管理。超低能耗建筑本身的运行能耗很低，相应对能源的需求也低，从而降低了运行阶段的碳排放，辅以少量的可再生能源作为补充，甚至可实现零碳排放；

三是降低运行成本。采用 CIM+ 超低能耗建筑技术，可实现建筑的数字化运行维护和管理，减少能耗和维护费用，从而降低运行成本，为城市和居民减小经济负担；

四是提高城市居民的生活质量。超低能耗建筑采用环境监测系统，能对室内的温度、湿度、CO_2、$PM_{2.5}$、TVOC、甲醛、噪声等进行监测，并通过数字化智能运维实时优化室内环境，提高居住和工作舒适度；

五是实现城市可持续发展。通过CIM+超低能耗建筑技术，能够实现城市建筑的能源自给自足，从而减少城市对传统能源的依赖，实现更为可持续和节能的城市发展路线。

六是促进城市数字化转型，助力"双碳"目标的实现。智慧城市建设通过数字化全面赋能，促进城市数字化转型，助力"双碳"战略目标的实现，CIM作为信息融合与业务协同的新兴技术，为城市精细化治理实现覆盖多业务、多领域的决策分析和监测预警提供有力支撑，其智慧终端也能为居民带来生活、出行、工作的便捷。CIM技术将在赋能节能减碳中起到基础支撑的作用，超低能耗建筑技术体系是建筑领域节能减碳比较成熟且切实可行的技术。超低能耗建筑技术体系依托CIM，将是城市节能减碳最重要的应用场景之一。

（三）CIM+超低能耗建筑技术的创新点

中国工程院院士、清华大学建筑节能研究中心主任江亿教授对如何实现零碳总结为：将化石能源为主的碳基能源变成零碳能源，从燃煤、燃油、燃气到核电、水电、风电、光电。

随着新能源产业成为国家战略新兴产业规划的出台，风电、光电产业迅猛发展，一些原材料的需求会大规模增加。未来部分关键材料供应量或将不足，投资成本增加，可能成为装机总量增长的制约因素，而产品寿命到期后的材料回收利用目前尚不成熟。城市因为土地及建筑本身的限制，风电、光电可利用的场景并不多，而远距离输送可再生能源发电的成本偏高。目前风光电主要的模式是发电后直接并网，因为风光电本身的一些特点，电网容纳这些发电的能力有限，目前还有很多问题有待新的技术来解决。

超低能耗技术体系不同于传统可再生能源，是以降低能源需求为第一目标，不需要投资大量光伏、风电等可再生能源就可实现建筑运行阶段的低碳排放，辅以少量的可再生能源即可实现近零碳或零碳排放。

超低能耗技术体系中的能耗监测系统、能源管理系统通过城市的数字网络可轻松接入 CIM 平台，为 CIM 平台提供大量基础数据，为城市级"双碳"监测管理平台的碳排放核查、指标核算提供数据支撑，助力城市能源转型。

三、CIM+ 智慧能源管理平台

五方能源智控云平台搭建了"企业级"与"项目级"两级架构平台，以满足不同层级管理者对业务内容的管理需求。其中，"企业级"平台可以满足企业管理者对企业旗下多个项目关键数据的实时动态掌握，以及对具体项目的快速定位与查找（图2）；"项目级"平台以具体工程项目为对象，多维度、深层次地对项目重要数据信息进行监测，全方位地展示项目运行情况（图1）。

以"项目级"平台为例，平台主要功能模块包括：企业及项目概况介绍、室外环境监测、室内环境监测、建筑能耗监测、光伏发电监测、能源管理、场景管理、设备管理等。

图 1　项目级平台（二级平台）（图片来源：FIWEWIN 五方建科）

图 2　企业级平台节能评价模块

企业及项目概况介绍模块支持企业形象展示及工程项目概况介绍，方便用户快速了解项目背景。

室外环境监测模块重点对室外温度、湿度、风速、风向、$PM_{2.5}$、太阳辐射、噪声等参数进行测量和数据分析，支持实时数据动态显示及历史数据曲线自动生成、数据区间及数据步长可调、数据一键导出等。

室内环境监测模块重点对室内温度、湿度、CO_2、$PM_{2.5}$、TVOC、甲醛、噪声等参数进行测量和数据分析，支持目标区域自定义、实时数据动态显示及历史数据曲线自动生成、数据区间及数据步长可调，且支持室内外同类参数历史数据曲线同期对比，以及数据一键导出等。

建筑能耗监测模块的作用为多角度分析建筑用能情况，包括空调、新风、照明、生活热水、电梯等各分项计量数据的实时采集及展示，采用环状图、堆叠柱状图、折线图等形象化图表对建筑能耗结构及建筑能源结构进行自动分析展示，并且支持目标时间区间自定义及数据一键导出等。

光伏发电监测模块主要服务于建设有光伏电站的工程项目，

支持实时显示光伏发电功率、光伏发电量及光伏抵消碳排放量等数据，自动分析项目市电量与光伏发电量结构比例，自动生成光伏发电量与发电功率的历史数据曲线，并支持与太阳辐射曲线进行同期对比，同时可对目标时间区间进行自定义以及数据的一键导出。

能源管理模块已上线"光储直柔"管理系统，重点对源端及负载端的功率进行监测，尤其是储能电池与直流负载的工作功率；此外，还可对电池荷电状态（SOC）、不同电压等级直流负载的用电量等参数进行监测与统计，各类参数均支持历史数据曲线自动生成、目标时间区间自定义及数据一键导出等。

场景管理模块旨在对接安防系统、智能家居系统及医养系统等第三方服务系统，支持系统间的无缝对接，整合不同功能系统资源。

设备管理模块支持项目应用硬件的运行维护及拓展，支持运维管理人员对部分设备的远程控制等。

四、问题与对策分析

（一）存在的问题

一是数字技术中关于碳排放应用问题。数据中心的能耗一直居高不下，随着智慧城市的建设，数据中心规模越来越大，能耗增速很快，远超很多能源领域。

二是既有建筑改造困难问题。随着国家经济水平与科技水平的快速发展，既有建筑建设年份跨度大，建造时所执行的节能标准不同，能耗数据采集困难，对既有建筑的节能改造也需要额外的投资，在城市数字化建设中，这些建筑智能化改造及信息模型构建本身工作量巨大，对人力物力的耗费较大。

三是 CIM 标准不统一问题。因地区发展水平差异，各地构建的 CIM 基础平台参差不齐，平台标准未能统一，造成城市 CIM 标准重复建设。国内各地已建成的标准体系成果无法普遍推广，仍需要制定一套能够统领全局的国家层面的 CIM 平台标准体系，避免各地重复建设，降低资源浪费。

（二）发展展望

随着我国科技水平的不断发展，5G、人工智能、大数据中心等新基建的重点领域都能促进建筑在智能化领域实现自我完善、密切融合、实现从智能向智慧飞跃的发展目标。智慧建筑的节能设计、能效管理、用能结构优化是实现"双碳"目标的重要组成，智慧建筑的主动式或被动式节能措施是实现"双碳"目标的重要技术。在新基建和"双碳"目标的国家经济战略发展布局下，随着 CIM 平台的搭建，分期分批地逐步完善平台资源与服务能力，通过城市规建领域的应用，逐步构建城市三维数据空间框架，再逐步实现城市动态数据的接入，将 CIM 基础平台的服务能力和被动式超低能耗建筑中的能耗监测系统、能源管理系统相结合。我们相信 CIM+ 建筑运行减碳的超低能耗技术体系在未来将会成为城市级甚至地域级实现"双碳"目标的主要技术体系。

（参与本报告研究的还有河南五方合创建筑设计有限公司　何晓亮）

参考文献：

[1] 黄奇帆."双碳"目标下未来城市数字智慧发展新路径[J].数据,2022（8):2-7.
[2] 袁正刚.数字化转型是城市高质量发展的必然方向[M]// 黄奇帆，朱岩，王铁宏，等.中国建筑产业数字化转型发展研究报告.北京：中国建筑工业出版社，2022.
[3] 吴志强.CIM 与城市未来[J].超图通讯，2021（74）.

王凤来：关于 CIM+ 装配式超低能耗建筑在哈尔滨的应用研究

哈尔滨属严寒地区，其发展 CIM+ 装配式超低能耗建筑效果对整个严寒地区都有显著的示范意义。装配式建造符合智能化、绿色化和低碳化的发展方向，发展超低能耗建筑实现运行减碳具有降低使用期间碳排放量和保证健康舒适性的重要作用，建造减碳具有建造周期短时间内碳排放量减少的显著性时效作用，两者是实现碳达峰碳中和目标的重要组成部分。在全哈尔滨 CIM 建设基础上，实现 CIM+ 装配式超低能耗建筑，对城市建设数字化和"双碳"目标是具有战略意义的融合点。

一、CIM+ 严寒地区超低能耗减碳技术体系的创新路径与实践

在"双碳"背景下，城市建设应充分考虑地域资源和气候特点，依托 CIM 平台数据库，结合城市建设的需求与特色，充分剖析地域资源优势，加大支持发展运行减碳和建造减碳技术体系，实现更高水平的建筑节能，提升建筑室内温湿度控制水平和空气品质，以技术体系带动产业向绿色、低碳和固废资源综合利用方向发展，形成支撑城市建设的配套产业，呈现城市建设和区域发展的特色与比较优势。

站在经济社会发展的新起点上，新时代高品质建筑就应该提供更舒适的使用空间，更有利于身心健康。这样无论在寒冷的冬季或炎热的夏季，控制室内温湿度在人的舒适区间内，就要面临对抗室外环境产生能量交换所消耗的大量能源和排放的二氧化碳。因此，提高建筑的保温隔热能力，达到超低能耗建筑标准，就成

为大幅减少能源消耗和降低建筑运行碳排放量的关键,这不但决定了碳排放总量控制效果,而且是提升建筑室内品质,满足人们对健康舒适室内环境日益增长需求的重要路径。

所谓的超低能耗建筑,是指适应气候特征和自然条件,通过建筑围护系统性能设计、采取节能技术措施和运维管理,提供舒适室内环境,大幅度降低能源消耗量,满足83%节能水平要求的建筑,是建筑业的大比例节能技术路径。

哈尔滨地处我国东北,属严寒气候区,具有冬季漫长、气候寒冷和采暖周期长、要求高、能耗大、碳排放量高的特点。目前通常实行集中供暖方式提供热源。而且随着生活水平的提高,室内采暖最低温度自2020年开始由18℃提高至20℃,在相同建筑节能标准下,相应提高了能源消耗量。如何继续提升严寒地区建筑室内舒适度和进一步降低建筑供暖能耗?如何发展居民自主可调谐的供暖方式?是摆在新一代节能建筑和降碳减碳发展道路上的新课题。

在哈尔滨松北新区某大学建成这样一栋宿舍楼,不但通过一个个预制构件像搭积木一样组合起来实现了装配式建造;而且还通过创新的新风太阳能预热蓄热系统和热回收新风系统降低低温新风对能源的需求量,达成了保障室内环境品质、满足节能83%要求的严寒地区超低能耗建筑指标要求。该建筑实现了室内温度可自主调谐,通过室内二氧化碳监控数据与新风系统的联动,整栋建筑的能源消耗所有数据均集成到能源管控平台,实现实时展示,也可以通过实时数据加强楼宇日常管理。综合来看,这栋建筑采用被动式节能技术、主动式热回收新风系统和管控技术、新风太阳能预热蓄热系统技术创新与集成,摒弃了在严寒地区的集中供暖采暖方式,改为电热膜自主可调谐补热技术,实现了建筑在65%基础上再节能50%的超低能耗建筑节能标准,也充分利用学校寒假"制度节能"特点,在无人使用的寒假将室内温度调控到5℃,大幅降低运行阶段碳排放量,该建筑成为一颗挑战严寒地区摒弃集中供暖方式的建筑新星。

从松北新区单一项目到众多项目均实现超低能耗建筑并将其纳入松北新区 CIM 系统，再进而纳入全哈尔滨 CIM 系统，就是所谓的 CIM+ 超低能耗建筑。从 CIM+ 超低能耗建筑的角度看，单体建筑的能源管控具有重要意义，就哈尔滨松北新区而言，城市供暖面积的快速增加，对热电厂和供暖管线铺设有很大增量，这成为积极探索新供暖方式的动因之一。也就是通过单体建筑应用，再依赖 CIM+ 平台推动供暖方式多样化，并为实现建筑内部分区供暖及根据建筑功能采取有不同供暖方式提供新思路，该建筑的技术示范也将为远离集中供暖设施的建筑，如没有集中管暖设施的高速服务区建筑、旅游区建筑和村镇建筑提供了全新的供暖解决方案。该建筑的创新实践也为既有建筑实施超低能耗节能改造提供了新思路和技术方法，对大量既有办公建筑、学校建筑、宾馆建筑、村镇建筑都具有重要价值，是实现大幅减碳降碳、补足建筑节能短板的重要举措。应该说，在严寒地区室内外温度差达到 50～60℃条件下，通过系列节能技术达成维持室内环境的低能耗，对室内外温度差仅在 20℃以内条件下的炎热地区，其节能示范作用同样巨大，同样具有极大的减碳降碳空间。

按照黑龙江省 2022—2025 年完成 1000 万 m^2（新建 780 万 m^2 和改造 220 万 m^2 既有建筑）超低能耗建筑任务计算，可以实现每年减碳 40 万 t 左右的碳排放当量，这对全国节能减碳都具有极其重要的示范作用和推广价值。

二、CIM+ 装配式建造减碳技术体系的创新路径

建造过程在短周期内贡献碳排放量，因此建造减碳技术是较传统建造方式更具低碳特征，能完美兼顾建筑结构安全性、适用性、耐久性、功能及建筑文化特色的系统集成技术。能够形成以低碳建材、低碳建造、低碳建筑技术为支撑，保障建筑及城市低碳运行和低碳维护，打造一条以低碳技术体系为核心，发展基于区域

资源优势和城市建设需求的产业新路径。

建造减碳技术体系需要低碳建材支撑。从建材发展史看,有两条基本经验可循,一是出现替代性建材新技术产品,如波特兰水泥的发明使混凝土成为应用最广泛的基础性建材,改变了建造方式,提高了建造水平,使高楼林立成为现代化城市的最典型特征,但这一条路往往经历比较漫长的技术演变和进化过程,需要技术发展的历史机遇,一旦出现对技术和产业发展均具有颠覆性。二是围绕建设领域技术需求,创新发展低碳技术和产品,这是在发展中不断实施技术和产品革新迭代的过程,其周期相较于前者要短得多,同样能够解放新生产力,如在"双碳"目标下,结合人力资源、能源、环保和循环利用的经济需求,实现装配化建造,就需要系统研究预制部品部件,即通过创新解决怎么用、用什么的问题,逐渐形成配套产业能力,进而实现全产业链转型升级和高质量发展。

建造减碳技术体系必须与现代工业紧密结合,最大化实现各类部品部件的标准化生产和装配化施工,充分利用工业体系提高部品部件的生产效率,达到解放生产力、提高工程质量、降低资源和能源消耗的目标。因此,只有推动使用低碳建材、低碳建造和低碳建筑技术,才能更有效满足建材生产、工程建造、运行维护和拆除处置阶段的减碳控碳,最终为实现碳达峰碳中和目标做出行业贡献。

因此,在CIM+平台的信息支撑下,解决好建造减碳,提升建造生产力,加强工业生产与建造的联系,提高建筑耐久性,是实现建造过程和维护低碳化的创新路径。在装配化、绿色、低碳和循环经济的背景下,哈尔滨工业大学王凤来教授团队深耕中国砖瓦建筑文化,提出了砌文化®产业思想,创立了集块®装配式超低能耗建造产业体系(以下简称"集块®建造"),走出了一条全产业链的"极简"装配式建造技术路线,打通了建材产业与建筑产业融合创新、协同发展的瓶颈,实现了产业转型、生产运输、装配建造、低碳运行、技术培训和工程管理的简单便捷与安全可靠，适用于量大面广的绿色低碳城乡建设。

集块®建造补全了混凝土结构、配筋砌体结构、钢结构和木结构四大类装配式结构体系。经与哈尔滨装配式建筑相近技术相比，实现成本节省15%，较现浇混凝土标准工期节省近3倍，建造过程减碳10%以上，即按一个城市建设量1000万m²计算，可以实现建造减碳45万t的减碳效果，其显著的创新性特征表现在：

突破了预制构件截面的形状限制，实现了产业效率与工程效率的双突破。通过"双工厂"产业模式，提出并开发了通过T形和L形等三维截面形状预制墙构件新产品，解决了预制、运输和安装施工过程中的稳定性难题，通过50%空心率使单位体积预制构件重量降低1倍，节省了运输和安装支护成本，大幅提高了施工效率。

突破了"连接"关键技术瓶颈，实现了"极简"和"可靠"的装配式建造。提出了竖向钢筋"穿筋连接"和水平钢筋"串筋连接"新工艺，解决了装配式结构中的"占位连接"和"操作复杂"难题，提高了结构可靠性，大幅降低了连接成本，简化了施工操作难度，从技术路径和方法上根除了连接隐患。

突破了预制空心板的技术与产业瓶颈，打通减少材料消耗的建造减碳路径。通过标准化空心板的工厂二次加工，加强了板与板、板与墙、板与梁间的连接可靠性，提高结构整体性，大于23%的空心率，既节省了材料，又减轻了重量，提高了隔声等建筑功能。

突破了高效夹心保温系统的技术瓶颈，实现高效节能，满足防火标准，为破除"千城一面，万楼一貌"提供了新技术方案。建筑节能推广应用薄抹灰保温技术，带来广泛的"裂、渗、漏"建筑外墙质量通病，埋下的火灾安全隐患引发中央电视台、上海静安区等重特大火灾，屡屡发生外墙脱落造成的伤人伤物安全事故，更是"千城一面,万楼一貌"和城市"牛皮癣"现象的根源。根除以上弊病，让建筑外墙成为节能、美观、耐久和承担通气排湿功能的技术系统，集块®建筑以"三明治"墙的系统构造设计，彻底解决了建筑节能的"最后一公里"——结构节能的关键技术瓶颈,革除了既有弊病,实现了更高水平节能,为建筑运行减碳提供了新技术路径。

从哈尔滨保障房小区规模化工程应用效果看,集块®建造重点解决了装配式建筑产业发展缓慢的主要问题,一是通过就地取材、固废利用和产品标准化,做到产业投入小、预制效率高和施工速度快,较装配式混凝土结构降低成本15%;二是突破了钢筋连接技术,破解了"占位连接"难题,实现了钢筋的自由连接和错位连接,根除了结构连接隐患,提高了安全性;三是创新工艺工法,避开了预制构件间的交角连接,提高了工效,降低了难度,体现了装配式建造的速度优势。

随着城市更新改造、乡村振兴、旅游资源开发等领域的快速发展,集块®装配式超低能耗建造产业体系的推广应用价值体现在:

一是实现省域建材与建筑产业的碳排放总量控制。

省域建筑全过程碳排放总量高度依赖于统计资料,在CIM平台支撑下,随着相关产业数据准确度的不断提高,量化分析结果的有效性将显著提升。目前,我国已编制了分省能源平衡表,现阶段尚不能对市县级碳排放数据进行分析,但一些省份已逐渐开启了两级能源平衡表的编制工作,随着区域碳排放权相关政策的逐渐落实,在未来区域行业数据充分统计的情况下,该方法可进一步用于区域建材与建筑产业碳排放的量化与分配,从而实现由宏观建筑业减排目标向微观区域控制的量化目标分配,推动建成区域特色产业。

就建筑业而言,面临着建材与建筑产业节能减排的巨大挑战和机遇,在建筑碳排放权的分配过程中应关注省域建筑碳排放的不均衡性,注重经济发展、人口总量、消费水平和城镇化潜力等多方面因素的影响,从而对不同社会经济与生产技术条件的地区设定差异化减排目标,以利于减排政策在工程项目中实施落地。

二是实现建筑全生命周期碳排放量的单体控制。

在建筑单体全生命周期内都严格控制各阶段的碳排放量是实

现行业减碳的必由之路，这就需要采取有针对性的项目技术方案。从严格执行建筑节能政策的角度，在项目上实现更高水平的建筑节能，是实现行业运行减碳的基础工作。同时，鉴于我国现阶段城镇化任务特点，应高度重视单体项目上低碳建材、低碳建造和节能技术的优化，从生产与建造过程入手，实现碳排放量微观控制，达成建筑节能和行业减排目标。

集块建造在黑龙江省的累计应用量超过 1200 万 m^2，从工程应用和产业发展经验看，在哈尔滨松北新区利用 CIM+ 装配式 + 超低能耗，每年推广应用 500 万 m^2（新开工面积的 50%）集块®建造装配式 + 超低能耗，给项目带来当年开竣工的周期优势，给松北新区带来 20 亿产值、税收 2 亿元的新产业，给哈尔滨带来产业转型的新机遇，实现建造减碳和运行减碳 40 万 t。每年完成 200 万 m^2 既有公共建筑的超低能耗改造，标准工作年限内可实现运行减碳 30 万 t，降低财政供暖负担和配套供暖设施费用。推广至全省，带来的产值、税收和减碳量更为可观。

三、结语

加快高质量 CIM 平台建设，是实现基于区域资源统计分析和建设领域碳排放数字化的基础，通过创新技术和新产业引领，实现项目建造减碳和运行减碳，推动产业转型升级，在完成碳计算、碳计量、碳评价和碳认证的条件下，逐步建立低碳建材、低碳建造、低碳技术和低碳建筑的评价指标体系，给出用什么材料、用什么技术、用什么方式和建成什么品质建筑的产业答案，为在低碳标准下发展新产品和新产业提供支撑，这是"双碳"目标建材与建筑产业联合创新的重大命题，对产业高质量定型发展决策和结果均具有重大影响和显著贡献。在该领域，哈尔滨经验值得深入思考和充分借鉴，其技术体系和产业模式可以在全国范围内广泛推广。